职业教育·城市轨道交通类专业教材

Chengshi Guidao Jiaotong Huankong Xitong Weihu yu Jianxiu
城市轨道交通环控系统维护与检修

徐胜南 李 桃 主 编
李 鹏 秦玉超 副主编
邵澎涛[北京京港地铁有限公司] 主 审

人民交通出版社股份有限公司
北京

内 容 提 要

本书为职业教育城市轨道交通类专业教材。本书从企业岗位需求和教学实践的角度出发，内容基于工作过程，既实用又针对性强。全书介绍了城市轨道交通环控系统的设备构成、基本原理、基础操作、维护及常见故障处理。本书共六个项目，二十三个工作任务，主要包括城市轨道交通环境控制系统概述、环控通风空调系统、车站给排水系统、环境与设备监控系统、环控系统与城市轨道交通应急处理、环控系统与城市轨道交通节能。

本书为职业院校城市轨道交通类相关专业教材，可作为从业人员培训教材，也可供相关行业人员参考。

本书配有教学课件，读者可通过加入"职教轨道教学研讨群"（教师专用 QQ 群号码：129327355）免费获取。

图书在版编目(CIP)数据

城市轨道交通环控系统维护与检修/徐胜南,李桃主编. —北京:人民交通出版社股份有限公司, 2021.1(2025.1重印)
ISBN 978-7-114-16794-2

Ⅰ.①城… Ⅱ.①徐…②李… Ⅲ.①城市铁路—轨道交通—交通运输业—环境控制—高等职业教育—教材 Ⅳ.①U239.5②X73

中国版本图书馆 CIP 数据核字(2020)第 155404 号

书　　名：	城市轨道交通环控系统维护与检修
著 作 者：	徐胜南　李　桃
责任编辑：	王　丹
责任校对：	席少楠
责任印制：	刘高彤
出版发行：	人民交通出版社股份有限公司
地　　址：	(100011)北京市朝阳区安定门外外馆斜街 3 号
网　　址：	http://www.ccpcl.com.cn
销售电话：	(010)85285911
总 经 销：	人民交通出版社股份有限公司发行部
经　　销：	各地新华书店
印　　刷：	北京武英文博科技有限公司
开　　本：	787×1092　1/16
印　　张：	14.25
字　　数：	334 千
版　　次：	2021 年 1 月　第 1 版
印　　次：	2025 年 1 月　第 4 次印刷
书　　号：	ISBN 978-7-114-16794-2
定　　价：	45.00 元

(有印刷、装订质量问题的图书，由本公司负责调换)

课程特点

"城市轨道交通环控系统维护与检修"为城市轨道交通机电技术专业的核心课程。本课程系统地讲授了城市轨道交通环控通风空调系统、车站给排水系统、环境与设备监控系统的维护与检修基本理论知识和基本技能,培养学生具备针对城市轨道交通环控系统主要设备运行、检修、维护和故障处理的专业能力,为学生今后能够从事相关工作打下良好的基础。

教材编写背景

城市轨道交通是现代化都市的重要基础设施,包括地铁系统、轻轨系统、单轨系统、有轨电车、磁浮交通系统、自动导向轨道交通系统、市域快速轨道系统等。环境控制系统(简称"环控系统")是地铁系统的重要组成部分,在城市轨道交通运行中起着不可或缺的作用。本书介绍的城市轨道交通环控系统特指地铁系统,主要通过管理通风及制冷设备,调节城市轨道交通区间隧道和车站空气质量,确保城市轨道交通系统安全的运行环境和乘客舒适的乘车环境。

教材编写组在北京地铁、京港地铁、广州地铁和杭州地铁等行业企业的支持下,根据近十余年在本专业职业教育教学改革、校企合作、企业培训实践的基础和经验,整理和深化了城市轨道交通环控系统方面的成果和经验,形成了这本理实一体化并适合于培养城市轨道交通环控系统设备维护与检修类岗位技能的教材。

内容结构

本书共六个项目,二十三个工作任务,主要介绍了以下六个方面的知识和技能:

(1)城市轨道交通环控系统的一般知识,掌握城市轨道交通环控系统组成,熟悉城市轨道交通车站环控设备;

(2)环控通风空调系统设备运行操作、日常巡视与检查、定期维护保养、故障分析与检修;

(3)车站给排水设备操作、日常维护管理工作、突发情况下给排水系统应急检修作业;

(4)BAS功能和结构,BAS设备基本操作、模式控制操作、系统工作站维护保养、控制器故障分析与检修;

(5)城市轨道交通应急处理时环控系统设备的操作;
(6)城市轨道交通环控系统能耗与节能减排策略。

本书以"项目引领,理实一体"为特色,形式上以项目为引领,以任务为驱动,内容上基于城市轨道交通环控系统维护与检修岗位的技能要求,设计了相应的教学项目,更加注重理论与实训操作相结合,突出了职业教育的实践性特点。本书尽可能覆盖城市轨道交通环控系统的各类设备,并配有大量的实物图片,图文并茂、生动活泼,便于学生学习。为方便教学,在每个教学项目结束后,教师可通过实训操作及课后交流,及时检查学生的学习效果,并通过知识拓展加以提升。理论学习与实操训练并举,有效地提高了学生对环控设备使用、维护、维修的职业技能。

教材编写分工

本书由北京市自动化工程学校徐胜南、北京交通运输职业学院李桃担任主编,中国科学院空间应用工程与技术中心李鹏、北京市自动化工程学校秦玉超担任副主编,参加编写的还有北京市自动化工程学校康健、杨晓洁、李坤妃、中国铁道科学研究院集团有限公司通信信号研究所富德佶。具体编写分工如下:徐胜南负责对本书的编写思路与大纲的总体策划,指导全书的编写、统稿和校对;李桃负责制定编写大纲及工作任务的选取,并编写项目一;康健编写项目二;富德佶编写项目三;李鹏、秦玉超编写项目四;杨晓洁编写项目五;李坤妃编写项目六。北京京港地铁有限公司高级工程师邵澎涛担任了本书的主审工作。

教学资源

(1)教学课件。

本书配套多媒体课件,以供相关任课教师教学参考,需求者可通过加入"职教轨道教学研讨群"(教师专用QQ群号码:129327355)向人民交通出版社股份有限公司管理员编辑获取。

(2)城市轨道交通专业数字化资源库。

该资源库由全国交通运输职业教育教学指导委员会城市轨道运输专业指导委员会与人民交通出版社股份有限公司共同立项,主要面向城市轨道交通专业方向的院校和教师。该资源库包括"城市轨道交通环控系统"关键知识点的数字化教学资源,包括课程标准、案例、教案、课件、任务单、知识树与题库等。

致谢

本书在编写过程中,认真吸取广大教材使用的教师与行业专家提出的意见和建议,在此谨向他们表示感谢,同时,向人民交通出版社股份有限公司为教材出版和配套工作所付出的努力表示感谢。

最后,希望有关院校师生及读者对本书多提宝贵意见,以便及时修订完善。

编　者
2020年8月

专业术语中英文对照表

简称	全 称	中文含义
ACS	Access Control System	门禁系统
AFC	Auto Fare Collection	自动售检票系统
API	Application Programming Interface	应用程序接口
ASD	Airtight Separate Door	人防门
ATC	Automatic Train Control	列车自动控制
ATO	Automatic Train Operation	列车自动运行
ATP	Automatic Train Protection	列车自动防护
ATS	Automatic Train Supervision	列车自动监控
BAS	Building Automation System	环境与设备监控系统
CLK	Clock	时钟系统
ECS	Environment Control System	环境控制系统
FAS	Fire Alarm System	火灾报警系统
FEP	Front End Processor	前端处理器
FTP	File Transfer Protocol	文件传输协议
HMI	Human Machine Interface	人机界面
HVAC	Heating Ventilation and Air-Condition	通风空调系统
IBP	Integrated Backup Panel	综合后备盘
IEEE	Institute for Electrical and Electronic Engineers	国际电子与电气工程师协会
ISCS	Integrated Supervision and Control System	综合监控系统
LAN	Local Area Network	局域网
LCP	Local Conrtol Panel	局部控制台
MNS	Modulares Niederspannungs Schaltanlagen-system	低压开关(电控)柜
NMS	Network Management System	网络管理系统
OCC	Operated Control Center	控制中心
OPS	Overview Projector System	大屏幕系统
OS	Operation System	操作系统
OSI	Open System Internet	开放系统互联

续上表

简称	全称	中文含义
P&L	Power and Lighting	低压配电系统
PA	Public Address	广播系统
PC	Personal Computer	个人计算机
PIIS	Passenger Information and Indication System	旅客向导系统
PIS	Passenger Information System	乘客信息系统
PLC	Programmable Logic Controller	可编程逻辑控制器
PSC motor	Permanent-split Capacitor motor	电容运转异步电动机
PSD	Platforms Screen Door	屏蔽门系统
PVC	Poly Vinyl Chloride	聚氯乙烯
SC	Station Computer	车站计算机系统
SCADA	Supervisory Control And Data Acquisition	数据采集与监视控制系统
SIG	Signaling	信号系统
SISCS	Station ISCS	车站综合监控系统
SSS	Subway Station Subsystem	车站子系统
TCP/IP	Transmission Control Protocol/Internet Protocol	传输控制协议/网络互联协议
TVF	Tunnel Ventilation Fan	隧道风机
UPS	Uninterrupted Power Supply	不间断电源
WAN	Wide Area Network	广域网
WSD	Water Supply and Drainge	给排水

目录

项目一 城市轨道交通环控系统概述 ··· 1
   任务一 认识城市轨道交通环控系统 ··· 1
   任务二 了解城市轨道交通环控系统的组成 ··· 7
      实训1-1 调研城市轨道交通环控系统构成 ···································· 12

项目二 环控通风空调系统 ·· 14
   任务一 通风空调系统概述 ··· 15
   任务二 通风空调系统设备 ··· 22
      实训2-1 车站通风空调设备认知 ··· 38
   任务三 通风空调系统运行管理 ·· 40
      实训2-2 通风空调系统设备运行操作 ·· 46
   任务四 通风空调系统设备维护管理 ·· 47
      实训2-3 通风空调系统设备的日常巡视与检查 ······························ 55
      实训2-4 通风空调设备定期维护保养 ·· 56
   任务五 通风空调系统设备故障检修 ·· 58
      实训2-5 通风系统设备故障分析与检修 ······································ 68
      实训2-6 空调系统设备故障分析与检修 ······································ 70

项目三 车站给排水系统 ··· 72
   任务一 车站给排水系统概述 ··· 73
   任务二 给排水设备认知 ··· 83
      实训3-1 给排水设备的操作 ·· 93
   任务三 给排水设备维护管理 ··· 95
      实训3-2 给排水系统设备巡视检查 ·· 102
      实训3-3 水泵维护检修作业 ·· 104
   任务四 给排水系统应急检修 ··· 105
      实训3-4 管道跑水时的设备操作与抢修 ····································· 108

项目四 环境与设备监控系统 ··· 111
   任务一 BAS概述 ·· 112
   任务二 BAS设备 ·· 124

实训4-1　认识BAS的设备 …………………………………………… 129
　　任务三　BAS操作 …………………………………………………………… 131
　　　实训4-2　BAS基本操作 ………………………………………………… 138
　　　实训4-3　BAS模式控制操作 …………………………………………… 141
　　任务四　BAS维护管理 ……………………………………………………… 143
　　　实训4-4　BAS工作站维护保养 ………………………………………… 149
　　　实训4-5　BAS年度保养与季度检查 …………………………………… 150
　　任务五　BAS故障检修 ……………………………………………………… 152
　　　实训4-6　车站工作站控制器故障检修 ………………………………… 165
　　　实训4-7　现场控制器故障检修 ………………………………………… 166
　　任务六　BAS与其他系统 …………………………………………………… 167

项目五　环控系统与城市轨道交通应急处理 ……………………………………… 173
　　任务一　火灾的应急处理 …………………………………………………… 174
　　　实训5-1　区间隧道火灾通风排烟应急演练 …………………………… 186
　　　实训5-2　车站火灾通风排烟应急演练 ………………………………… 187
　　任务二　列车区间阻塞的应急处理 ………………………………………… 189
　　　实训5-3　区间送/排风操作演练 ………………………………………… 193
　　任务三　暴雨汛情时的应急处理 …………………………………………… 194
　　　实训5-4　暴雨天气给排水系统巡检 …………………………………… 198
　　任务四　车站突发事件的应急处理 ………………………………………… 199

项目六　环控系统与城市轨道交通节能 …………………………………………… 205
　　任务一　环控系统能耗分析 ………………………………………………… 205
　　任务二　环控系统节能策略 ………………………………………………… 208
　　　实训6-1　调研城市轨道交通通风空调系统能耗情况 ………………… 213

参考文献 ……………………………………………………………………………… 215

项目一 城市轨道交通环控系统概述

学习目标

1. 认识城市轨道交通环控系统；
2. 了解城市轨道交通环控系统的组成。

思维导图

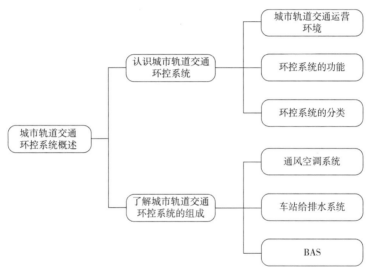

情境设置

李明从某职业院校城市轨道交通专业毕业后，进入某地铁公司工作。为了后续能更好地开展工作，在入职第一天，李明和其他新员工一起对地铁车站的环控系统进行了调研，不但熟悉了地铁运营的空气、热、生产生活等环境，而且了解了城市轨道交通环控系统的功能与类别，还重点学习了通风空调系统、车站给排水系统、监控系统等环控系统的重要组成部分。

任务一 认识城市轨道交通环控系统

城市轨道交通环控系统是城市轨道交通系统的重要组成部分，其任务是通过调节车站和区间隧道内的环境，一方面为乘客和工作人员提供舒适安全的乘车和工作环境，另一方面为轨道列车及各种设备提供良好的运行和工作条件。当发生火灾、毒气事故时，环控系统能够及时排除有害气体,为人员安全疏散提供必要的应急措施。

一、城市轨道交通运营环境

城市轨道交通是一类特殊的建筑,是由多个车站通过高架桥、隧道连接成的一个整体。主体建筑包括高架桥、车站和行车隧道,隧道一般位于地下几米甚至几十米深处,其上覆盖土层,与外界的连通开口相对较少,只有数量较少的车站出入口、风井和风亭。城市轨道交通一般全年运行,乘客集散和列车运行都会产生大量的热量,需要持续的流通空气带走热量,同时进行新鲜空气交换,因此形成了一个独特的环境系统。城市轨道交通运营环境主要包括以下三个方面。

(一)空气环境

城市轨道交通大部分站台与站厅属于封闭的地下建筑结构,自然通风无法直接到达,导致空气流通受限。由于城市轨道交通站厅客流密度高,聚集的大量人员释放出大量的二氧化碳,且站内的二氧化碳及其他污染性气体不易扩散。

另外,城市轨道交通特殊的排放源及微环境条件也造成了城市轨道交通内污染物的浓度通常高于室外。列车与铁轨摩擦、悬链及制动系统磨损都会产生和聚集金属细颗粒物,造成隧道内细颗粒物浓度的升高。列车在隧道内的高速运动由于"活塞效应"形成活塞风,将大量隧道空气带入站厅,进而对站厅空气质量产生不利影响。

 知识拓展

活塞风的形成机理及其影响

当列车在隧道中运行时,隧道中的空气被列车带动而顺着列车运行前进的方向流动,这一现象称为列车的活塞效应,所形成的气流称为活塞气流。

当列车在空旷的地面上运行时,列车前方的空气可毫无阻挡地被排挤到列车的两侧和上方,然后扰流到列车的后方。当列车在隧道中运行时,由于隧道壁面的限制,空气流动的空间有限,列车所推挤的空气不能全部绕流到列车后方,必然有部分空气会被列车向前推动,排到隧道出口之外。列车尾端后方存在着负压涡旋区域,因此也必然会有相应空气经开口处被引入隧道中,由此形成活塞风,如图1-1所示。

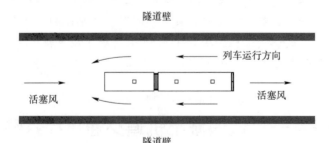

图1-1 活塞风形成机理示意图

城市轨道交通活塞风对于城市轨道交通车站的环控系统和区间隧道的湿热环境都有巨大的影响,其影响机理相对比较复杂。对于屏蔽门系统(Platforms Screen Door,PSD),在夏季,当列车运行时产生的活塞风会增加车站环控系统的能耗;当列车进站时,高速的活塞风

通过屏蔽门以漏风的形式渗入车站,增加车站环控系统的能耗,而且活塞风会对车站屏蔽门产生较大的压力;当列车出站时,由于活塞风的作用使得车站公共区域出现短时的负压,车站的冷空气进入隧道,同时室外空气会通过出入口进入车站,进一步增加车站环控系统的负荷。但是,活塞效应也有其有益的一面。由于不需要其他任何形式的能量输入,仅依靠自身空气动力学,进行空气流动和循环。在开式系统和屏蔽门系统中可以利用这种不需要附加动力的空气流动形式对城市轨道交通隧道进行通风换气。在湿热季节,活塞风是城市轨道交通区间隧道向外排除余热和余湿的重要途径,特别是在过渡季节,可以有效地与外界进行热量交换,节约风机的能耗。活塞风量的大小将直接影响着热量的排除。同时,活塞效应强化了隧道内气流与壁面的对流换热效果,能更好地发挥土壤蓄冷和蓄热能力,对隧道内空气温度起到更好的调节作用。

资料来源:龚冀杰,张华玲.城市轨道交通活塞风井设计研究综述[J].制冷与空调(四川),2014,28(3):354-357.

(二)热环境

列车在区间隧道内运行时,部分电能以热量的形式排放到区间隧道内。列车的运动和发热构成了区间隧道中的移动热源,大量的热量通过活塞风作用在区间隧道内输送。一般列车运行产生的热量包括列车起动和制动过程产热量、列车平稳运行过程产热量、列车空调设备及辅助设备产热量、供电网能量传输损失产热量等四部分。

列车、车站内各种设备的运行以及大量的人员集散,释放出的热量构成显著的内热源,加之地层具有蓄热作用,内热源的强度也随之增强。如果仅靠空气的自然流动和扩散,很难排出如此巨大的湿热负荷,致使城市轨道交通内部热环境无法满足设备正常运转的需要。

(三)生产生活环境

城市轨道交通是一个狭长且相对封闭的地下建筑,城市轨道交通列车及各种设备运行产生的噪声将影响乘客对城市轨道交通乘坐舒适度的评价,所以城市轨道交通车站及车厢中的噪声问题需要进行有效的控制。

在城市轨道交通运营过程中,车站工作人员和乘客的生活用水需求量大,且通风空调系统运行,冷水机组水系统需要大量的生产用水。

城市轨道交通客流量大,高峰时车站及列车都相当拥挤,一旦发生列车区间隧道阻塞、火灾或毒气等事故,将会导致环境恶化,需采取紧急有效的措施,排出废气、烟雾,为乘客迅速、有效地撤离提供一个安全的环境。

二、环控系统的功能

环控系统的主要作用是在城市轨道交通车站站厅、站台、隧道和设备管理用房等四个不同的区域,通过强制通风进行散热、除湿和空气调节,给乘客和车站工作人员提供一个舒适的乘车和工作环境,保证各种设备能持续、正常地运行,同时在发生火灾等事故时能及时排除区域内有毒、有害气体,保证乘客和工作人员的生命安全。城市轨道交通环控系统主要实现空气调节、通风排烟、给排水三大功能。

(一)空气调节功能

列车正常运行时,调节车站站厅、站台、隧道、设备及管理用房等区域空气环境,包括空气中的温度、湿度、气流速度、二氧化碳(CO_2)浓度、含尘量等;提供正常所需的温度、湿度条件,满足车站各种设备和管理用房工作环境要求;保证空气质量,防止有毒、有害气体对乘客和工作人员造成不良影响。

(二)通风排烟功能

(1)当列车阻塞在区间隧道内时,通风空调系统运作,向阻塞区间提供一定的送、排风量和新风量,维持列车内适宜乘客需求的热环境条件。

(2)当列车在区间隧道或站台内发生火灾时,环控系统提供迅速、有效的排烟手段,向乘客和工作人员提供必要的新风量,形成一定的迎面风速,有助于疏导乘客安全撤离。

(三)给排水功能

城市轨道交通环控系统提供城市轨道交通运营期间所必需的生产、生活和消防用水,收集和排出废水、污水及地下结构渗漏水、雨水等,提供完整的水消防系统,保证城市轨道交通的安全、正常运营。

城市轨道交通系统安全运营为什么离不开环控系统?

三、环控系统的分类

环控系统按照通风形式的不同,可分为开式系统、闭式系统和屏蔽门系统三种类型。

(一)开式系统

开式系统是较为早期使用的类型,具有耗能低的特点。开式系统又可细分为不带空调开式系统和带空调开式系统,二者主要的区别在于是否利用空调进行空气辅助流通。

1.不带空调开式系统

不带空调开式系统在城市轨道交通沿线车站与车站之间设置了多座通风竖井,利用列车在隧道内运行产生的活塞风或机械通风的方法,使城市轨道交通与外界进行空气的交换,利用外界空气带走车站和区间隧道内的多余热量。该系统仅利用隧道风向流动,将自然风流动作为基本动力,不能对城市轨道交通车站内部空气流通进行有效的控制,所以效果一般,很难满足要求。

机械通风及其作用

机械通风是指利用风机产生的压力,将外界空气有组织地送入地下车站及隧道空间,并通过排风,形成循环通风,用于改善地下空间的空气条件。由风机、风道、风阀等有机组合成的系统称为机械通风系统。

当活塞通风不能满足城市轨道交通排除余热和除余湿的要求时,需要设置机械通风系统。根据实际情况,可在车站与区间隧道分别设置独立的通风系统,车站通风一般为横向送、排风系统,区间隧道一般为纵向送、排风系统。对于当地气温不高、运量不大的城市轨道交通系统,可设置车站与区间连成一起的纵向通风系统。

2. 带空调开式系统

带空调开式系统是指在车站与车站之间设置通风井,便于车站内空气调节,并采用空调进行必要的辅助。当系统正常运行时,所有通风井全部开启,让外界空气和隧道内空气交换,在性能上相比于不带空调开式系统得到一定提高,通风效果较好。按照通风井设置的数量,它可分为二风井活塞开式系统和三风井活塞开式系统,如图1-2所示。

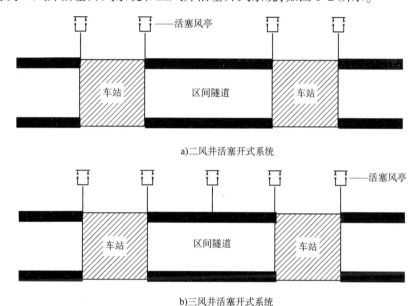

a) 二风井活塞开式系统

b) 三风井活塞开式系统

图1-2 开式系统

开式系统多用于当地最热平均温度低于25℃,且客运量很小的城市轨道交通系统,即室外空气的焓值始终低于城市轨道交通内空气的焓值,才能利用通风的方法维持城市轨道交通环境内一定的温度、湿度标准。开式系统应用得比较早,优点是设备投资较少,运营费用低,同时能够较大程度地减少能源的浪费,但车站的舒适性、安全性效果一般,不能为乘客提供舒适的环境与良好的体验,所以随着城市轨道交通的不断发展,这种开式系统正在逐渐被取代。

(二)闭式系统

闭式系统与开式系统最大的不同之处就是城市轨道交通车站与外界环境中的空气完全隔断,利用相应设备及排风系统进行通风。闭式系统的车站一般采用空调系统,区间隧道的冷却借助于列车运行活塞效应携带的一部分车站的空调冷风来实现。闭式系统采用开式运行与闭式运行两种运行工况。在非空调季节,闭式系统采用开式运行。闭式系统城市轨道交通车站如图1-3所示。

闭式系统多用于当地最热月平均温度高于25℃,或者客运量较大、高峰时间每小时的列车运行对数和每列车车辆数的乘积大于 180 的地铁系统。

闭式系统的优点是车站和区间隧道的温度和气流速度能在不同的条件下满足设计要求,使乘客得到更加舒适的通风环境。闭式系统的缺点是所需要的设备和基础设施较多,运营成本和技术要求较高,且车站的冷却量大,使得能源消耗量较高,需要电能等其他基本能源的支持才能正常工作,所以较难广泛应用。

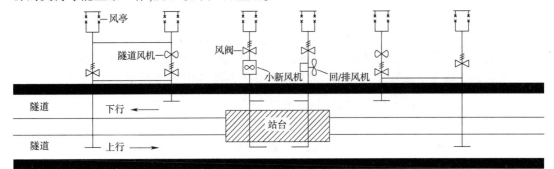

图 1-3 闭式系统城市轨道交通车站

(三) 屏蔽门系统

屏蔽门系统(图 1-4),是指在车站站台的边缘安装可开启的屏蔽门,将车站与隧道彻底隔离,以隔断隧道的热空气进入站台内。车站两端设置活塞风井,利用活塞效应通风和机械通风进行区间隧道内的通风换气。

图 1-4 屏蔽门系统

车站安装空调系统,车站不受区间隧道行车时活塞风的影响,减少了运行噪声干扰,因此车站环境更为安静、舒适、安全。

屏蔽门系统的优点是将站台和隧道隔开,避免了隧道与站台的空气交换,大大降低了车站空调冷负荷,减少了空调运行能耗,同时减小了由于隧道通风引发的噪声及活塞风对站台乘客的影响,改善了城市轨道交通乘车环境,解决了乘客在城市轨道交通车站站台候车的安全问题,也为轨道交通实现无人驾驶创造了条件。利用屏蔽门系统是我国城市轨道交通发展的必然趋势。但是,屏蔽门系统也存在一定的缺点:一方面区间隧道需要消耗大量的通风能耗来调节隧道内的环境;另一方面在非空调季节,站台没有可利用活塞风,通风能耗也比闭式系统大。

想一想

三种不同类型的环控系统是否都合理地利用了自然通风?

任务二　了解城市轨道交通环控系统的组成

狭义上的环控系统是指城市轨道交通内部空气环控系统,其任务是通过控制车站和区间隧道内的温度、湿度、气流速度、二氧化碳浓度、含尘量和噪声等环境条件,为乘客创造一个舒适安全的乘车环境,同时为紧急工况和火灾事故下的人员安全疏散提供必要的条件。

本书的环控系统由通风空调系统、车站给排水系统、BAS 组成。

一、通风空调系统

通风空调系统采用通风和空调系统进行控制,是城市轨道交通的内部空气环控系统。按控制区域划分通风空调系统包括隧道通风系统和车站通风空调系统两部分,如图 1-5 所示。其中,隧道通风系统由区间隧道通风系统和车站隧道通风系统组成;车站通风空调系统主要有车站公共区域通风空调系统、车站设备管理用房通风空调系统和空调水系统。

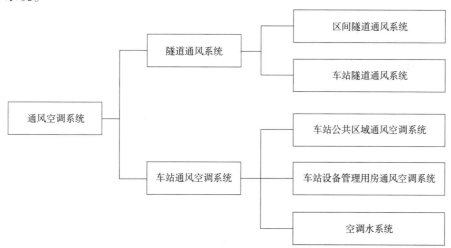

图 1-5　通风空调系统构成

(一) 区间隧道通风系统

区间隧道通风系统在列车早晚运营前后半小时,按预定的运营模式开启,主要作用是清洁通风,排除异味,改善空气质量的同时兼顾排烟功能。当列车正常运行时,利用列车产生的活塞风与室外空气进行置换,排除区间隧道内余热、余湿;当列车被阻塞在区间隧道时,按与列车一致的方向组织气流,对阻塞区间进行机械通风,保证列车空调器能正常工作;当列车发生火灾停在区间隧道时,结合防灾模式,启动预定的系统运行模式,进行送风和排除烟气。

知识拓展

列车区间阻塞

列车区间阻塞是指当车辆或供电系统发生故障时,造成列车迫停在区间隧道内并超过一定时间的非正常情况。如果运营列车迫停在区间隧道内的时间达 3~6min 或以上,超出了系统预定的行驶时间,则信号系统(Signaling SIG)即判定列车阻塞区间。

(二)车站隧道通风系统

车站隧道通风系统的主要作用是在列车正常运营时,排除列车停站时车顶空调冷凝器和车厢底部发热设备产生的热量。当列车发生火灾停靠在车站时,车站隧道通风系统关闭站台下排风道,由轨顶风道进行排烟;当列车在事故所在区间隧道运行时,根据系统的控制模式要求,开启或关闭车站隧道通风系统。

(三)车站公共区域通风空调系统

车站的站厅、站台层公共区域既是乘客活动的主要场所,也是环控系统空调和通风的主要控制区域。车站公共区域的通风、空调系统兼排烟系统简称为"大系统"。"大系统"的主要作用:一是满足乘客过渡性舒适要求,维持温度、湿度和二氧化碳浓度在给定的区间;二是在发生火灾事故时,及时将站内的烟气排出,降低消防压力。

(四)车站设备管理用房通风空调系统

车站设备管理用房的通风空调系统兼排烟系统简称为"小系统",服务区域为车站管理及设备等车站辅助功能用房。"小系统"通过对各用房的温度、湿度等环境条件进行控制,为管理人员和工作人员提供一个舒适的工作环境,为各种设备提供正常运行的环境。当发生火灾事故时,"小系统"通过机械排风方式进行排烟,有利于工作人员撤离和消防人员灭火,同时在气体灭火的用房内通过关闭送、排风管进行密闭灭火。

(五)空调水系统

制冷空调循环水系统简称为"水系统"。其作用是为车站公共区域及车站设备管理用房内空调系统制造冷源,并将冷源供给车站空调"大系统""小系统"中的空气处理设备。"水系统"由冷水机组、水泵、冷却塔、水阀与管路等设备组成,通过冷冻水循环、制冷剂循环和冷却水循环把室内的热量传到室外。

想一想

说一说车站通风空调"大系统"和"小系统"指的是什么?

二、车站给排水系统

城市轨道交通车站构造和运行环境复杂,电气设施较多,人流量较大,其中车站生产、生活用水以及污水排放工作是城市轨道交通环境管理的重点和难点。给水系统主要用于向城市轨道交通提供消防用水和生产、生活用水;排水系统主要用于地下渗水、生活污水和雨水的排放处理。除了满足城市轨道交通运行基本的给排水要求之外,车站给排水系统还在城市管理和消防方面发挥着重要作用。

(一)车站给水系统

车站给水系统由生活、生产和消防给水等三部分组成,采用直接给水方式,由城市自来水作为供水水源,在车站两端的风亭处,分别用两条进水管将城市自来水引入车站。

1. 生活给水系统

生活给水系统是指供应城市轨道交通车站及有关建筑的饮用、洗浴、浇灌和冲洗等方面的生活用水。除水量、水压应满足需要外,饮用水质还必须符合国家生活饮用水水质标准的规定。

2. 生产给水系统

生产给水系统是指供给空调设备冷却、洗涤以及车辆和机电设备维修过程中所需的生产用水。由于设备种类和维修工艺各异,因而对水量、水压及水质的要求也不尽相同。

3. 消防给水系统

消防给水系统是指供给层数较多的城市轨道交通车站建筑以及生产维修车间消防系统的消防设备用水。消防用水对水质要求不高,但必须保证足够的水量和水压,应符合现行的国家建筑设计防火规范要求。

(二)车站排水系统

车站排水系统的任务是及时排除生产废水、生活污水、隧道结构渗漏水、事故消防废水,以及敞开式出入口和风亭部分的雨水等,以满足城市轨道交通安全运营的需要。根据系统接纳的污废水类型,排水系统可分为生活、生产排水系统与工业废水排水系统和雨水排水系统三大类。

1. 生活、生产排水系统

生活、生产排水系统用于排除城市轨道交通车站的生活、生产(冲洗、洗涤、生产、消防等)废水和冲洗便器等污水。它可进一步细分为生活污水排水系统和生活、生产废水排水系统。

2. 工业废水排水系统

工业废水排水系统用于排除生产过程中产生的工业废水。由于工业生产门类繁多,所排水质极为复杂。根据其污染程度,它又可细分为生产污水排水系统和生产废水排水系统。

3. 雨水排水系统

雨水排水系统用于收集排出城市轨道交通建筑屋面上的雨水、雪水。在隧道洞口、车站露天出入口及敞开式风亭处,当雨水不能自流排出时,需单独设置排水泵房。

三、BAS

城市轨道交通 BAS 的作用是对全线车站及区间的环境与设备进行监控,以及对其他机电设备进行自动化监控及管理,在城市轨道交通运营中的地位十分重要。

《地铁设计规范》(GB 50157—2013)中将 BAS 定义为对城市轨道交通建筑物内的环境

与空气条件、通风、给排水、照明、乘客向导、自动扶梯、电梯、屏蔽门、人防门(Airtight Separate Door,ASD)或防淹门等建筑设备和系统进行集中监视、控制和管理的系统。

(一) BAS 的监控对象

BAS 不同于其他机电设备,它是一个将各个设备联系在一起的"神经网络",它虽然没有复杂的机电系统,但是拥有复杂的监控网络,因此它能够对全线的设备进行监视与控制,实时把控线路的环境,通过现场系统对设备进行控制,其监控范围如图 1-6 所示。

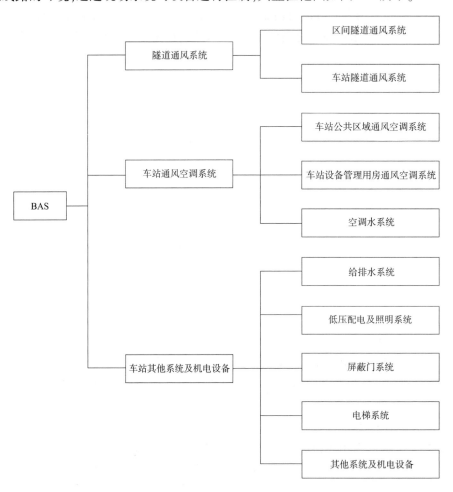

图 1-6　BAS 监控范围

(二) BAS 的结构及控制方式

BAS 是由中央管理级、车站监控级、现场控制级监控设备以及相关通信网络共同构成的实时监控系统,实行中央级、车站级和就地级三级监控,BAS 结构如图 1-7 所示。

1. 中央级

中央级 BAS 设置于 OCC 的中央控制室,负责监视全线环控设备的状态和全线的环境状况,并向各站发布控制命令,定时记录设备运行状态、车站温湿度等原始数据,也可以根据操作人员的需要绘制曲线图、定制报表等。

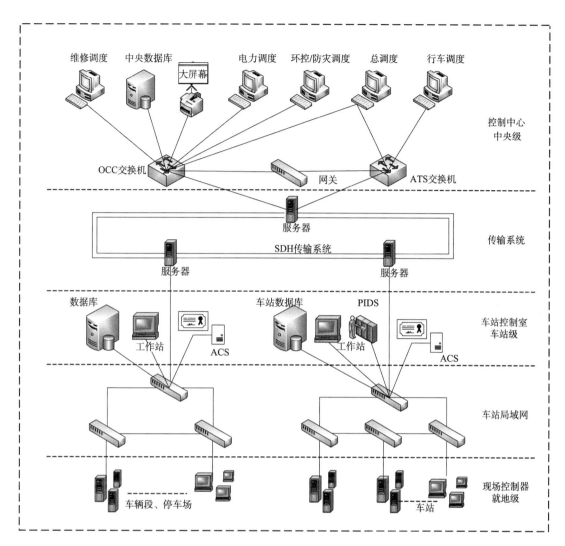

图1-7 BAS结构

2. 车站级

车站级位于各站内的车站控制室,系通过车站级监控工作站和模拟屏设备提供相应的人机界面(Human Machine Interface,HMI),监控本站及所辖区间隧道的环控、给排水、自动扶梯、照明、屏蔽门、防淹门、车站事故照明电源灯设备的运行状态。

3. 就地级

就地级相对集中于环控电控室、水泵房、冷水机房等车站重要房间及公共区域等场所。它实现对所控设备的直接控制,传送设备的运行状态及故障信息到车站工作站,并执行车站级发出的指令。

BAS的控制命令能分别从中央级、车站级和车站IBP自动/手动下达执行,并具有越级控制能力。监控操作源有3个,即控制中心(OCC/OS)、车站控制室(SC/OS)和IBP、设备就地控制箱(LCP)。同时,设备按优先级分级操作。优先级原则:越靠近底层(距离设备越近)的操作源的优先级越高,见表1-1。

优先级顺序　　　　　　　　　　　　　　　　　表1-1

名　　称	操作地点	优　先　级
LCP	设备就地控制箱	高
MCP	车站控制室	中
SC/OS	车站控制室	低
OCC/OS	控制中心中央控制室	低

想一想

如果没有BAS,城市轨道交通车站值班站长能否及时了解车站设备的工作状态?

实训1-1　调研城市轨道交通环控系统构成

班级：	学号：	姓名：	小组：
实训任务	调研城市轨道交通环控系统构成		

【实训目标】
1. 了解城市轨道交通环控系统的构成。
2. 能够识别城市轨道交通车站环控设备。

【实训过程】
1. 调研通风空调系统的构成(图1-8),并做记录。

　a)区间隧道通风　　b)备用多联机空　　c)车站公共区通风空　　d)空调水系统　　e)设备管理用房通风
　　及防排烟系统　　　调系统　　　　　　调及防排烟系统　　　　　　　　　　　　　空调及防排烟系统

图1-8　通风空调系统构成

2. 调研给排水系统的构成(图1-9),并做记录。

　　a)雨水排水系统　　　b)消防给水系统　　　c)生产、生活给水系统　　d)污水、废水排水系统

图1-9　给排水系统构成

3. 调研 BAS 的构成(图1-10),并做记录。

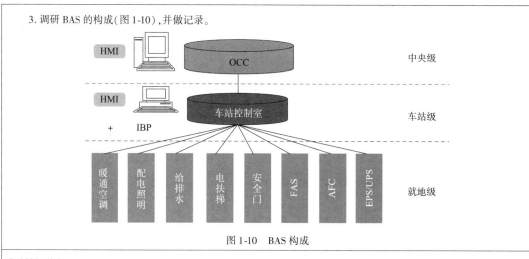

图1-10　BAS 构成

【总结评价】

评价人:	小组名称:	工作流程 (30分)	团队协作 (20分)	执行情况 (50分)	部分 (100分)
自评					
互评					
					日期:

课后互动

1. 简述城市轨道交通环控系统的特点。
2. 简述城市轨道交通环控系统的功能。
3. 简述城市轨道交通环控系统按通风方式不同的分类。
4. 简述城市轨道交通环控系统的组成。
5. 如何区别城市轨道交通通风空调"大系统"和"小系统"?

项目二　环控通风空调系统

学习目标

1. 认识城市轨道交通环控通风空调系统；
2. 了解通风空调系统的组成及功能；
3. 掌握通风空调系统的日常运行和维护方法；
4. 能够对通风空调设备的故障进行分析处理与检修。

思维导图

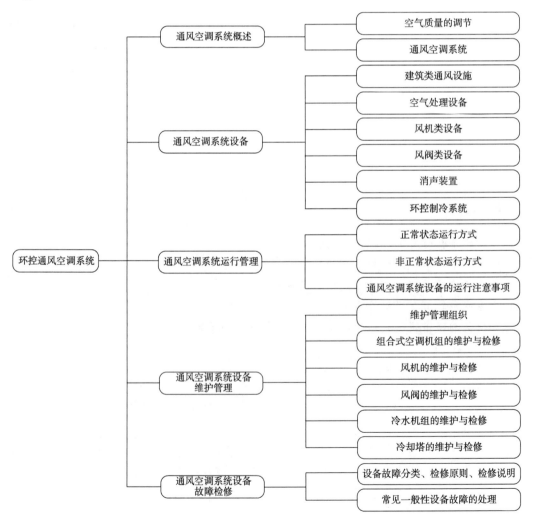

项目二 环控通风空调系统

情境设置

李明入职地铁公司以后,每天都要与师傅一起认真巡检通风空调系统,保障地铁车站和列车的运行环境的温度、湿度等条件都要适宜。师傅说,地铁的运营环境非常复杂,只有地铁通风空调系统的功能必须强大,才能确保乘客享有舒适的乘车体验。

任务一 通风空调系统概述

城市轨道交通作为当代新式的交通方式具有运行准时、便捷可靠、节能环保、运量大、污染小等特点,不受天气、道路、交通等因素的限制,避开了地面道路扩建困难的矛盾,有效地缓解了交通难的问题,成为大城市理想的公交手段。

城市轨道交通系统存在着许多机电设备及车辆运行发热、乘客散热、新鲜空气带入热量等情况,若不能很好地解决城市轨道交通内通风问题,城市轨道交通温度则会上升到乘客无法忍受的程度。良好的城市轨道交通通风系统不仅要减少能源的消耗,还要为乘客能提供安全、舒适的乘车环境。

一、空气质量的调节

(一)环境特点

城市轨道交通车站(地下车站)的环境条件与地面大气条件相比,具有局部性和多变性的特点。

城市轨道交通车站比较封闭,空气较混浊,湿度较大。一方面,城市轨道交通车站进出的乘客、工作人员不断散发出的热量以及地热、矿石产热,都会使地下空气温度升高。由于地下无风,处于地下的乘客和工作人员感到闷热;另一方面,列车运行产生的活塞风造成气流波动等,也使得车站内的空气温度、湿度和风流速度不断发生变化。为了更好地保障车站各类人员的安全舒适,同时防止车站各类机械、电气设施因腐蚀而损坏,必须掌握空气的温度、湿度、风流速度等环境气象条件的基本知识。

(二)影响空气舒适度的因素

城市轨道交通的空气舒适度是指地下车站的气象条件能否使车站内乘客和工作人员感到舒适,主要取决于车站内空气的温度、湿度、风速以及三者之间的关系。

1. 空气温度

城市轨道交通车站一般设在离地表 7~20m 范围内的地带,所以车站内的空气温度受地面气温的影响较大。另外,地下车站内的空气温度还受以下两方面因素的影响。

1)地下岩石的温度

一般在 0~15m 深度内为地层温度变化带,岩石在夏天通过空气吸热增温,在冬天向空气放热而降低自身温度。根据地表构造,可把地下岩石温度变化带分为三部分,即温度变化带(地深 0~15m)、恒温带(地深 15~30m)和增温带(地深大于 30m)。

2)地下机电设备的发热

大量的车站工作设备,尤其是城市轨道交通动力设备和照明设备,会产生大量热量,使车站内的空气升温。

2. 空气湿度

空气中水蒸气的含量称为湿度。空气湿度对人体的舒适感、产品质量、工艺过程和设备的维护会产生直接的影响。例如,夏天气温高,在我国的南方地区,由于水蒸气含量较高,人体会因闷热而觉得不舒服;而在我国的北方地区,由于水蒸气含量不太高,故人体不会感到闷热。影响地下车站空气湿度的因素有许多,如季节、气温、降水、地下水位等。

3. 风速

一般在相同气温下,湿度大的空气要比湿度小的空气使人感到闷热,而在相同的温度和湿度条件下,有风要比无风使人感到凉爽。

因此,城市轨道交通空气舒适度是空气温度、空气湿度和风速三者综合作用的结果,也是车站内乘客和工作人员感应周围空气环境的适应指标。

想一想

我国幅员辽阔,南北气候差异巨大,南方地区和北方地区的城市轨道交通车站在环境方面有什么差别?

二、通风空调系统

通风空调系统是通风空气调节系统的简称,主要包括被调节对象、空气处理设备、空气输送设备和空气分配设备等,主要任务是对空气进行预先设置的处理,使其能满足温度、湿度、清洁度等要求,再将空气输送到地下车站的各个空间,使各个空间内的温度、湿度、清洁度稳定在一定的范围内,满足乘客和工作人员在车站内对环境舒适度的要求。车站通风空调系统如图2-1所示。

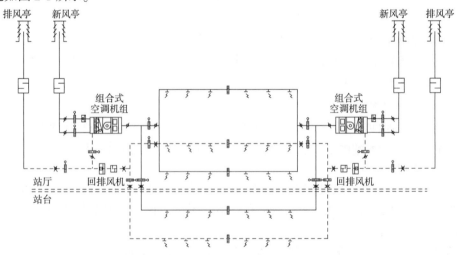

图2-1 车站通风空调系统

(一)通风空调系统的功能

通风空调系统的功能主要有以下三个方面:

(1)当列车正常运行时,为乘客和工作人员提供舒适的环境,为设备系统提供良好的运行环境。

（2）当列车发生阻塞事故时，能保证阻塞列车空调器正常运行，为乘客提供足够新风。

（3）当列车在区间隧道或车站内发生火灾事故时，进行排烟送风，有助于乘客安全撤离和消防人员灭火，并防止二氧化碳、粉尘等有害物质的浓度超标。

（二）通风空调系统的分类

通风空调系统分类方式主要有以下三种。

1. 根据空气处理设备分类

1）集中式空调系统

集中式空调系统又称为中央空调，它是将所有空气处理设备、通风机、水泵的功能设备都设置在一个集中的空调机房内，处理后的空气经风道输送到各空调房间或空间。

2）半集中式空调系统

半集中式空调系统除了设有集中在空调机房内的空气处理设备，用于处理部分空气之外，还有分散在部分被调房间内的空气处理设备，以便对部分房间或空间的空气进行就地处理，或满足送风状态的不同要求。

3）分散式空调系统

分散式空调系统是将空气处理设备全部分散在被调房间，空调机组把空气处理设备、风机、冷热源和控制装置都集中在一个箱体内，形成一个紧凑的空调系统。

2. 根据调节室内热湿负荷所用的介质分类

1）全空气式空调系统

全空气式空调系统对空调房间内的空气调节全部由经过处理的空气来负担，需要用较多的空气量才能达到消除余热、余湿的目的，拥有较大的风道断面或较高的风速。

2）全水式空调系统

全水式空调系统是指对空调房间内的热湿负荷调节全靠水作为冷热介质来负担，可用少量的水来消除余热、余湿，但不能解决通风换气的问题。

3）制冷剂直接蒸发式空调系统

制冷剂直接蒸发式空调系统是指通过制冷剂的直接蒸发来进行空调房间内的负荷调节，同时利用制冷剂的双向工况运行特性，使其具有制冷和取暖的双向功能。

3. 根据冷源与车站的配置关系分类

1）独立供冷

一般每个地下车站中均设置独立冷冻站，通常采用两台制冷能力相同的制冷量不低于1000kW的螺杆式机组和一台制冷量不低于500kW的螺杆式冷水机组（或活塞式冷水机组及其他形式）组合运行的模式。两台制冷量大的螺杆式机组按"大系统"空调冷负荷选型；一台制冷量小的螺杆式冷水机组按负责设备管理用房的"小系统"空调冷负荷选型，它既可单独运行，也可并入"大系统"，与大容量的螺杆式机组联合运行。此外，空调"水系统"还包括冷冻站、冷却水泵、冷却塔、空调箱等末端设备。

"小系统"分/集水器和公共区冷源分/集水器之间通过管道连通，连通管上设有阀门，正常运行时关闭，需要互为备用时手动开启。冷冻站集中设置在车站一端制冷机房内，位置尽可能靠近负荷中心，力求缩短冷冻水供/回水管长度。

空调冷冻水供水温度为7℃,回水温度为12℃。冷冻水系统采用一次泵系统,"小系统"空调机组的回水管上设置电动二通阀,"小系统"集水器和分水器间设置压差式旁通阀,"大系统"集水器和分水器不连通。冷冻水系统的定压采用膨胀水箱。

在空调季节正常运行工况下,根据车站冷负荷的大小来控制大容量螺杆式机组及小容量螺杆式冷水机组启停的台数。在非空调季节,水系统全部停止运行。当发生区间隧道堵塞事故时,水系统按当时正常的运行工况继续运行;当站厅层、站台层公共区域或区间隧道发生火灾时,关闭作为大系统冷源的部分水系统,只运行与小系统有关的部分;当小系统设备用房发生火灾时,水系统全部停止运行。

2)集中供冷

集中供冷系统具有能效高、环境热污染小、便于维护管理等优点,它作为节能环保的重要途径,在城市规划和发展中已成为一大趋势。

在城市轨道交通线路中采用集中供冷系统形式的优点:一是通过对线网中冷冻站合理布局,减少冷却塔对周围环境的影响;二是减少了前期为室外冷却塔设备占地及美观等要求与城市规划部门的协调工作量;三是减少了冷冻站的数量,节约了地下的有限空间;四是提高了运营效率,同时便于集中维护管理,提高自动化水平。

集中供冷系统采取集中设置冷水机组、联动设备及其他辅助设备,经过室外管廊、地沟架空、区间隧道敷设冷水管,用二次水泵将冷水输送到车站空调大系统末端。

(三)通风空调系统的组成

城市轨道交通通风空调系统主要由通风系统和空调系统组成。

根据通风地点的不同,通风系统分为隧道通风系统和车站通风空调系统,详细内容见项目一任务二中通风空调系统部分,本节不再叙述。区间隧道通风以活塞风通风为主,站台及设备通风以机械通风为主。通风空调"大系统"与空调"小系统"共同工作保证车站内的温度、湿度、风速达到相应标准要求,根据车站内这些基本参数的变化对空调通风进行合理调节。

空调系统的主要功能是制冷工作,根据车站内部的空气情况进行控制,从而达到有效的制冷效果。

想一想

城市轨道交通空调系统与家用空调在制冷剂方面有什么区别?

通过城市轨道交通风系统(主要是通风系统)和城市轨道交通水系统(空调制冷循环系统)的正常工作,城市轨道交通站内的空气得到循环与流通,进而为乘客营造舒适的乘车环境。

1. 城市轨道交通风系统

1)车站公共区域的通风空调系统(下称大系统)

车站公共区域的通风空调系统示意图如图2-2所示。城市轨道交通车站的站厅、站台层公共区域是乘客活动的主要场所,也是空调系统和通风系统的主要控制区。城市轨道交通车站设计中除在站厅、站台长度范围内设有通风管道均匀送、排风外,还在站台层列车顶部设有车顶回、排风管,站台层下部设有站台回、排风道,并在列车进站端的车站端部设有集中送风口,其作用是使进站热风尽快冷却,增加空气扰动,减少活塞风对乘客的影响。

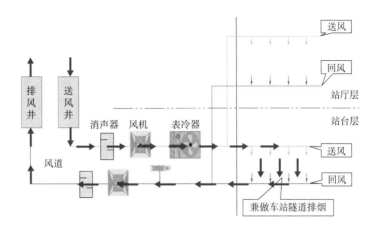

图 2-2　车站公共区的通风空调系统示意图

大系统主要由进风设备和回排风设备组成,包括空调机、空调新风机(图 2-3)、组合空调机(图 2-4)、全新风机、调节阀,回/排风机、隧道风机、射流风机和防火阀等。

图 2-3　空调新风机　　　　　　　　图 2-4　组合空调机

车站的空调、通风机设于车站两端的站厅层,设备对称布置,基本上各负担半个车站的负荷。车站大系统主要有四台组合式空调机组、四台回/排风机及相应的各种风阀、防火阀等设备,其作用是通过空调或机械通风来排除车站公共区域的余热、余湿,为乘客提供舒适的乘车环境,并在发生火灾时通过机械排风方式进行排烟,使车站内形成负压区,新鲜空气由外界通过人行通道或楼梯口进入车站站厅、站台,便于乘客撤离和消防人员灭火。

站厅层空调采用上送上回形式,站台层采用上送上回与下回相结合的形式。列车顶部的车顶回、排风管将列车空调冷凝器的散热直接由回风带走,同时站台下部的站台回、排风道直接将列车下方的电器、制动等带来的余热和尘埃用回风带走。

当车站站台或列车发生火灾时,除车站的站台回/排风机持续运转向地面排烟外,其他车站大系统的设备均停止运行,使站台到站厅的上、下通道间形成一个流速不低于 1.5m/s 的向下气流,便于乘客迎着气流撤向站厅和地面。当车站站厅发生火灾时,站厅回/排风机全部启动排烟,大系统的其他设备均停止运行,使得出、入口通道形成由地面至车站的向下气流,便于乘客迎着气流撤向地面。

2)设备管理用房通风空调(下称小系统)

车站的设备管理用房区域内主要分布着各种运营管理用房和控制系统的设备用房,工作环境好坏将直接影响城市轨道交通能否安全、正点的运营。实际上,小系统既是城市轨道交通车站管理系统的核心地带,也是环控系统设计的重点环节。这类设备用房根据各站不同的需要而设置,机房一般布置在车站两端的站厅、站台层,站厅层主要集中了通信、信号、环控电控室、低压供电、环控机房以及车站的管理用房,站台层主要布置的是高、中压供电用房。

由于各种用房的设备环境要求不同,温、湿度要求也不同,小系统的空调、通风基本上根据以下四种形式分别设置独立的送风和(或)排风系统:

(1)需空调、通风的用房,如通信、信号、车站控制、环控电控、会议等用房。
(2)只需通风的用房,如高压、低压、照明配电、环控机房等用房。
(3)只需排风的用房,如洗手间、储藏间等。
(4)需气体灭火保护的用房,如通信设备室、信号设备室、环控电控室、高低压室等。

车站小系统主要包括为车站的设备及管理用房服务的轴流风机和柜式、吊挂式空调机组及各种风阀。其作用是通过控制各用房的温、湿度等环境条件,为工作人员提供舒适的工作环境,为各种设备提供安全运行的环境。当发生火灾时,通过机械排风方式进行排烟,有利于工作人员撤离和消防人员灭火;在气体灭火的用房内关闭送、排风管进行密闭灭火。

 想一想

电源用房是否需要空调系统?

3)隧道通风兼排烟系统

隧道通风系统主要包括分别设置在车站两端站厅、站台层的四台隧道通风机,以及与其相应配套的消声器、组合风阀、风道、风井、风亭等组件。其作用是通过机械送、排风或列车活塞风作用,排除区间隧道内余热、余湿,保证列车和隧道内设备的正常运行。另外,在每天清晨城市轨道交通运营前半小时打开隧道风机,进行冷却通风,既可以利用早晨外界清新的冷空气对城市轨道交通进行换气和冷却,又能检查设备及时维修,确保事故发生时能投入使用。隧道通风兼排烟系统如图2-5所示。

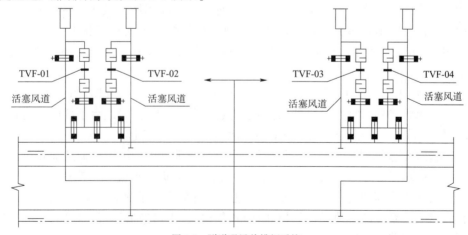

图2-5 隧道通风兼排烟系统

当列车由于各种原因停留在区间隧道内,而乘客无法下车时,顺列车运行方向进行机械通风,冷却列车空调冷凝器等,保持车内舒适环境;当列车发生火灾时,应尽可能使列车运行到车站站台范围内,以利于人员疏散和灭火排烟;当发生火灾的列车无法行驶到车站而被迫停在隧道内时,应立即启动风机进行排烟降温。隧道一端的隧道风机向火灾地点输送新鲜空气,另一端的隧道通风机从隧道排烟,以引导乘客迎着气流方向撤离事故现场,消防人员顺着气流方向进行灭火和抢救工作。

2. 城市轨道交通水系统

空调制冷的基本原理就是通过制冷剂的液化放热和气化吸热等状态变化将蒸发器周围的热量带到冷凝器周围,其中四个必要的组成部分是压缩机、冷凝器、节流(膨胀)装置、蒸发器。空调制冷的原理示意图如图 2-6 所示。

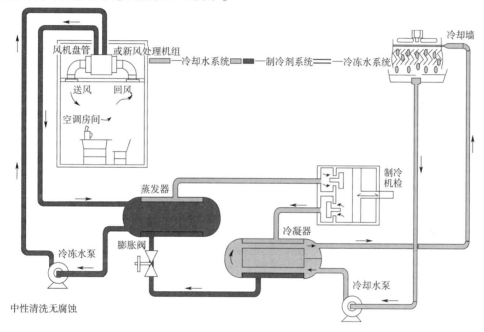

图 2-6 空调制冷的原理示意图

空调制冷的具体过程如下:

(1)气态的制冷剂经压缩机加压后到冷凝器进行放热冷凝,将热量释放给冷却水,从而变为液态的制冷剂。

(2)液态的制冷剂经膨胀阀减压后到蒸发器中吸收冷冻水的热量,从而变为气态的制冷剂。

以上两个步骤循环完成制冷循环。在此过程中,冷却水吸收了制冷剂的热量,失去冷却的功能后,被抽到车站上方的冷却塔中进行冷却,冷却完成后循环工作;冷冻水的热量被制冷剂吸走变成有制冷效果的水,送到组合式空调机组以及风机盘管等设备内部,以冷却混合风送到站台、站厅以及设备用房。

将以上原理应用到城市轨道交通空调系统中即可实现空调水系统制冷。图 2-7 为空调水系统对设备管理用房冷冻水供应。其左侧为冷却水系统,右侧为冷冻水系统。

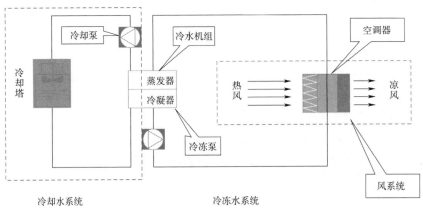

图 2-7 空调水系统对设备工作用房冷冻水供应

任务二 通风空调系统设备

城市轨道交通通风空调系统要实现大量空间的制冷,需要大批设备的配合。本任务将相关设备分为六大类进行介绍,即建筑类通风设施、空气处理设备、风机类设备、风阀类设备、消声装置和环控制冷系统。

一、建筑类通风设施

城市轨道交通建筑类通风设施包括风亭、风井和风道。其中,出地面部分为风亭,竖直段为风井,水平段为风道。

(一)风亭

车站通风道在地面口部所设的有围护结构的建筑称为地面通风亭,简称风亭。风亭是连接城市轨道交通地下和地上部分的建筑,是活塞风井、新风井以及机械通风风井的地上部分。风亭主要起换气作用,更换车站内的气体。

目前,国内在城市轨道交通风亭的设计方面,已由原来的单一的风亭合建形式转化为多层次、形式多样的风亭,风亭地上建筑更加具有现代城市的风格和个性。

1. 地面风亭的建筑形式和使用条件

风亭的主要功能是保障城市轨道交通隧道的通风,其设计思路和施工手段必须有效地实现其功能。为防止雨、雪、灰沙、地面杂物等被风吹入通风道内,出于安全考虑,风亭一般均设有顶盖及围护墙体。墙上设门,供工作人员运送设备使用。

风亭上部设有通风口,风口外面可设或不设金属百叶窗。通风口距地面的高度一般不小于 2m,特殊情况下通风口高度可酌情降低。位置低洼及临近水面的风亭应考虑防水淹没设施,防止水倒灌至车站通风道内。

按照建筑形式来分,城市轨道交通风亭大致可分为以下三种形式:

1)独立布置的有盖风亭

如图 2-8 所示,风亭作为独立布置的有顶盖建筑物,高度为 3~12m,多采用钢筋混凝土框架结构,通过风亭侧墙出风,可包含一个或多个风口,占地面积较大,通风效果良好,无须采取专门的防雨和防淹措施。

2) 独立布置的敞口风亭

敞口风亭形式简洁,可分为敞口矮风亭和敞口高风亭。

(1) 敞口矮风亭需满足防淹的最低高度要求,一般适用于地上空间较开阔,周围卫生条件良好,如有绿化的广场、公园以及较开阔的城乡接合部等地,如图2-9所示。

图2-8 典型有盖风亭

图2-9 敞口矮风亭

(2) 敞口高风亭按照是否在风口上部加设盖板,又可分为敞口有盖高风亭和敞口无盖高风亭。图2-10为广州城市轨道交通番禺站广场上的敞口无盖高风亭,广场上有足够的空间安置风亭,并可作为广场的一道建筑装饰。

3) 与建筑物合建的风亭

如图2-11所示,合建风亭是将风亭作为建筑物的一部分,与既有建筑、同步建设的建筑或待建建筑合建。合建风亭的优点是能够解决车站附近用地紧张的问题,对已有周围建筑的布局影响较小。但是,合建风亭的通风效果受合建建筑的约束而有一定程度的影响,且对建筑周围局部范围内的空气品质影响较大。合建风亭主要适用于地上建筑物较密集,没有条件设立独立风亭的情况,如城市繁华地区及人流密集的商业区等。

图2-10 敞口高风亭(无盖)

图2-11 与建筑物合建的风亭

2. 城市轨道交通风亭的设置原则

在城市轨道交通线路交汇的换乘站/枢纽站,风亭数量比较多,在其进、排风口附近易造成强烈的气流涡旋。如果风亭位置设置不当,不仅会严重影响城市的地面环境,而且可能致使新风及污浊空气掺混,导致隧道及车站通风效果恶化。

城市轨道交通风亭作为城市景观的构成部分,可成为城市文化的载体,应根据车站的位置、地上现有建筑物的状况,综合考虑地上未来建筑及道路的规划等来确定风亭的设置位置,尽可能避免过长的风井,以免影响通风效果。当采用与地上既有建筑合建的方案时,应尽可能以最小的代价对已有建筑进行改造,避免破坏建筑的主体结构。

风亭的大小主要根据风量及风口数量决定,同时要考虑运送设备的方便。风亭位置应选在地势较高、平坦且通风良好、无污染的地方。城市道路旁边的地面风亭,一般应设置在建筑红线以内,与周围建筑物的距离应符合防火间距的规定,其间距不应小于5m。新风亭风口距地面2m以上,绿化带内可降低1m,以防止灰尘进入城市轨道交通车站。新、排风亭合建时,排风口应比新风口高出5m,或风口错开方向设置,且新、排风口最小间距应大于5m,新风亭建在下方,其他风亭建在上方,各风亭口间距应不小于5m,以避免风亭间相互串风,确保车站和区间的空气质量。

想一想

实地探究城市轨道交通风亭,辨别风亭的种类、特点。

(二)风井

风井是指连接城市轨道交通车站和风亭的通道。图2-12为城市轨道交通某车站风井。

图2-12 风井

风井的作用主要包括:

(1)充分排出城市轨道交通系统运行产生的热量,使设备不会因为温度过高持续老化而造成预期寿命减少。

(2)当发生火灾等意外情况时,尽快排出地下产生的烟气,并为乘客和消防人员提供必要的新鲜空气。

(3)为创造舒适和安全的地下环境服务。

(三)风道

风道包括活塞风道和机械风道(经风机),活塞风道长度一般不大于40m。风道应尽可能顺直,活塞风道直角弯头不超过3个,机械风道应避免迂回。

有连通关系的风道在连通点处应相邻布置,前后均有连通的风道(同一条隧道的活塞风道与机械风道)应相邻平行布置,可水平、竖直或上下重叠布置。通风道和风井的风速不宜大于 8m/s,站台下排风风道和列车顶部排风风道的风速不宜大于 15m/s,风亭格栅的迎面风速不宜大于 4m/s。图 2-13 为城市轨道交通轨顶风道示意图。

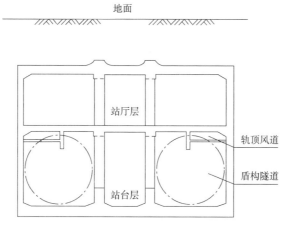

图 2-13　轨顶风道

二、空气处理设备

(一) 风机盘管

风机盘管常被称为空调末端装置,是空调工程中广泛应用的空气处理设备。城市轨道交通通风空调系统中用于车站的出入口长通道、管理用房及设备用房。风机盘管根据安装形式可分为卧式暗装、卧式明装、立式暗装和立式明装等几种基本形式。其中,卧式暗装和卧式明装风机盘管如图 2-14、图 2-15 所示。

图 2-14　卧式暗装式风机盘管　　　　　图 2-15　卧式明装式风机盘管

城市轨道交通的管理设备用房或车站综控室等场所均设置风机盘管装置。经处理的新风通过新风送风管送到房间,室内的风通过回风口与送入的新风混合后再经过风机盘管处理,达到要求后再送入房间,这样不断地循环,进而达到房间的使用要求。

1. 风机盘管的组成

风机盘管主要由盘管(管翅式换热器)和风机组成,并由此得名。风机盘管所用管翅式换热器(图 2-16)主要采用的是铜管套铝翅片形式,大量采用的是 $\phi 9.52mm$ 的光面铜管。近年来,为降低换热器的质量和铜材耗量,$\phi 7mm$ 铜管铝翅片式应用在冷凝器上。当前管翅式换热器使用的铝箔通常有素铝和涂层铝两种。

风机盘管的电机通常为单相异步电动机(以下简称"PSC 电机"),即电容启动、电容运转式电机,如图 2-17 所示。PSC 电机通常配置滚珠轴承,无须加油,自行润滑,噪声低,寿命长。

图 2-16　管翅式换热器

图 2-17　PSC 电机

2. 风机盘管工作原理

风机将室内空气(或与新风混合)通过表冷器进行冷却或加热后送入室内,使室内气温降低或升高,盘管内的冷(热)媒水由机房集中供给。

风机盘管安装示意图如图 2-18 所示。盘管使用集中冷源供应的冷水,需要安装冷冻水进出水管、铜闸阀、金属软接头、塑料软管、冷凝水出水管以及相应的风管。风机盘管采用就地控制的方案,可分为简单控制和温度控制两种。其中,简单控制是使用三速开关直接手动控制风机的三速转换与启停。温度控制是 STC 系列温控器根据设定温度与实际检测温度的比较、运算,自动控制 STV 系列电动两/三通阀的开闭、风机的三速转换,或直接控制风机的三速转换与启停,从而通过控制系统水流或风量达到恒温的目的。

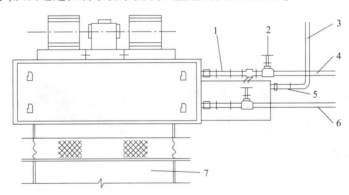

图 2-18　风机盘管安装示意图

1-金属软接头;2-铜闸阀;3-冷凝水出水管;4-冷冻水进水管;5-塑料软管;6-冷冻水出水管;7-风管

当风机盘管供、回水温差一定,供水温度升高时,制冷量随之减少。据统计,当供水温度升高 1℃时,制冷量减少 10%左右,供水温度越高,减幅越大,除湿能力下降。供水条件一定,风机盘管风量改变时,制冷量和空气处理焓差也随之变化,一般是制冷量减少,焓差增大,单位制冷量风机耗电变化不大。当风机盘管进、出水温差增大时,水量减少,换热盘管的传热系数随之减小,风机盘管的制冷量减少。据统计,当供水温度为 7℃,供、回水温差从 5℃提高到 7℃时,制冷量可减少 17%左右。

(二)组合式空调机组

空气处理设备采用的组合式空调机组(大型表冷器)如图 2-19 所示。它既能满足空调通风,又能满足消防排烟。城市轨道交通通风空调工程中,空调系统采用模块化设计便于安装及维修,泄水方便可避免表冷器水管发生冻裂现象。组合式空调机组由箱体、进风段、粗效过滤段、表冷挡水段、风机段(含检修门)、消声段、送风段和若干个中间段组成(图 2-20),用于完成工艺所要求的空气处理过程。

图 2-19 组合式空调机组外形

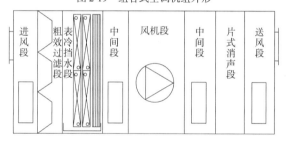

图 2-20 组合式空调机功能段

1. 箱体

箱体框架材料、整体结构、机组漏风率、箱体面板、面板材料、箱体双层面板(含中间保温层)厚度、底层面板应满足检修安装要求。

2. 进风段

进风段包括新风和回风混合,应设有新风口及回风口,通过新风口、回风口的风速应控制在小于 8m/s,同时该段应设有一个检修门。

3. 粗效过滤段

粗效过滤段采用板式铝合金框架粗效过滤器,过滤器材料为非燃或阻燃型。过滤效率应符合国家标准的要求,达到 G4 级,对于 ≥5μm 粒径的大气尘径限的计数效率应在 50% ~ 90% 范围内。在设计风量下,通过过滤器的进风断面风速应不超过过滤器设计的风速,进风断面风速均匀度应大于 80%。过滤器前后设检修门和压差报警装置,以方便过滤器的检修、更换,检修门的设置位置可在本段内或前后其他功能段上。

4. 表冷挡水段

表冷挡水段主要包括表冷器和凝水盘。表冷器管材采用紫铜管,凝水盘尺寸要足够大,以便凝结水能被顺利排走而无溢出。表冷器的盘管设计工作压力为 1.0MPa,盘管的耐压性能及气密性能试验应按设计要求的标准进行,但必须符合以下基本要求:水压试验压力为工作压力的1.5倍,保压时间内气压试验压力应为工作压力的1.2倍,保压时间≥1min,无泄漏。

5. 风机段

风机段内的离心通风机进口空气动力性能设计应保证组合式空调器的有关性能。当组合式空调机组风机有变频要求时,应采用变频电机,频率变化范围为20~50Hz。风机应采用高效率、高强度的叶轮结构,电机轴承采用高品质轴承,其叶轮和轴承需在制造厂内进行静平衡和动平衡试验,并提供试验报告。

表冷器风机段风机的选择

风机段内应考虑风机轴的拆卸及更换,风机轴承应便于调整、维护,有方便添加润滑油的装置。电动机应为全封闭鼠笼式耐湿热型的标准产品,绝缘等级为H级,防护等级为IP55,电源电压为380V/50Hz,电机转速不应超过1450r/min。电机应便于安装、调试、维护。电动机应能满足在温度≤45℃、相对湿度≤100%的环境中储存和连续运行。风机采用皮带传动方式,应配减振器。风机段应设检修门,便于电机的拆除、运输及更换。

资料来源:赵丽,周佩秋.城市轨道交通环境控制系统运行与维护[M].北京:北京理工大学出版社.环控通风系统,2017.

6. 消声段

消声段也称为片式消声段,根据整机噪声限值的要求设置片式消声器。消声器面板在穿孔后应进行防腐处理,面板与消声棉之间的滤布要求具有憎水性。消声器的结构形式应便于拆装,且消声器前后应设有检修门,以便清灰。

三、风机类设备

(一)风机运行条件和环境

1. 环境状况

(1)室外大气压力。一个标准大气压。

(2)室外温度。极限-20℃,24h平均温度≤35℃。

(3)室外相对湿度。90%(+20℃),高湿度可能产生凝露。

2. 运行环境

(1)正常运行。车站送、排风机和隧道风机正常情况下,在环境温度≤45℃、相对湿度≤95%时可以连续运行。

(2)事故运行。车站送、排风机(兼区间隧道风机)满足在250℃时能连续有效工作1h。恢复常温后,各类风机不需要大修即可投入正常运转。

(3)区间隧道风机满足保证在150℃时能连续有效工作1h。恢复常温后,各类风机不需要大修即可投入正常运转。

(二)风机类型

城市轨道交通一般采用专用轴流风机,是城市轨道交通车站和隧道区间内通风的主要设备,具有大风量、高风压、高效率、可逆转、切换时间短、抗腐蚀性强等特点。

1. 隧道风机

隧道风机为轴流风机,设置于车站两端的设备用房和区间通风机房内,用于区间隧道和站台隧道通风、排烟,其外形如图 2-21 所示。隧道风机主要由叶片、电机、风机机壳、轮毂、轴、轴承、电机支撑板等组成。

隧道风机又分为可逆转耐高温轴流风机(Tunnel Ventilation Fan,TVF)和单项运转耐高温变频轴流风机。TVF 是城市轨道交通通风系统的关键设备,包括排热/隧道风机[UO/TVF(B)风机],一般设置在车站的两端,每端设置两台,分别对应上、下行线区间,通过组合风阀的开闭控制实现多台风机串、并联运行或互为备用。单项运转耐高温变频轴流风机包括排热风机(UOF 风机)、回/排风机[HPF(B)风机]。

2. 射流风机

射流风机是一种特殊的双向(正反转)轴流风机,悬挂在隧道顶部或两侧,其前后端均自带消声风筒,其外形如图 2-22 所示。运行时,将隧道内一部分空气从风机一端吸入,经叶轮加速后,由风机的另一端高速射出,使隧道内空气向设定方向流动,用于调节区间内某一段的压力和通风量并辅助排烟。

图 2-21 隧道风机的外形

图 2-22 射流风机的外形

3. 推力风机

推力风机(IMF 风机)为双向(正反转)轴流风机,如图 2-23 所示。它设置于区间机房内,用于加强某一段隧道内通风。根据需要设置送风方向与隧道轴线不大于 30°的喷嘴装置。推力风机在列车发生火灾或阻塞时加强局部区间隧道通风,根据系统设计不同运行模式要求风机正转或反转,通过现场制作的喷嘴将空气高速射入需加强通风的区间隧道,推动隧道内空气向设定方向流动。推力风机前后端均带消声风筒。

图 2-23 推力风机

高速公路隧道中的风机是什么类型?

(三)风机应用

(1)车站大系统风机包括新风机、回/排风机,均为轴流风机,设置于车站两端机房或设备层内,用于车站公共区域通风空调。

(2)车站小系统风机包括送排风机、回/排风机,均为轴流风机,设置于车站两端机房或设备层内,用于车站管理用房及设备用房区域通风空调。

(3)防排烟系统风机包括排烟风机,为轴流风机,设置于车站两端机房或设备层内,用于车站公共区域、车站管理用房及设备用房区域等的排烟。

四、风阀类设备

城市轨道交通工程由于内部空间狭小、层高有限,在设计与布置空调及通风管路时相对比较困难,很多风道不得不采用建筑风道。另外,设备用房小系统中排风、回风、排烟等管路存在复用的形式,运行模式的转换通过风阀来进行。因此,车站内使用了大量的风阀,风阀也是通风空调系统中的重要设备。

(一)风阀的分类

通风空调系统中使用的风阀主要是调节阀和防火阀。其中,调节阀包括单体风阀和组合风阀,通过电动、手动调节风阀叶片的开启角度和开闭来调节风量;防火阀包括70℃防火阀和280℃防火阀和排烟防火阀等,通过温度熔断器自动或手动地电动关闭风阀叶片,隔离防火区。由于城市轨道交通通风空调系统的特殊性,风阀要求其可靠性、耐用性和安全性高。

1. 调节阀

(1)单体风阀。单体风阀主要由阀体、叶片、传动机构和执行器等部分组成,用于车站大、小系统相对截面不大的风道或风管上调节送/排风量,控制方式有手动或电动。

(2)组合风阀。组合风阀主要指电动组合风阀,它是组织通风空调系统各种模式运行的主要部件,承担着不同模式下系统风量的分配,通过控制不同位置上风阀的开关状态改变气流路径,实现排风、排烟、送风等系统功能的切换。

电动组合风阀用于大系统及区间隧道通风系统,主要由槽钢底框架、模式化的多个单体多叶风阀、连杆传动机构、角行程电动执行器等部件采用标准紧固件连接组装而成,结构如图2-24所示。电动组合风阀的电动执行机构具有远距离电动控制和现场手动控制功能、机械和电气两种限位装置,以及延时报警功能,并设置有接线盒。电动执行器与风阀转轴的连接方式设置了防止打滑的有效措施。

2. 防火阀

防火阀主要由阀体、叶片、温度熔断器、传动机构和执行器等部分组成,安装在通风空调系统的送/回风管路上,平时呈开启状态。当发生火灾时,管道内气体温度一旦达到70℃时易熔片(熔断),阀门在扭簧力作用下自动关闭,在一定时间内能满足耐火稳定性和耐火完整性的要求。

(1)防火阀(70℃)。正常运行时阀体呈开启状态,当发生火灾时,管道内气体温度达到70℃时熔断关闭,手动关闭,手动复位,输出开、关电信号类防火阀,并在一定的时间内能满足耐火稳定性及耐火完整性,起隔烟阻火的作用。设置在大、小系统送/回(不兼排烟)管、排风管穿过非气体保护房间的各种配电房、控制室隔墙处。

图 2-24 电动组合风阀的结构

（2）防火阀（280℃）。正常运行时阀体呈开启状态，当发生火灾时，管道内气体温度达到 280℃时熔断关闭，手动关闭，手动复位，输出开、关信号类防火阀，并在一定的时间内能满足耐火稳定性及耐火完整性，起到隔烟阻火的作用。设置在大、小系统排烟风管穿越公共区域与设备区域防火隔离处、楼板处、通风空调机房隔墙处及变形缝处，小系统排烟风管穿过非气体保护房间的各种配电房、控制室隔墙处。站内隧道通风系统末端管路接入排热风室隔墙处。

（3）排烟防火阀（70℃）。排烟防火阀如图 2-25 所示，状态为常开，温度达到 70℃熔断关闭，手动关闭，24V 电信号关闭，手动复位，输出开、关电信号类防火阀，服务于气体保护房间的小系统风管穿过该房间的隔墙处。

图 2-25 排烟防火阀

（二）防火阀、排烟防火阀设置的一般原则

按照《地铁设计规范》（GB 50157—2013）并结合相关消防规定，防火阀、排烟防火阀设置的一般原则如下：

（1）在下列情况之一的通风、空调系统的风管设置防火阀：管道穿越防火分区的隔墙处；管道穿越通风、空气调节机房及重要的或火灾危险性大的房间隔墙和楼板处；垂直风管与每层水平风管交接处的水平管段；管道穿越变形缝的两侧。上述部位的防火阀，当发生火灾时，管道内气体达到 70℃时，则自动关闭。

（2）排烟系统的分隔。当烟气温度超过 280℃时，在排烟机房的入口处设置能自动关闭的排烟防火阀。排烟机应保证在 280℃时能连续工作 30min；当烟气温度超过 280℃时，在排烟支管上设置能自行关闭的排烟防火阀。

（三）风阀的基本要求

隧道通风系统的风量调节阀一般安装在楼板的预留孔洞或土建墙体上，其他通风空调

系统的风量调节阀、防火阀安装在风管、楼板的预留孔洞或土建墙体上。

区间隧道通风系统的风阀要求在150℃烟气条件下,能连续有效地运行1h;站内隧道通风系统和车站防排烟系统的风量调节阀要求在250℃烟气条件下,能连续有效地运行1h;区间和站台风阀的耐火极限能力应大于3h。

五、消声装置

城市轨道交通的噪声除列车的运行噪声外,还包括通风空调系统设备运行所产生的噪声。通风空调系统中所使用的风机以轴流风机为主,其特点是风量大、再生噪声大、自然衰减小、噪声频带较宽,一般在63~9000Hz内均有较高的噪声值。因此,在消声设备的选择上要有针对性和适用性,才能保证对城市轨道交通噪声进行有效的抑制。

消声器是既能允许气流通过又能使气流中的噪声得到有效降低的消声设备。它要求在所需要的消声频率范围内有足够大的消声量,并且具有阻力小、体积小、加工经济简单、使用寿命长等特点。

城市轨道交通工程中使用的消声器一般有两种:一种是土建风道金属外壳片式消声器,采用现场组装结构形式;另一种是通风空调小系统管道式消声器,一般为整体式。吸声材料大多采用离心玻璃棉板或毡。

目前,国内城市轨道交通通风系统中选用的消声设备一般以消除中、低频噪声的阻性消声器为主。

知识拓展

阻性消声器的工作原理

阻性消声器是指利用声波在敷设于气流通道内多孔性吸声材料中传播,因摩擦将声能转化为热能而散发掉,使沿管道传播的噪声随距离而衰减,从而达到降低噪声的目的。

阻性片式消声器是阻性消声器的一种,具有结构简单、中高频消声性能优良、气流较小等特点。

资料来源:赵丽,周佩秋.城市轨道交通环控系统运行与维护[M].北京:北京理工大学,2017.

(一)消声器的结构特性

1. 结构分类

消声器按结构形式可分为风道消声器和管道消声器两类。

(1)风道消声器。风道消声器为结构片式消声器,片间自锁连接,不需要预埋件。为了维护、检修方便,应适当设置活动消声片、检修通道或检修门。

(2)管道消声器。大型壳体消声器外壳采用单体壁板现场组拼,内部吸声片也采用单元体片式连接结构;小型壳体消声器为整体式结构。

2. 外观要求

消声器的外观要求:平整,壳体、肋板、法兰等金属件要求平整、清洁;无锈痕污物,无切

割毛口；无凹坑、划伤、损伤、缺角等明显缺陷。

（二）消声器的结构要求

消声器所用的材料必须符合国家或行业标准。消声部件连接应牢固、无松动、无漏焊点，表面光滑平整，无锈蚀、无毛刺，咬口搭接均匀。组装成型后的消声器结构应具有足够的刚性和强度，能承受2000Pa的内外压差，长期运行应不会出现松动和变形。

（三）吸声材料

消声器内吸声材料应不含任何易燃、可燃物质和有害、有毒物质，流阻适当，孔隙均匀，有较高的吸声性能和化学稳定性。

六、环控制冷系统

环控制冷系统是各车站为供给其大、小系统空调用水所设置的空调水系统。城市轨道交通车站中设置有独立的冷冻机房，分别根据大、小系统空调冷负荷进行冷水机组选型。一般大系统空调配置两台制冷量不低于1000kW的冷水机组，小系统空调配置一台制冷量不低于500kW的冷水机组，三台冷水机组组合运行。

环控制冷系统的末端设备除冷水机组外，还包括冷却塔、空调箱和冷冻、冷却水泵等。冷水机组制得的冷冻水经冷冻泵送至空调末端设备，通过热交换为城市轨道交通车站大、小系统供冷，再把吸热升温后的冷冻水送回冷水机组内进行制冷，冷冻水在冷冻泵、空调器、冷水机组的蒸发器间循环。冷水机组在压缩制冷的过程中，需要把从冷冻水吸收的热量以及压缩机工作时消耗的热量交换给冷却水散热到周围环境，冷却水在冷却塔、冷却水泵、冷水机组的冷凝器间循环。

（一）冷水机组

冷水机组是为大、小系统提供冷源的设备。冷水机组为空调箱提供冷源，通过冷冻水进入空调箱的制冷盘管，与空气接触，提供冷量。经过换热的冷冻水回流到冷水机组，与制冷剂交换热量进行冷却。冷水机组有螺杆、活塞式及离心式三种。其中，螺杆式冷水机组是迄今为止国内城市轨道交通空调系统中采用最为广泛一种制冷装置，这里只介绍螺杆式冷水机组。

1. 冷水机组的特点

螺杆式冷水机组因其关键部件——压缩机采用螺杆式，故称为螺杆式冷水机组，它具有结构简单、体积小、质量轻、占地面积小、易损件和运动部件少、制冷效率高、检修周期长的特点；振动小，对基础要求低；制冷量可在10%～100%内无级调节。螺杆式冷水机组不仅可采用高精度大屏幕触摸屏，全数字化中文显示，还可实现计算机多重控制功能，使之操作更方便、更安全、更可靠，但缺点是运行噪声较高。

螺杆式冷水机组如图2-26所示。它主要由压缩机、干燥过滤器、蒸发器、冷凝器、膨胀阀及电控

图2-26　螺杆式冷水机组

箱组成。

2. 冷水机组的工作原理

水冷单螺杆式冷水机组的制冷原理如图2-27所示。它是由蒸发器出来的气态制冷剂，经压缩机绝热压缩以后变成高温、高压状态；被压缩后的气态制冷剂，在冷凝器中，等压冷却冷凝，经冷凝后变成液态制冷剂，再经节流阀膨胀到低压，变成气液混合物；其中低温、低压下的液态制冷剂，在蒸发器中吸收冷冻水的热量重新变成气态制冷剂；气态制冷剂经管道，重新进入压缩机，开始新的循环。这既是冷冻循环的四个过程，也是螺杆式冷水机组的主要工作原理。冷水机组的组成如图2-28所示。

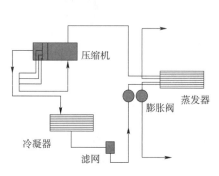

图2-27 水冷单螺杆式冷水机组制冷原理

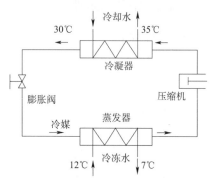

图2-28 冷水机组的组成

（二）冷却塔

冷却塔是指利用空气同水直接或间接接触来冷却水的设备，可为冷水机组冷却器提供冷水，多数安装于地面上，如图2-29、图2-30所示。冷却塔以水为循环冷却剂，使水在冷却塔内与空气进行直接或者间接的热湿交换而达到降温的目的。水冷式制冷机组系统中冷凝器用的冷却水基本上都是采用冷却塔处理而循环使用。

图2-29 冷却塔

图2-30 冷却塔结构图

1. 冷却塔的分类

根据水和空气流动的方向不同，冷却塔可分为逆流型冷却塔和横流型冷却塔。

1) 逆流型冷却塔

逆流型冷却塔是指水在塔内填料中自上而下，而空气自下而上，两者流向相反的一种冷却塔。其特点是配水系统不易堵塞,淋水填料保持清洁不易老化,湿气回流小,防冻化冰措施更容易。

2)横流型冷却塔

横流型冷却塔内部结构如图2-31所示。横流型冷却塔是指水在塔内填料中自上而下,空气自塔外水平流向塔内,两者流向呈垂直正交。其特点是节能、水压低、风阻小、配置低速电动机、无滴水噪声和风动噪声、填料和配水系统检修方便。

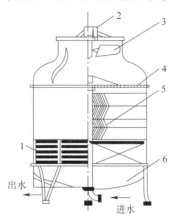

图 2-31 横流型冷却塔内部结构
1-导风板;2-电动机;3-叶轮;4-布水器;5-填料;6-集水池

横流型冷却塔实物如图 2-32 所示。其主要组成部分有玻璃钢外壳、洒水盆、集水盆、填料、电动机、风扇、进水管和排水管。城市轨道交通车站内所用的冷却塔均为方形横流型冷却塔。

图 2-32 横流型冷却塔实物图

2. 冷却塔的工作原理及组成

冷却塔的工作原理是利用水和空气的接触,通过蒸发作用来散去冷水机组冷却器产生的热。当低焓值干燥空气经过风机的抽动后,由自动风网处进入冷却塔内。饱和蒸气压力大的高温水分子向压力低的空气流动,高焓值湿热水通过自动洒水系统洒入塔内。当水滴和空气接触时,由于水蒸气表面和空气之间存在压力差,在压力的作用下产生蒸发现象,将水中的热量带走(蒸发传热),以达到降温的目的。图 2-33 为横流型冷却塔的工作原理图。

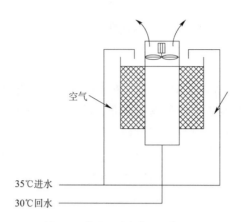

图 2-33 横流型冷却塔的工作原理

冷却水的流动方向:进水管(35℃)→洒水盆→两边填料→集水盆(30℃)→排水管;冷空气的流动方向:冷却塔外部→两边填料→冷却塔内→风扇排出。高温的循环水进入冷却塔,在热交换器→填料处与外界来的冷空气发生水气热交换(主要为蒸发散热和接触散热,辐射散热很少,可忽略不计),从而使高温的循环水降温,以达到冷却散热的目的。其中,填料的作用是扩大水气热交换面积,延缓水气热交换时间,使循环水温度下降且接近环境空气的温度。

3. 冷却塔的结构

1)塔体

塔体外形应线条简洁、美观大方,外表面颜色应具有与建筑物相协调的特点。其内外支撑应使整塔坚固、稳定性好,具有防腐蚀能力,能满足使用年限要求。塔体外壳与底盆均为强化玻璃钢制造,不受季节变化的影响,组合设计,现场拼装,便于运输及安装。顶层面板应有足够的强度,能满足安装检修要求。上部风筒应配合风机和电动机安装位置设计,风筒上应设置热镀锌钢网,防止异物坠落,保护电动机和风机。检修门的结构形式和材料应与面板相匹配,门应能从箱体内外方便开启且转动灵活,多台塔并联安装时也能保证工作人员观察或进入。每台塔内钢结构承担,不允许玻璃钢壳承担此部分荷载。塔体进风面距建筑物的控制距离为塔体进风高度的1.5倍。

2)下塔体及集水盆

下塔体内表面为富树脂层,富树脂层树脂含量应在70%以上。塔体内一般设有维修走道。集水盆应与下塔体连为一体,水盆、下塔体在储水之后应无渗漏现象。为防止灰尘及微粒积聚,集水盆表面必须光滑,且易于检修、清洁以及设有足够的排放设施和滤网装置。下塔体与集水盆的容水量及高度应保证,在启动冷却泵后不出现水被抽空现象及停泵后不出现大量水溢流现象。集水盆必须有足够的坡度以便冷却水流向排水点,排水口的尺寸取决于冷却塔的容量,但内径不得小于50mm,且须设置于集水盆的最低点。集水盆还必须有足够的深度,以防止排水口形成漩涡,吸入过多的空气。集水盆底部必须安装过滤网,过滤较大的杂质,防止水泵堵塞。

3)进风叶片

进风叶片应采用耐腐蚀材料,不仅要防溅水,而且要能阻挡阳光直接照射冷却塔的集水盆,减少水藻生长。另外,为降低冷却塔的噪声,有需要时应安装隔声叶片。

4)配水系统

配水系统应采用合理的布水系统,使用的材料应满足环境的要求。喷嘴应选用先进技术和材料。冷却塔采用池式布水,配水池应水平,孔口光滑,积水深度宜不小于50mm;应有保证冷却水平均分布在填料上的装置。配水池上应有盖板,防止水的污染和噪声传播。

5)淋水填料

填料应选用冷却效率高、通风阻力小、不会被化学剂腐蚀、耐高温性能好的阻燃材料。填料安装时要求间隙均匀、顶面平整、无塌落和叠片现象,每平方米至少能承受2.94kN的力。填料片不得穿孔破裂,并能提供最佳的空气与热水的接触面而产生最有效的热交换作用。填料设计应控制冷却塔的飘水率,不允许有明显的飘水现象。填料设计应易于安装和取出清洗,同时应不利于滋生细菌。

6)风机和电动机

风机特性参数应符合设计工况要求,其主要配件(如电动机、减速器等)应符合有关技术规定。风机应为超低噪声性,静压高、噪声低、强度大,采用高效率、高强度叶轮结构。叶片材料采用铝合金,要求强度可靠,表面光洁,各截面过渡均匀,无裂纹、缺口、毛刺、气泡等缺陷。传动系统宜采用皮带传动形式,皮带轮应与风机同时进行静平衡实验,应选用高质量的皮带,便于调整、维护,润滑剂应按时更换,保证正常使用寿命。电动机采用全封闭式防水、超低噪声、冷却塔专用电动机,应便于安装、调整。电动机的电流值不应超过额定电流值。

实地探寻冷却塔设备。

(三)水泵

水泵是指为空调输送冷冻水、冷冻回水、冷却水的设备,主要是离心式水泵。

1.水泵的构造及主要参数

水泵主要由泵体、叶轮、轴和轴承等组成。泵体为蜗壳形,以确保流体在蜗壳内流速均匀,泵体须以1.5倍工作压力的试验压力进行水压试验。叶轮对整个泵的转子进行动平衡,以确保泵的运行平稳。离心式水泵实物图如图2-34所示。

图2-34 离心式水泵的外形

2. 离心式水泵的工作原理

如图 2-35 所示,离心泵启动前,一般泵壳内要灌满液体,当原动机带动泵轴和叶轮旋转时,液体一方面随叶轮做圆周运动,另一方面在叶轮高速旋转而产生的离心力的作用下,叶轮流道里的水被甩向四周,压入蜗壳,叶轮入口形成真空,水沿吸水管被吸入;吸入的水又被叶轮甩出后经蜗壳而进入出水管,这样叶轮不断旋转,连续吸水、压水,输送水流。

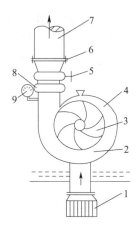

图 2-35 离心式水泵的工作原理图
1-底阀;2-压水室;3-叶轮;4-蜗壳;5-闸阀;6-接头;7-压水管;8-止回阀;9-压力表

实训 2-1 车站通风空调设备认知

班级：	学号：	姓名：	小组：
实训任务	城市轨道交通车站通风空调设备认知			

【实训目标】
1. 能够识别城市轨道交通车站通风空调设备,了解基本结构。
2. 掌握城市轨道交通车站通风空调设备功能用途和基本工作原理。

【实训过程】
1. 说出下列通风空调设备(图 2-36~2-44)的名称。

图 2-36

图 2-37

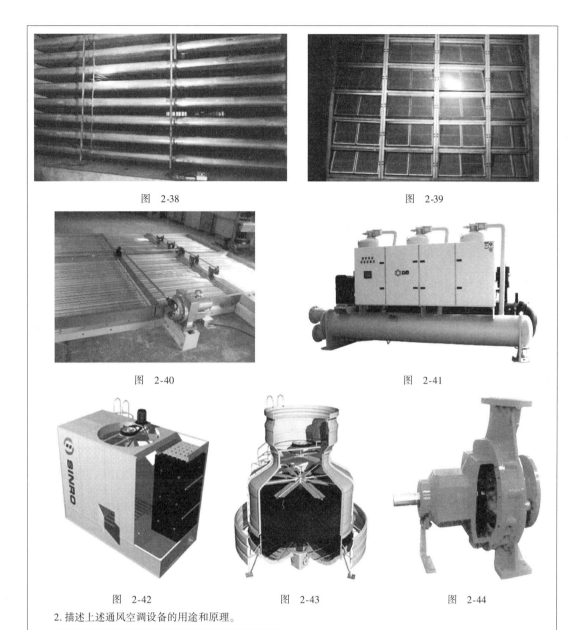

图 2-38　　　　　　　　　　　　图 2-39

图 2-40　　　　　　　　　　　　图 2-41

图 2-42　　　　图 2-43　　　　图 2-44

2.描述上述通风空调设备的用途和原理。

【总结评价】

评价人：	小组名称：	工作流程 （30分）	团队协作 （20分）	执行情况 （50分）	总分 （100分）
自评					
互评					

日期：

任务三　通风空调系统运行管理

通风空调系统的运行方式通常分为正常状态运行和非正常状态运行两种方式。正常状态运行又可分为空调季节和通风季节两种运行方式，其中空调季节可根据新风、送风的干、湿温度等多种运行方式进行细分。

一、正常状态运行方式

(一)公共区域正常状态的运行方式

1. 通风季节运行工况

1)条件

当外界空气温度低于空调箱送风温度，且站厅、站台温度低于设计值时，应采用通风季节运行工况(简称通风工况)。

2)启用设备

当采用通风工况时，各类设备的运行应根据设计工况设计要求所确定，不同的设计有不同的要求，以上海城市轨道交通为例，目前启用设备有如下三种：

(1)屏蔽门式系统通常启用空调箱、全新风机、回排风机、排热风机、进风混合室、送风混合室、全新风阀、排风阀、回排风阀、空调箱进/出风阀等设备。

(2)开式系统通常启用空调箱、全新风机、回排风机、进风混合室、送风混合室、全新风阀、排风阀、回排风阀、空调箱进/出风阀等设备。

上述设备组成公共区域站厅、站台的通风系统进行送风和排风。

(3)通风工况各类设备运行要求。各类设备运行要求应根据设计情况、城市轨道交通运行时间和当地气候情况等确定。表 2-1 所列的是上海城市轨道交通某号线设备运行要求。

公共区域正常状态运行方式下设备在通风季节运行的要求　　表 2-1

工况	设备名称	时间		要求
		首班车	末班车	
通风工况	空调箱	开	关	首班车到开，末班车走关
	全新风机	开	关	
	回排风机	开	关	
	排热风机	开	关	视站内排风排热情况调整
	全新风阀	开	—	
	回排风阀	开	—	
	排热风阀	开	—	
	排风阀	开/关	—	
	回风阀	开/关	—	
	空调箱进、出风阀	常开	—	

2. 空调季节运行工况

1)条件

(1)当空气温度高于或等于空调箱回风温度，且站厅、站台温度高于设计值时，应采用空调季节运行工况(简称空调工况)。上海地区站厅、站台温度设计值分别为30℃和29℃。

(2)运行与否可根据季节和气候的变化以及各车站内的温度、客流、设备状况等,由主管部门统一下达采用空调工况和各车站工况转换时间,以达到既满足环境要求又节省能源的目标。

2)启用设备

公共区域启用设备应根据设计工况要求而确定。

(1)屏蔽门式系统通常启用冷水机组、冷却塔、冷冻水泵、冷却水泵、空调箱、空调新风机、回排风机、排热风机、进风混合室、送风混合室、空调新风阀、回排风阀、排风阀、回风阀、空调箱进/出风阀、风幕机及相关风阀、水阀等设备。

(2)闭式(开式)系统通常启用冷水机组、冷却塔、冷冻水泵、冷却水泵、空调箱、空调新风机、回/排风机、进风混合室、送风混合室、空调新风阀、回排风阀、排风阀、回风阀、空调箱进/出风阀、风幕机及相关风阀、水阀等设备。

3)工况各类设备运行要求

各类设备运行要求应根据设计工况、城市轨道交通运行时间和当地气候情况等确定。表2-2所列的是上海城市轨道交通某号线设备运行要求。

公共区域正常状态运行方式下设备在空调季节运行的要求　　　　表2-2

工况	设备名称	时间		要 求
		6:00	23:30	
通风工况	冷水机组	—		按具体情况开、停时间
	冷却泵、冷冻泵	—		按具体情况开、停时间
	冷却塔	—		按具体情况开、停时间
	空调箱	开	关	—
	空调新风机	开	关	—
	回排风机	开	关	—
	空调箱进、出风阀	常开		
	回排风阀	开		
	空调新风机阀	开		
	排风阀	开		

(二)隧道正常状态运行方式

1. 活塞风运行方式

区间隧道正常状态下的通风是利用列车在区间隧道运行所产生的空气前压后吸的活塞效应原理,通过活塞风井吸入和排出空气进行通风,称为活塞风运行方式。

2. 夜间隧道冷却方式

当区间隧道由于各种因素(通常是夏季高温情况)导致区间隧道环境温度过高(高于

35℃)时,须在列车夜间停运后,对区间隧道进行机械通风冷却。此时,根据调度指令按夜间隧道冷却方式运行环控设备。

1)启用设备

(1)屏蔽门方式。

活塞风方式通常启用机械/活塞风阀、活塞风阀、隔离风阀等设备。

夜间冷却方式通常启用机械/活塞风阀、机械风阀、隔离风阀等设备;前/后站和本站SG1、SG2、SG3、SG4等设备。

(2)非屏蔽门方式。

活塞风方式通常启用机械/活塞风阀、活塞风阀、隔离风阀迂回风阀等设备。

夜间冷却方式通常启用机械/活塞风阀、机械风阀、隔离风阀迂回风阀等设备;前/后站和本站SG1、SG2、SG3、SG4等设备。

2)区间隧道正常状态下各类设备运行要求

表2-3所列的区间隧道正常状态设备运行要求应根据设计工况、城市轨道交通运行时间等而确定。

区间隧道正常状态运行方式设备运行的要求　　　　表2-3

工况		设备/名称	时间	要求
活塞风工况		活塞风阀	常开	—
		机械/活塞风阀	常开	—
		机械风阀	关闭	—
		隔离风阀	关闭	—
		迂回风阀	关闭	—
夜间冷却工况	单日	前站或后站SG1、SG2、SG3、SG4	夜间列车停运后开,区间温度符合要求后关	开排风
		本站SG1、SG2、SG3、	同前站	开送风
		活塞风阀	开 关	冷却时关闭,冷却完毕后打开
		隔离风阀	开 关	—
		机械/活塞风阀	开	—
		机械风阀	开 关	冷却时开,冷却完毕后关
		迂回风阀	关	—
	双日	设备同上	时间同上	前站或后站事故风机改为排风

二、非正常状态运行方式

环控设备非正常运行方式是指发生下列情况之一时:列车在区间隧道阻塞;列车在区间隧道内发生火灾;车站站厅发生火灾;车站站台层发生火灾;设备管理用房发生火灾。当发生上述情况时(包括通风季节和空调季节),环控设备要根据具体情况改变运行方式,对系统作出相应的调整。事故排除后,再恢复正常状态运行方式。

(一)列车阻塞在区间隧道的运行方式

当列车因故阻塞在区间隧道内时,必须对隧道内送入新风,送排风原则是沿着列车运行方向进行送排风。车站事故风机操作应根据调度的指令,在明确列车阻塞后的位置(上行线或下行线),打开阻塞区间前方车站的事故风机、后方车站的事故风机或推力风机以及相关风阀,通过事故风机或推力风机给阻塞区间隧道送入新风,前方事故风机进行排风。车站内其他环控设备仍按通风季节或空调季节工况运行。故障排除后,根据调度的指令,恢复原状态运行。

以上操作运行通常由环控调度员在中央主机上进行操作,或根据调度指令在车站控制主机上操作,也可就地或在环控电控室操作。就地操作具有最优先权。

在执行环控调度员指令的过程中,如发生设备异常,应立即向环控调度员汇报并等候指令。

(二)列车在区间隧道内发生火灾的运行方式

当列车在区间隧道内发生火灾时,必须对隧道内进行送风和排烟,送/排风原则是使疏散乘客迎送风方向。车站事故风机的操作必须根据控制中心环控调度员的指令,在明确列车所在的位置(上行线或下行线,近哪个车站)及火灾在列车上的位置后,按照调度指令关闭相应的活塞风阀、迂回风阀及非火灾区间的机械活塞风阀,打开机械风阀和隔离风阀,开启相应事故风机进行送、排风。

以上操作运行通常由环控调度员在中央主机上进行操作,或根据调度指令在车站控制主机上操作,也可就地或环控电控室操作,中央操作系统具有最优先权,哪个站进行送风或排风由环控调度员决定。车站的其他环控设备按相应要求运行。

在执行环控调度员指令的过程中,如发生设备和执行过程异常,应立即向环控调度员汇报并等候指令。

(三)公共区域站厅、站台发生火灾的运行方式

城市轨道交通车站站厅、站台由车站两端的通风(空调)系统进行送、排风(排烟)。送、排风(排烟)原则是使火灾区域的气流为负压。

1. 站厅发生火灾

当站厅发生火灾时,环控系统根据相应站厅火灾工况运行。通常开启站厅排风(排烟)防火阀和站台送风防火阀,关闭站厅层送风防火阀和站台层排风(排烟)防火阀,而空调箱回风防火阀关闭,排风(排烟)阀打开。对站厅进行排烟,火灾扑灭后,再恢复原状态运行。

2. 站台发生火灾

当站台发生火灾时,环控系统根据相应站台火灾工况运行。通常开启站台排风(排烟)防火阀和站厅送风防火阀,有排热风机则可同时开启;关闭站厅层排风(排烟)防火阀,站台层送风防火阀,对站台进行排烟。而空调箱回风阀或回风防火阀关闭,排风(排烟)阀打开。火灾排除后,再恢复原状态运行。

启用新风机、空调箱、回排风机、排热风机(屏蔽门系统站台发生有火灾时)等设备;关闭冷水机组、冷冻泵、冷却泵、冷却塔等设备。需要说明的是,不同车站由于设计思路的差异和设备的不同,启用和关闭的设备会有所区别。

(四)设备管理用房发生火灾

1. 有气体和高压细水雾灭火系统用房

当发生火灾时,关闭该用房送风防火阀和排烟防火阀以及相应送风机、排风机和房门,喷洒灭火气体灭火(正常情况下气体灭火系统应自动执行,但当自动失效时,应手动执行)。

在确认火已经扑灭后,打开上述风阀,先开启排风机排除室内气体,再开启风机,气体排出后,恢复原状态运行。

2. 没有气体和高压细水雾灭火系统用房

当发生火灾时,该用房排风机需处于运行状态,该用房的排风机或排烟机应打开。当有集中排烟系统时,应关闭非火灾房的排烟防火阀进行集中排烟。有送风机的用房应维持送风状态,当火灾排除后,恢复原状态运行。

三、通风空调系统设备的运行注意事项

(一)空调箱运行注意事项

(1)对首次使用,经检修后修复、停用的空调箱需经操作前检查,全部正常后,方可按要求进行操作。运行时,应先启动空调箱离心风机,再启动其他风机,但设置有轻载启动装置的除外。

(2)空调箱风机启动前,操作人员必须离开风机段,关闭通道门,方可启动风机。

(3)当空调箱风机启动和运行时,要注意观察和监测启动电流和运行电流;当电流有异常或有异声、有异味、有异常振动时要立即停机,只有故障排除后,方可运行。

(4)当操作人员要进入风机段进行工作时,必须先关风机,将送电柜断开或将就地启动装置放在停止位置,并挂好警示牌,风机停止转动,确认安全无误后,方可打开通道门,进入风机段。

(5)对于单冷系统的空调,空调工况结束后,运行通风工况时应将空调箱表冷器内的水放尽,防止冬季表冷器换热管由于新风温度低于0℃而冻裂。

(6)空调箱在运行过程中,要经常注意风机运行状况;风机轴承每月加注一次润滑油,每月检查一次皮带的松紧程度和传动件状况。

(二)风阀运行注意事项

(1)风阀应由专人操作,检修人员因调试或检修需要操作阀门时,应与操作人员取得联系。其他人未经许可不得随意操作。

(2)操作人员应根据环控系统运行工况要求,决定各风阀的开启与关闭。电动调节风阀的操作可在环境与设备监控系统工作站上进行,也可在环控电控室或现场手操箱上操作,但各类风阀的状态必须到现场予以确认。只有确认其符合工况状态要求,方可进入风机的操作。在环控电控室和就地手操箱操作时,操作完成后,检查确认当前配电柜和就地手操箱的开关位置是否符合当前操作控制方式。

(3)当区间隧道冷却和区间隧道内列车阻塞或发生火灾,在自动控制无效时,操作人员必须按环控调度员的指令进行操作;在工况状态决定后,操作组合阀门的开启与关闭。

(三)风机运行注意事项

(1)对每日正常开停运行的风机,可直接按要求进行操作。

(2)对首次使用,经检修后修复、停用或定期使用的风机需要经过操作前检查,并全部正常后方可按要求操作。

(3)当风机启动时,任何人都不得靠近叶轮。

(4)当风机启动时,启动电流在规定时间内没有回落到运行电流值,启动电流不正常或运行电流偏大时,应立即停机检查。如果发生热敏、热继保护等情况须详细记录在运行报表上,通知环控调度员,排除故障后,方可恢复操作。

(5)风机启动正常,三相运行电流应在电机额定电流值范围内。如果运行电流超过电机额定电流值,应立即停机,查找原因,通知环控调度员,排除故障后,方可恢复操作。

(6)风机连续运行时,应无不正常声音。若有强烈的振动、异常声音时,应立即停机,通知环控调度员,排除故障后,方可恢复操作。

(7)风机在启动过程中,如电机保护装置动作,应通知环控调度员,排除故障后,方可恢复操作。在故障未排除前,严禁对保护装置进行复位后再次启动。

(8)对15kW以上大功率电机的风机每次启动的时间间隔应大于10min,可逆风机在正向停止转速达到规定后,方可逆向操作。

(9)事故冷却风机在试验时,同一车站风机不得同时启动,风机应错开运行时间。

(10)事故冷却风机在运行中,应连续不间断地监视运行电流,每隔0.5h记录一次三相运行电流。在进行隧道冷却正常运行时与其他风机应每隔2h记录一次三相运行电流。

(11)在正常情况下,按通风工况或空调工况操作各类风机。

(12)在非正常状态运行下,按环控调度员的指令操作事故风机,如在设备用房、站厅和站台发生火灾时,按相应火灾工况操作相应的风机。

(四)冷水机组运行注意事项

(1)长期停机后,首次开机前,机组需提前通电24h热机,热机期间机组电控箱主回路的断路器应处于断开状态。

(2)冷冻水管路必须安装有水流开关且保证与机组联锁,开机前检查水流开关,确保机组运行时水流开关保护正常。

(3)开机前如机组出现报警,必须查明原因并消除问题后才能解除报警,原因未查明时不允许开机。

(4)通过对冷却水阀门调节,控制冷却水流量,以确保机组尽快建立吸排气压差,压差低时应适当调低冷却水流量。

(5)按要求记录机组运行数据及异常情况。

(6)停机时,压缩机停止运行后,先关闭压缩机开关,然后才能关闭对应的冷却水水泵,冷冻水水泵应再循环0.5h后关闭。

(7)突发制冷剂泄漏时,应立即断开压缩机电源,保证冷冻水水泵及冷却水水泵一直处于运行状态,漏点及时处理。

(8)机房环境温度低于0℃时应采取防冻措施。

(9)防冻液为介质的盐水机组务必监测载冷剂浓度,并记录相关数据,浓度低于规定值时应适当添加防冻剂。

(10)为避免杂质进入蒸发器及冷凝器造成铜管堵塞或划伤,冷却水管路过滤器及冷冻水管路过滤器应定期检查清洗,过滤网损坏应及时更换。

(五)冷却塔运行注意事项

冷却塔应由专人维护管理,检修观察运行情况,要关注电流、水温变化,且要注意是否有不正常声音,如有异常现象,应立即停车检查。

1. 如发现以下现象应立即处置

(1) 电机发出异常声音。

(2) 风机发生剧烈振动。

(3) 风机叶片与冷却塔内壁碰擦。

(4) 塔体晃动。

2. 巡视检查

(1) 检查各种紧固件是否松动,确保紧固件锁紧。

(2) 保持水塔内清洁,定期做水质处理,检查水系统有无杂物、水位是否正常。

(3) 发现风量过大或过小,可调整风叶角度,但应随时检查电机负载,如超载风叶角度应减小。

(4) 检修及维护过程中,不应直接踩踏收水器或 PVC 填料,若有必要应进行铺板操作。

(5) 减速器应经常检查是否漏油,并检查油标油位。

实训2-2　通风空调系统设备运行操作

班级:	学号:	姓名:	小组:
实训任务	通风空调系统设备运行操作		

【实训目的】

1. 了解通风空调系统关键设备操作中注意事项。
2. 掌握通风空调系统关键设备的运行操作。

【实训过程】

1. 表冷器控制系统的操作

(1) 中央管理中心。中央管理中心的管理显示器上会显示各车站的大型表冷器的运行状态(开启或关闭)、故障状态和超温报警状态。

(2) 车站控制。车站控制的控制终端上会显示本车站的大型表冷器的运行状态(开启或关闭)、现场控制柜手/自动开关状态、故障状态、超温报警状态、过滤器状态(开/关)、过滤器压差等参数。在事故工况下,可以对大型表冷器进行控制,开启/关闭表冷器。

(3) 就地控制。在大型表冷器控制柜可进行现场手动控制,开启/关闭表冷器。现场控制柜上设有手/自动转换开关、急停按钮、手控按钮、表冷器开/关指示、门锁开/关指示、过滤器开/关指示、超温指示、故障指示等。

2. 风机的操作

(1) 风机启动一般在监控工作站上进行,也可在环控电控室 MNS 柜上进行。但对功率15kW 以上,且不带软启动装置、变频启动装置或没有远程电流监测电机的风机,原则上要求在环控电控室操作。

(2) 风机采用手动操作,开机时,先开送风机,送风机启动后再开排风机;关机时,先关排风机,排风机关闭后再关送风机。

(3) 先开送风机前的电动风阀,再开送风机。

(4) 先开排风机前的电动风阀,再开排风机。

3. 风阀的操作

(1) 手动操作风阀,先拔出执行器上手动摇杆,并折弯成90°角,手柄顺时针方向旋转为开启风阀,逆时针方向旋转为关闭风阀。

(2)电动操作风阀,按动控制箱上开启按钮,开启风阀;按动关闭按钮,关闭风阀。

4. 顿汉·布什 WCFX 螺杆冷水机组的操作

1)开机操作

(1)先开冷冻水泵,再开冷却水泵,查看界面中水流开关的状态,水泵开启前水流开关应该显示关,水泵开启后水流开关应该显示开。

(2)合上机组控制面板上的控制开关和压缩机断路器。若机组有报警,排除故障并复位报警。

(3)开机后的首要任务是观察模拟量值,必须保证在 3min 之内吸、排气之间有 207kPa(30PSI)的压差。

(4)机组不可在低电压和高排气压力下运行。

(5)运行时记录运行数据。

(6)每天停机时,要先停机组,再停冷却泵,15min 后停冷冻水泵。

2)关机(夜间或者周末)操作

(1)无论压缩机是否运行,当关闭机组时,分别关闭每个压缩机(不要关闭任何阀门)后,再关闭水泵;不要断开系统刀闸开关,因为压缩机油槽加热器需要保持通电。

(2)使用用户控制点可实现自动控制关机。如果要手动关闭机组,只需关闭压缩机开关即可。手动关机时,会产生压缩机不运行故障报警,只有复位后才能再次启动压缩机。

5. 冷却塔的开闭操作

(1)启动时,先开水泵,后开风机,检查风向及风量,及时调整直至达到要求。

(2)确定主机系统停机后,才允许冷却塔停机。先关闭冷却电机电源,然后再断开水泵电源。

【总结评价】

评价人:	小组名称:	工作流程 (30 分)	团队协作 (20 分)	执行情况 (50 分)	总分 (100 分)
自评					
互评					
					日期:

任务四 通风空调系统设备维护管理

城市轨道交通通风空调系统设备运行的正常与否,不仅直接关系到乘客的乘车环境、工作人员的工作环境和重要设备的运行环境,还直接关系到城市轨道交通运营的安全保障。因此,做好通风空调系统设备的维护管理工作,保证通风空调系统设备以良好状态投入运行具有重要的意义。

一、维护管理组织

(一)维护与检修作业原则

(1)先抢修,后维修。对影响运营业务的故障,按"先抢修,后维修"的流程处理,尽量减少系统中断时间,保证运营系统的连续运行。

(2)先测试,后维修。在处理故障过程中,严格执行安全操作规程,尽量不中断系统,先测试原因,后维修。

(二)维护与检修作业内容

由于城市轨道交通通风空调设备种类繁多,覆盖面广,且较为分散,需要维修维护的设备较多,并受正常运营时间的限制。为确保运营安全,许多维修作业必须在运营结束后进行。因此,安排好维修作业计划,办理一切必要维修作业手续,落实好维修作业内容,保留好维修作业记录是维修管理组织重要工作内容。

维修作业计划通常由专业人员根据环控系统设备运行使用特点、状态等因素制定,由专业维修人员执行。执行过程包括办理必需的手续、执行维修作业内容、作业记录、作业反馈等内容。

(三)维护与检修作业分类

维修作业通常分为计划维修(保养)、状态维修(保养)、主动维修、非计划维修(事后维修)和委外维修等五种方式。

1. 计划维修(保养)

一般按设备使用的周期和季节性等特点,根据预先制订好的维修计划作业的维修。

2. 状态维修(保养)

通过检测手段,对设备的运行状态进行检测分析后,根据设备状态来制定的维修。

3. 主动维修

应用先进的方式和修复技术来显著地延长机器寿命的维修。

4. 非计划性维修(事后维修)

1)临修

当设备发生故障,但对正常运营安全不构成直接或间接影响时,可在事后进行的维修。

2)抢修

当设备发生故障,危及列车正常运行或构成严重安全隐患时,必须对设备进行快速修复基本功能的维修。

5. 委外维修

由于维修能力、维修条件不具备,或己方维修成本较高,需由外单位承担的维修。

(四)维护与检修作业等级分类

1. 一级保养

一级保养是指每天对设备进行必要的清洁、检查,按要求添加润滑脂、润滑油等进行日常保养,一般由操作人员按保养规程进行作业。

2. 二级保养

二级保养是指对设备的重要部位做定期检查、清洁,局部拆卸清理,加注或更换润滑脂、润滑油等,由维修人员按保养规程进行作业。

3. 小修

小修是指对发生故障的设备进行局部修理、更换,或者修复少量的零部件以及研磨、调整、校准等,由维修人员按维修规程进行作业。

4. 中修

中修是指更换和修复设备的主要零部件和易损件。对结构和系统进行全面检查和调整,由专业技术管理人员和维修人员按维修规程进行作业。

5. 大修

大修是指将设备全部解体,更换和修复易损零件,全面检测调整使设备恢复全部功能状态和技术性能,一般由制造厂商来承担。

二、组合式空调机组的维护与检修

(一) 常用工具

常用工具包括万用表、钳表、兆欧表、油枪、千斤顶、翅片刷、风速仪、动平衡仪、三抓拉码、二抓拉码、紫铜棒、手动葫芦、振动仪等。组合式空调机组维护与检修常用工具见表2-4。

组合式空调机组维护与检修常用工具　　　　表2-4

名　称	工具类型	名　称	工具类型
万用表	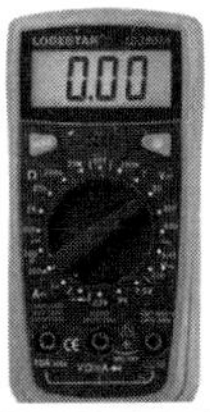	钳表	
兆欧表	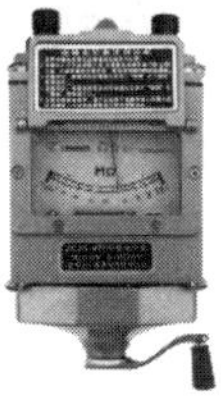	油枪	
千斤顶		翅片刷	
风速仪		动平衡仪	
三抓拉码		二抓拉码	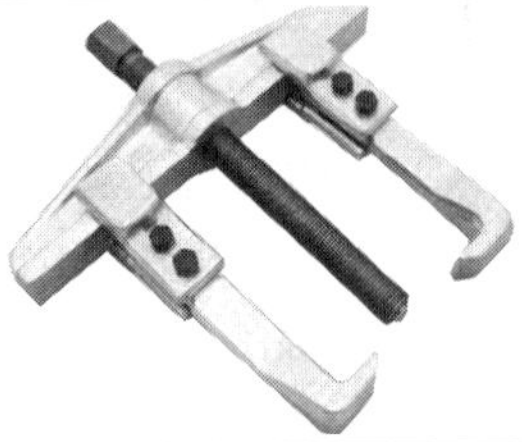

续上表

名　　称	工具类型	名　　称	工具类型
紫铜棒		手动葫芦	
振动仪			

(二)作业要求

(1)维护与检修人员必须具备专业的维修经验和相应能力。

(2)维护与检修工作开始前必须确认组合式空调箱和变风量空调箱送风机已停止运行,配电柜电源已断开;挂好警示牌,安全无误,方可操作。

(3)根据维护与检修工作内容,严格参照相应技术要求进行维修。

(三)注意事项

(1)确认水管进出水阀门均处于开启状态,进、出风阀处于开启状态,门已关闭并固定牢固,周围环境清洁,无影响运行的障碍物。

(2)确认电源箱已正常供电。

(3)确认控制箱电源隔离开关处于合闸状态。

(4)将电源控制箱对应的电源空气开关合闸。

(5)在现场控制箱上,按"启动"按钮,确认运行灯是否亮起。

(6)检查电机电流是否正常,噪声及振动是否正常,以及进出水压力、进出风风压是否正常。

(四)质量评定

(1)二级质量评定,包括第一级维护与检修监督人,完成维护与检修工作内容的评定,以及第二级主管部门的质量评定。

(2)维护与检修工作完成,经过运行实验考核后必须达到:

①空调箱机组运行时没有异常噪声或振动。

②风机电机运行电流在规定范围内。电流值以产品标牌为准,电机绝缘线圈对地绝缘电阻大于$2M\Omega$(用500V摇表测量)。

③空调箱机组运行时,各通道门无损坏、漏风,关闭紧密。

④传动皮带松紧适宜,无脱落、无损坏现象。

⑤空调季节运行期间,表冷器进、出水正常,冷凝水出水顺畅,过滤网翅片清洁,送、回风温差不低于2℃。

三、风机的维护与检修

(一)常用工具

风机维护与检修常用工具包括万用表、钳表、兆欧表、油枪、风速仪、动平衡仪、三抓拉码、二抓拉码、紫铜棒、手动葫芦、振动仪等。

(二)作业要求

(1)维护与检修人员必须具备专业的维修经验和相应能力。

(2)维护与检修工作开始前必须确认风机已停止运行,配电柜电源已断开,并挂好警示牌。

(3)根据维护与检修工作内容,严格按照各厂家专业规范进行维修。

(4)做好维护与检修全过程记录。

(三)注意事项

(1)检查风机的进出风风阀是否处于正确状态。

(2)没有接风管的风机或风管有检查孔的风机,要检查风机叶轮与机壳是否发生碰撞、机壳内有无杂物。

(3)确认风机电源箱已正常供电。

(4)确认风机控制箱电源隔离开关处于合闸状态。

(5)检查风机电机电流是否正常,噪声及振动是否正常,以及进、出风风压是否正常。

(四)质量评定

(1)二级质量评定,包括第一级维修监督人完成维修工作内容的评定,以及第二级主管部门的质量评定。

(2)风机维修工作完成经过运行考核后,必须达到各厂家规定的标准。

(3)质量评定如达不到各厂家规定的主要技术标准其中之一,则为不合格,必须返工。

四、风阀的维护与检修

(一)常用工具

风阀维护与检修常用工具包括万用表、钳表、兆欧表、油枪、风速仪、紫铜棒、手动葫芦等,如表2-4所示。

(二)作业要求

(1)维护与检修人员必须具备专业维修经验和相应能力。

(2)维护与检修工作开始前必须确认风阀电源已断开,并挂好警示牌。

(3)维护与检修高度较高的风阀,必须严格遵守登高作业规定。

(4)维护与检修安装在楼板开孔处的风阀时,严禁维修人员踩在叶片上作业。

(5)根据维护与检修工作内容,严格按照相应技术要求进行维修。

(三)注意事项

(1)检查风阀框架有无变形,与风管连接是否紧密。
(2)检查执行器与连杆连接是否紧密。
(3)检查操作器与环控电控柜指示是否正常。
(4)检查风阀叶片有无松动、变形。
(5)确认操作器与电控柜的指示正常,执行器与连杆连接无松脱或打滑。
(6)检查风阀实际状态是否与操作器、电控柜上的指示一致。
(7)检查与风阀相关的风机、风柜等设备电流是否正常。
(8)检查风阀前后风管有无鼓起、凹陷或漏风等异常。

(四)质量评定

(1)二级质量评定,包括第一级维修监督人完成维护与检修工作内容的评定,以及第二级主管部门的质量评定。
(2)风阀维护与检修完成后,必须达到以下要求:
①外观整洁。
②风阀启闭正常。
③风阀启闭反馈信号到位正常。
④风阀吊架和支撑牢固。
(3)质量评定如达不到验收标准中规定要求,则为不合格,必须返工。

五、冷水机组的维护与检修

(一)常用工具

1.常规工具

(1)动扳手8"、10"、12"各一把,内六脚扳手1/8"~1/2",尖嘴钳、剪钳、平口钳各一把。
(2)一字螺丝刀(长、短、小各一把)和十字螺丝刀(长、短、小各一把)。
(3)小锉刀、电烙铁、美工刀、短接线4~6根、电工胶布、水胶布等。
(4)手电筒、小套筒、梅花扳手各1套。
(5)万用表、电流表、绝缘表、相序表各1只。

2.专用工具

(1)普通高、低压力表各1只,精密压力表、温度表各1只(用于调整机组,校验传感器或简单检测制冷剂)。
(2)橡胶压力管1/4"3条、3/8"1条。
(3)手动铜阀、快速阀门扳手、检漏仪各1只。
(4)铜转换接头3个(1/4"转3/8"、3/8"转1/4"、5/8"转3/8"各1个),公制转英制1/4" 1个,三通(1/4",最好带顶针)1个,NPT转标准英制1/4" 1个。
(5)手动加油泵、真空泵、1~2匹带油分的压缩机(制冷剂转移用)、有液体泵。
(6)LOCTITE 密封胶(红白胶)1套。

(7)真空表、扩管器、割刀、胀管器、拔管器各1套。

(8)橡胶塞500个,用于蒸发器、冷凝器检漏。

(9)铜管清洗机、铜刷。

(10)氮气减压表、便携式氧焊1套、制冷剂钢瓶。

3．拆机工具

(1)1/8"～1/2"螺杆,50cm长1套。

(2)弹簧钳、橡胶手锤、力矩扳手大小各1套。

(3)大套筒、梅花扳手各1套。

(4)塞尺、螺旋千分尺、游标卡尺、位移测微仪。

(5)吊环、手动葫芦、千斤顶、钢丝绳、三角爪(大/dh)、吊带各1套。

(6)叶轮、轴承工具。

(7)龙门架、水管。

(8)砂纸、磨砂膏、色笔。

4．其他工具

(1)便携式计算机及打印机、串行通信电缆、RS-485转RS-232接口卡、串口通信软件。

(2)断螺丝取出工具。

(3)计算器、制冷剂温度-压力对照表。

(4)各种维修操作手册、带轮子的工具箱。

(二)作业要求

(1)维护与检修人员必须具有劳动局认可的相关等级证书方可操作。

(2)根据维护与检修工作内容要求,严格参照各设备厂家维修技术规范进行相应维修。

(3)维护与检修电气部分设备时,必须确保人身安全。

(4)维护与检修更换的零部件,必须为该设备厂家认可或可替换使用的零部件。

(5)如需动用明火,必须严格按照《地铁设计规范》(GB 50157—2013)规定,办理有关手续。

(6)只有获得批准,方可施工。

(7)做好维护与检修全过程记录。

(三)注意事项

(1)检查各供电电压是否在360～400V范围以内。

(2)检查各相关设备、阀门等附件是否正常开启,相关设备参数及负荷能否满足冷水机组开启条件。

(3)检查冷水机房及控制房温度是否正常。

(4)如果室外气温较低,可考虑只开空调机组或回排风机,以利于节能。

(5)检查冷却水、冷冻水供水压力及温度是否正常,正常后检查并启动冷水机组。

(6)制冷机组启动后,应观察压缩机运行电流、压缩机吸/排气压力、油压等运行参数,检查有无异常振动、噪声或异常气味,确认一切正常后方可确认机组启动完成。

(7)停机后,严禁关断总电源开关,应保持制冷主机冷冻油继续预热,以便下次启动。

（四）质量评定

(1) 二级质量评定,包括第一维护与检修监督人完成维护与检修工作内容的评定,以及第二级主管部门的评定。

(2) 维护与检修完成,经过试车、验车考核,二级质量评定后,必须完全符合制造商规定的运行标准。

(3) 维护与检修完成后,外观必须整洁干净,无灰尘、油迹,场地做到工完、料尽、物清。

(4) 质量评定中上述其中之一不能达到,则判定为不合格,必须返工。

六、冷却塔的维护与检修

（一）常用工具

冷却塔维护与检修常用工具包括万用表、钳表、兆欧表、油枪、千斤顶、动平衡仪、三抓拉码、二抓拉码、紫铜棒、手动葫芦、振动仪等。

（二）作业要求

(1) 维护与检修人员必须具备专业维修工作经验和相应技能。

(2) 维护与检修工作要确保登高安全措施落实情况下,方可操作,冷却塔风机、电机及配电柜电源必须断开,挂好警示牌,否则不得作业。

(3) 根据冷却塔维护与检修工作要求,按照相应技术标准进行维护与检修。

(4) 做好维护与检修全过程记录。

（三）注意事项

(1) 确认冷却塔进出水阀门均处于开启状态,周围环境清洁,无影响运行的障碍物。

(2) 确认冷却塔电源箱已正常供电。

(3) 确认冷却塔控制箱电源隔离开关处于合闸状态。

(4) 将冷却塔电源控制箱对应的冷却塔电源空气开关合闸。

(5) 检查冷却塔电机电流是否正常以及噪声及振动是否正常。

（四）质量评定

(1) 二级质量评定,包括第一级维护与检修监督人完成维护与检修工作内容的评定,以及第二级主管部门的质量评定。

(2) 冷却塔维护与检修工作完成,经过运行考核后,必须达到各厂家规定标准。

(3) 布水器布水正确,旋转正常,水量正常,布水器出水口无堵塞。

(4) 冷却风机转向正确,风机皮带松紧适宜,风机电流值在规定范围内,电流值以产品标牌为准,电机绝缘线圈对地绝缘电阻大于 $2M\Omega$（用 500V 摇表测量）。

(5) 补水浮球工作正常,开关自如不漏水,补水量正常。

(6) 冷却塔填料布置正确,运行无异常噪声。

(7) 冷却塔外场地整洁干净。

(8) 质量评定中内容与厂家规定标准完全符合,则冷却塔维修合格。如其中有一项不符合,则冷却塔为不合格,必须返工。

实训2-3　通风空调系统设备的日常巡视与检查

班级：	学号：	姓名：	小组：
实训任务	通风空调系统设备的日常巡视与检查			

【实训目标】
1. 能够按通风空调系统各设备的巡检要求进行巡视与检查。
2. 熟悉和掌握通风空调系统各设备的巡检要求。

【实训过程】
1. 空调机组日常巡视与检查工作要求
(1) 检查空调机组运行时,有无异常噪声或振动。
(2) 检查空调机组风机电流是否在电机规定范围内,以产品标牌为准。
(3) 检查空调机组运行时,各通道是否关闭有无损坏、漏风。
(4) 检查空调机组内传动皮带是否松紧适宜,有无脱落、磨损、损坏。
(5) 检查空调机组过滤网是否清洁。
(6) 在空调季节时,检查空调机组,表冷器是否清洁,冷凝水是否排出顺畅,机内有无积水,进、出水温差与压差是否正常。
(7) 检查空调机组运行电流有无异常,并在记录表上记录巡视与检查情况数据。
2. 风机日常巡视与检察工作要求
(1) 检查风机运行时有无异常噪声或振动。
(2) 检查可见风道内有无异物,风道的过滤网是否干净,进出风口处的网格有无阻塞、损坏。
(3) 检查风机的运行电压、电流是否在电机额定电流范围内,以产品标牌为准。
(4) 检查风机是否按运行工况的要求投入运行。
(5) 检查风机的固定支架和减振器有无松动。
3. 风阀日常巡视与检查工作要求
(1) 检查风阀运行时有无异常噪声或振动。
(2) 检查风阀的状态是否符合工况要求。
(3) 检查风阀的支撑和吊架是否有松动。
(4) 检查可见风阀的叶片是否有锈蚀、变形、脱落、咬死等现象。
4. 冷水机组日常巡视与检查要求
(1) 检查冷冻水和冷却水进出水流量、压力是否符合冷水机组要求。
(2) 检查冷水机组供电电源电压是否符合机组要求380×(1±0.05%)V。
(3) 检查冷水机组电流、高压、油压、油温、油位、低压、蒸发器和冷凝器进、出水温等是否在机组运行范围内。
(4) 检查日操作记录表,记录是否完整,有无异常情况和数据。
5. 冷却塔日常巡视与检查工作要求
(1) 检查冷却塔布水是否均匀正确,水量是否正常,有无异常振动。
(2) 检查冷却塔风机旋转方向是否正确,电流是在运转范围内,以产品标牌为准。
(3) 检查冷却塔浮球工作是否正常,塔体是否漏水,补水箱水位是否正常。
(4) 检查冷却塔电机传动皮带有无损坏、脱落、磨损等现象。

【总结评价】

评价人:	小组名称:	工作流程 (30分)	团队协作 (20分)	执行情况 (50分)	总分 (100分)
自评					
互评					

日期:

实训2-4 通风空调设备定期维护保养

班级:	学号:	姓名:	小组:
实训任务	通风空调设备定期维护保养		

【实训目标】

1. 掌握组合式空调机组、风机定期维护保养方法。
2. 掌握冷水机组空调季节前维护保养方法。

【实训过程】

1. 组合式空调机组维护保养

1) 过滤段滤网清洗

在空调季节前维修保养中,应注意检查风道内有无异物,风道的过滤网是否干净,进、出风口处的网格有无堵塞、损坏,并定期清洗过滤网。

2) 表冷器清洁

空调季节前维护保养应根据运行情况检查表冷器是否积灰,可用自来水配合清洗剂冲洗灰尘杂质,必要时可使用软质刷子洗刷。

3) 传送皮带维护保养

注意检查皮带有无脱落、磨损、损坏的现象,如果皮带磨损严重而变形,需要及时进行更换。

2. 风机季度维护保养和年度维护保养

1) 季度维护保养

(1) 开展日常检查内容。

(2) 清理叶轮、电机、支架上及消声器内的灰尘、污垢等。

(3) 检查叶片、叶轮是否变形,避免叶片碰撞机壳,确认所有叶片与风机外壳之间的间隙范围应为8~10mm,最小间隙大于6mm。

(4) 检查所有紧固件是否松动,并重新紧固。

(5) 检查部件是否有不良变形。

(6)检查振动测量系统工作是否正常。
(7)检查轴承、绕组温度传感器工作是否正常。
(8)检查电机电加热装置工作是否正常。
(9)对电机轴承加润滑油脂,前后轴承各加45g。
(10)检查电机是否受潮、绝缘电阻是否满足要求。
(11)清理控制柜内的灰尘,检查控制柜是否受潮。
(12)检查控制柜内的电气元件和线路,确保电气元件连接可靠。
(13)检查控制柜内的电气元件是否完好、绝缘性能是否正常。
(14)检查控制柜内的电气元件动作是可靠、有效。
(15)进行远程、就地启动、停止检查。
(16)检查风机、控制柜接地是否可靠。
2)年度维护保养
(1)开展季度检查内容。
(2)检查风机性能是否正常。
(3)检查转动件是否有磨损、裂纹,发现问题及时处理。
(4)检查焊缝是否有裂纹。
(5)电气元件按电气原理图要求进行模拟动作,电动、手动分合闸5次,其动作应正确、可靠。
3.冷水机组空调季前维护保养
1)机组外观检查
检查机组是否有腐蚀、漏油以及制冷剂泄漏等问题;检查机组外壳及驱动装置,是否有磨损、生锈现象,如有则需要进行局部除锈、补漆。
2)电控系统检查
冷冻机的电控系统在季节性恢复开机时,需要检查电气回路上有关部件是否有松动,接触器吸合、分离动作是否自如,绝缘包裹是否有破损,使用压缩空气除尘剂吹扫积累的灰尘,保持电控柜内及各电气部件的清洁干燥,不能有水渍、金属屑、灰尘或其他杂物,必要时使用清洗剂来清扫电路板。
3)冷冻机油检查
冷冻机油呈浅黄色,变质油有碳颗粒,空调季节前需对油进行化验或更换,保证油的品质。同时,油过滤器和干燥过滤器也需进行检查和更换。
4)冷凝器清洗和检查
空调季节前需进行冷凝器的清洗,一般采用高压水射流冲刷冷凝器内壁中的泥、藻等物理清洗方法,或者使用弱酸化学试剂来清洗机组换热器铜管内的结垢,防止堵塞。同时,冷凝器的冷凝安全阀、排气压力传感器、供液管路、电动执行器、电子膨胀阀等部件需要进行检查、校验或更换。
5)水系统检查
开启水泵,检查蒸发器及冷凝器的水流量,确保水系统清洁且没有气体夹杂;检查水流开关是否正常,若发现水流开关有问题应及时进行检验、调整及更换。
6)制冷机添加
根据需要添加制冷剂,但是需要厂家确认后方可添加。
7)管路、阀门检查
冷却水及冷冻水管路过滤器应定期检查清洗,过滤网若损坏应及时更换。冷水机组开机之前,应确保机组系统管路上的截止阀等均处于完全开启状态。检查机组系统的截止阀、球阀、角阀和针阀等阀门,若发生松动、油渍或阀帽缺失等现象,需及时进行更换处理。

【总结评价】

评价人：	小组名称：	工作流程 (30分)	团队协作 (20分)	执行情况 (50分)	总分 (100分)
自评					
互评					

日期：

任务五　通风空调系统设备故障检修

城市轨道交通通风空调系统是车站内环境质量的重要保障，作为运行管理人员，除了要正确操作、认真维护保养之外，还要能及时发现和排除一些常见的问题和故障。对于保证通风空调系统正常运行，防止出现问题和故障造成经济损失起到重要作用。

一、设备故障分类

（一）一般性故障

设备发生一般性故障后，不影响或较少影响环控系统的运行，或受损较小能快速修复。

（二）严重性故障

设备发生严重性故障后，物损比较大，需更换或维修时间较长，且对环控系统运营有一定影响。

（三）危害性故障

设备发生危害性故障后，物损较大，需更换或维修时间较长，且对环控系统有严重影响。

（四）突发事件

突发事件是指车站、区间隧道发生突发火灾等事件。

二、设备故障检修原则

本书设备故障检修的原则仅针对车站环控系统操作人员和设备维修人员，不涉及其他人员。

（一）一般性故障检修原则

（1）环控系统操作人员。对发生故障的设备，环控系统操作人员应进行必要的分析与判断，在能力范围内可解决的故障应及时排除，恢复运行；不能判断或非能力范围内可解决的故障应及时汇报调度和相关部门，并做好故障记录。

(2)维修人员。维修人员在接到命令后,根据发生故障设备的类型,故障现象做好必要的检修准备(工具、人员配备等)。到达现场后,根据故障设备的具体情况,做好进一步检修工作,条件具备应及时修复设备,恢复运行,并做好检修记录。

(二)严重性故障检修原则

(1)环控系统操作人员。在维修发生故障的设备时,环控系统操作人员应及时回报调度和相关部门,并做好故障记录。由于该设备的故障可能影响其他设备,或故障可能进一步扩大,环控系统操作人员应及时汇报环控调度员和相关部门,并做好有关记录。

(2)维修人员。维修人员接到环控调度员的命令后,带好必要的工具,尽快赶到现场,及时向有关人员通报对故障的测试、诊断及处理过程,做好检查记录;条件具备时能修复的应尽快修复,并做好检修记录,无法修复的应及时汇报。

(三)危害性故障检修原则

(1)环控系统操作人员。设备发生故障后,环控系统操作人员应立即汇报调度和相关部门,按环控调度员的命令做好相应的应急处理工作,并做好相应的故障记录。

(2)维修人员。维修人员在接到命令后,带好必要工具,以最快速度赶到现场进行必要的测试诊断,并立即向有关人员通报测试诊断的情况;条件具备时,应以最快速度修复运营安全所需的最基本功能,原则是"先通后复",并做好维修记录。

(四)突发事件处理原则

当发生站内、区间、火灾等突发事件时,环控系统操作人员和维修人员应立即按相应突发事件处置规定执行。

三、设备故障检修说明

(一)设备故障检修规定

(1)故障处理过程,特别是应急检修过程,不可免除必要的申请要点、消点手续,以及各类安全防护措施。

(2)任何人接到命令后,必须及时赶到现场,不得以任何借口逃避或拖延。

(3)环控系统操作人员和维修人员,有权在各自职责范围内处理故障,避免或降低事故破坏程度。

(二)设备故障抢修处理

(1)事故抢修坚持"先通后复"的原则,即在保证列车运营安全的前提下,省略部分复杂的修理过程,尽快(暂时)恢复运营。在运营结束后,再对未完全修复的功能或部分进行补修处理。

(2)各生产部门轮值工程师是维修部门下设的唯一故障处理指挥中心。维修调度员的任何抢修指令,均须由轮值工程师第一时间派人处理。

(3)维修调度员保留越过轮值工程师直接调派抢修队伍的权力。

(4)任何单位或个人接到轮值工程师或维修调度员的抢修命令后,必须立即奔赴现场组织抢修,不得以任何借口逃避或拖延。

(5)抢修过程不可免除必要的清、销点手续,以及各类安全防护措施。

(6)故障抢修过程中不需要办理"进场作业令",由维修调度口头通知控制中心或车场调度中心备案。

(三) 设备故障补修处理

(1)在抢修过程中不能及时修复的,由部门轮值工程师提出,经维修调度员确认后,允许在规定的时间内进行补修。

(2)补修作业视维修调度员的协调安排,能够纳入下月维修作业计划的必须纳入;不能纳入的,则由生产技术室按临时作业的规定进行操作。

(3)计划性补修作业程序同计划性维修作业程序,不得简化任何步骤。

(四) 设备故障维修后的恢复

(1)故障处理完毕后,必须对设备的运行状况进行检查,确认包括运行质量及性能指标都符合要求、无异常出现,才算维修完毕。

(2)处理完毕后,要对现场进行清理、恢复,保证通风设备就地、环控和车控功能正常实现。

(3)办理故障维修的销点手续,并做好故障处理记录。

(4)现场作业人员无法处理的故障,应通知专业工程师到现场进行处理。对短时间无法处理的故障则报维修调度员,并做好现场设备的保护措施,尽快安排维修。

四、常见一般性设备故障的处理

(一) 运行操作人员的处理

(1)当运行设备有异常的噪声或振动,但运行电流变化不大时,须加强监测,记录。当异常情况有频繁的趋势时,应停止该设备的运行,调节好系统相关设备后,及时汇报调度,并做好记录。

(2)当运行设备有明显异常的摩擦、振动声,且运行电流变化大时,应及时停止该设备的运行,调节好系统关联设备后,及时汇报调度,并做好记录。

(3)当运行设备有明显的异味、焦味或冒烟时,应立即停止该设备的运行,并认真仔细的检查,如有明火趋势,应立即采取相应降温灭火措施,防止事态扩大,同时调节好系统关联设备后,及时汇报调度,并做好记录。

(4)当运行设备数据超过规定范围或保护装置动作时,对运行数据超过规定范围的设备,应立即停止设备运行,调节好系统相关设备后,应及时汇报调度,并做好记录;对因保护装置动作而停止运行的设备,在原因没查明、故障没排除之前,不得再次启动该设备。

(二) 维修人员的处理

1.组合式空调机组常见故障及检修方法(表2-5)

组合式空调机组常见故障及检修方法　　　　表2-5

故障现象	产生原因	检修方法
轴承箱振动剧烈	(1)机壳或进风口与叶轮摩擦	(1)调整叶轮与机壳或进风口的间隙

续上表

故障现象	产生原因	检修方法
轴承箱振动剧烈	(2)基础刚度不够或不牢固	(2)增强基础刚度或连接牢固
	(3)叶轮铆钉松动或轮盘变形	(3)重新铆接或对轮盘整形
	(4)叶轮轴盘与轴松动	(4)查明松动原因,视情况更换键、轴或轴盘
	(5)机壳与支架、轴承箱与支架、轴承箱盖与座等连接螺栓松动	(5)拧紧松动螺栓
	(6)风机进、出气管道安装不良	(6)按照规范对管道的安装进行调整
	(7)转子不平衡	(7)修正转子使其达到动/静平衡要求
	(8)风机皮带轮与电动机皮带轮不在同一中心线上	(8)调整电动机位置,使风机带轮与电机带轮在同一平行中心线和径向平面上
轴承温升过高	(1)轴承箱振动剧烈	(1)查明轴承箱振动的原因,并消除振动
	(2)润滑油(脂)质量不良、变质或填充过多,含有灰尘、黏砂、污垢等杂质	(2)清除不良润滑油(脂)或除去多余油(脂),清除杂质并重新加油,确保轴承箱内有适量的优质油脂
	(3)轴承箱盖座连接螺栓紧力过大或过小	(3)调整连接螺栓紧力,使之达到松紧合适的程度
	(4)轴与滚动轴承安装歪斜,前后两轴承不同心	(4)重新安装,确保前后两轴承同心
	(5)滚动轴承损坏	(5)更换新轴承
电动机电流过大、温升过高	(1)流量超过规定值或管道漏风	(1)调节流量在规定范围内或消除管道漏风
	(2)电动机输入电压过低或电源单相断电	(2)确保电压稳定或消除电气故障
	(3)受轴承箱振动剧烈的影响	(3)查明轴承箱振动原因并消除轴承箱的振动
	(4)受并联风机工作情况恶化或发生故障的影响	(4)查明原因并消除对本风机的影响
皮带滑下	两皮带位置彼此不在同一中心线上,使皮带从小皮带轮上滑下	调整皮带轮的相对位置,使两皮带轮在同一中心线上
皮带跳动	两皮带轮距离较近或皮带过长	调整两皮带轮之间的距离到合理值,并使皮带的松紧度以压下到一个皮带的厚度为合适
空调柜风机积水	(1)排水口堵塞	(1)清理排水口杂物及控制好封水位
	(2)接水盘漏水	(2)修补或更换接水盘
	(3)风机段负压过大	(3)清洗尘网过滤袋或表冷器,调节风柜的进、出风阀情况,保证风速,加防漂水盘盖等

2. 风机常见故障及检修方法(表2-6)

风机常见故障及检修方法　　　　　表2-6

故障现象	产生原因	检修方法
叶片损坏或变形	(1)叶片表面或铆钉头腐蚀磨损	(1)如为个别损坏,可个别更换零件;如损坏过半,应更换叶轮
	(2)铆钉或叶片松动	(2)可用小冲子紧固,如无效可更换铆钉
	(3)叶片变形后歪斜过大,使叶轮径向跳动或端面跳动过大	(3)卸下叶轮后用铁锤校正,或将叶轮放平,压轴盘某侧边缘
密封圈磨损或损坏	(1)密封圈与轴套不同心,在正常运转中磨损	先消除外部影响因素,然后更换密封圈,重新调整或校正密封圈的位置
	(2)机壳变形,使密封圈儿一侧磨损	
	(3)振动过大,其径向振幅的一半大于密封径向间隙	
传送带滑下或跳动	(1)两带轮位置没有找正,彼此不在一条线上	(1)重新调整带轮
	(2)两带轮距离较近而传送带又过长	(2)调整传送带的松紧度,可调整带轮间距或更换传送带
	(3)送带破损或黏有杂物,皮带轮圆度不够	(3)更换或清除杂物更换皮带轮
轴承安装不良或损坏	(1)轴承与轴的位置不正,使轴承磨损或损坏	(1)重新校正或更换轴承
	(2)轴承与轴承箱孔之间的过盈太小或有间隙松动,或轴承箱螺栓过紧或过松,使轴承或轴的间隙过小或过大	(2)调整轴承与轴承箱孔间的垫片,轴承箱盖与座之间的垫片
	(3)滚动轴承损坏,轴承保护架与其他机件碰撞	(3)修理或更换轴承
	(4)壳内密封间隙增大,使叶轮轴间推力增大	(4)修复或更换密封件
	(5)润滑性能差	(5)添加或更换润滑油(脂)
风机振动过大	(1)风机安装底螺栓未拧紧,基础刚度不牢固	(1)拧紧底脚螺栓加固基础
	(2)风机外壳与输气管连接螺栓没有拧紧	(2)拧紧风机外壳与输气管连接螺栓
	(3)轴承磨损、松动	(3)更换轴承,定期加入适量润滑油(酯)

续上表

故障现象	产生原因	检修方法
电机温升过高	(1)由于风机固定螺栓松动导致风机振动引起的电机发热	(1)拧紧风机固定螺栓
	(2)电机润滑油(脂)质量不良、变质,或填充过多,或含有灰尘、黏砂、污垢等杂质,而影响轴承所引起的电机发热	(2)按规定定期更换润滑油(脂)
	(3)风机阻力过大或三相电流不平衡或电压过低引起电机发热	(3)检查三相电流电压
轴温报警	(1)轴承损坏,轴温升高	(1)更换轴承
	(2)轴温传感器故障	(2)更换轴温传感器
噪声大	(1)管道、风机入口阀或出口阀安装松动;风机支座安装螺钉、拖动电动机安装螺钉松动	(1)紧固各个安装螺钉
	(2)风机传送带过松而发生传送带与带罩及传送带之间的震颤、抖动	(2)调整传送带的松紧度

3.风阀常见故障及检修方法
(1)风阀典型故障与检修方法(表2-7)

风阀常见故障及检修方法　　表2-7

故障现象	产生原因	检修方法
风阀不能关闭或打开	(1)电气控制信号不到位	(1)查明电气控制程序故障,排除故障
	(2)接线影响故障	(2)查明原因,修复或更换
	(3)风阀连杆脱落或者断落	(3)重新连接好连杆或断裂连杆
	(4)阀体受外力变形	(4)消除外力,整修阀体或更换
	(5)阀片轴与孔锈蚀	(5)修磨轴、孔或更换限位
风阀开关不到位	(1)执行机构限位故障	(1)调整限位或更换限位
	(2)阀体受外力变形	(2)消除外力,整修阀体
	(3)阀片轴与孔锈蚀	(3)修磨调整
	(4)阀片损坏	(4)更换阀片
	(5)阀片轴与孔不同心	(5)调整同心度

(2)电动风阀执行器故障与排除(表2-8)

电动风阀执行器常见故障及检修方法　　　　　　　　　　　　表2-8

故障现象	产生原因	检修方法
不动作	(1)供电或电压不正常	(1)检查电源电压是否与铭牌相符
	(2)保险丝熔断	(2)检查保险丝,必要时更换
	(3)马达热保护触发	(3)检查马达是否过热,待电机冷却
运行中马达停止	(1)电源短路	(1)检查接线
	(2)管路中有异物堵塞	(2)拆下阀门检查并清洗
无法全开或全关	行程凸轮的固定螺钉已松	用内六角扳手紧固螺钉
执行器不能停止在预定位置,有振荡现象	灵敏座设定有误	调整灵敏度开关
马达过热	(1)电压不正常	(1)用万用表检测
	(2)动作频率过高	(2)适当限制工作频率
	(3)马达转动轴卡住,或阀门太紧难以打开	(3)检查更换被卡阀门或其他部件
马达开关失控	"开"和"关"同时接线	检查开关是否正常

4.冷水机组常见故障及检修方法(表2-9)

冷水机常见故障及检修方法　　　　　　　　　　　　表2-9

故障现象	产生原因	检修方法
机组无法启动	(1)主回路失电	(1)检查供电系统(欠压、三相不平衡、相序、缺相、漏电、过载、短路)或主回路断路器状态
	(2)控制回路失电	(2)检查控制回路变压器供电电压或熔断器
	(3)油温不够	(3)检查油温及油加热器状态
	(4)水流开关触点不闭合	(4)启动水泵,检查水流开关
	(5)故障停机后没有复位	(5)报警原因排除故障后复位开机
	(6)用户控制点未合上	(6)合上用户控制点
	(7)机组不需制冷	(7)蒸发器出水温度在死区范围内
	(8)时间表到时	(8)检查控制点时间表是否到停用时间
	(9)油位低	(9)检查实际油位及油位开关状态
	(10)电机温度过高	(10)电机冷却电磁阀损坏、制冷剂充注量不足电机温度传感器,电路板损坏
	(11)工参设置错误	(11)重新设置正确的参数
油温过高	(1)电动机线圈故障	(1)检查电动机线圈
	(2)电动机冷却不够	(2)检查回油或二次补气
	(3)油质差	(3)更换润滑油

续上表

故障现象	产生原因	检修方法
吸气压力低	(1)蒸发器制冷剂供液量不足	(1)加大制冷剂供液量
	(2)蒸发器水流量不足	(2)检查容器压降,检查供水系统
	(3)制冷剂不足	(3)对机组检漏,加制冷工质测过冷度,调整供液量
	(4)管路结垢	(4)在满负荷时,测量蒸发器传热温差值,若比刚清洗时大于规定值,则要清洁管束
	(5)干燥过滤器堵塞	(5)更换干燥过滤器
	(6)电子元件故障	(6)检查蒸发压力变送器,电子膨胀阀状态
	(7)蒸发器水温过低	(7)检查冷冻水循环系统状态
排气压力过高	(1)冷凝器水流量不足	(1)检查水系统(如水泵、管道过滤器等),加大供水量
	(2)管路结结垢	(2)在满负荷时测量冷凝器传热温差值,若大于规定值时清洁管束
	(3)冷却水温度过高	(3)检查冷却水塔风机各部位是否正常,布水器转动是否灵活
	(4)布水器不转	(4)布水器转动是否灵活,更换轴承
	(5)传感器故障	(5)检查排气压力变送器状态
低油压	(1)油过滤网堵塞	(1)检查油过滤器前后压差
	(2)供油电磁阀、单向阀或定向阀故障	(2)检查阀体状态
	(3)油泵故障	(3)检查油泵状态
	(4)传感器故障	(4)检查油压传感器状态
结霜保护	(1)运行设置点过低	(1)检查冷冻水出水温度设置
	(2)加载速度不正确	(2)检查速度,把速度控制在一个合理的范围内
	(3)水流量低	(3)检查水系统
	(4)传感器故障	(4)检查水温传感器状态
传感器或电路板故障	传感器显示值超出范围、无显示、无输入输出信号	检查传感器及相关电路板,如损坏则更换
压缩机不能关机	(1)耦合故障	(1)检查机组停机或数字量输出
	(2)信号时间故障	(2)检查信号时间
	(3)减载机构故障	(3)检查滑阀控制油路及电磁阀状态
	(4)接触器粘连	(4)检查接触器

5. 冷却塔常见故障及检修方法(表2-10)

冷却塔常见故障及检修方法　　　　表2-10

故障现象	产生原因	检修方法
异常噪声及振动	(1)风机平衡性差	(1)校正平衡

续上表

故障现象	产生原因	检修方法
异常噪声及振动	(2)叶片末端与塔体接触	(2)调整叶片末端与塔体间隙
	(3)锁紧螺钉松动	(3)拧紧松动的螺钉
	(4)电动机轴承运行不好	(4)加油脂或更换轴承
	(5)管道振动	(5)安装管道支撑架
	(6)叶片安装不正确,不在同一平面或角度	(6)重新安装叶片
	(7)主轴同心度差或磨损严重	(7)调整主轴同心度或更换主轴
出水温度过高	(1)循环水量过大	(1)调至合适水量
	(2)风机风量不够	(2)参照风量不够的解决方法
	(3)被排出热空气再循环	(3)改善通风环境
	(4)吸入空气少	(4)改善通风环境
	(5)填料部分堵塞造成偏流	(5)清除堵塞物
	(6)布水管部分出水孔堵塞造成偏流	(6)清除堵塞物
	(7)进水温度过高	(7)检查冷水机组方面的原因
	(8)旁滤器水量过大	(8)降低或关闭旁滤器水量
循环水减少	(1)底盆水位降低	(1)检查调整自动补水、快速补水系统
	(2)滤网堵塞	(2)清扫过滤网
	(3)水泵水量不足	(3)修理或更换水泵
	(4)补水量过小	(4)增大补水量
	(5)系统有泄漏	(5)消除泄漏
漂水现象	(1)循环水量过大	(1)调节阀门至合适水量
	(2)风量过大	(2)调整风机叶片角度,减少风量
	(3)布水装置转速过快	(3)调至合适转速
	(4)填料堵塞或破损	(4)清理或修复填料
风量不够	(1)填料堵塞,进风不畅	(1)按规定冲洗填料清理堵塞物
	(2)风机叶片损坏	(2)修复或更换风机叶片
	(3)风机叶片角度不合适	(3)调整至合适角度
	(4)风扇皮带打滑	(4)调整风扇皮带紧张力
联轴器损坏	(1)底盖漏油	(1)更换油封
	(2)支重轴承损坏	(2)更换支重轴承或油封
	(3)转动轴承损坏	(3)更换传动轴承或油封

6.环控冷水系统常见故障及检修方法

1)高压故障

压缩机排气压力过高,导致高压保护继电器动作。压缩机排气压力反映的是冷凝压力,正常值应为1.4~1.6MPa,保护值设定为2.0MPa。若是长期压力过高,会导致压缩机运行电流过大,易烧坏电动机,还容易造成压缩机排气口阀片损坏。

产生高压故障的原因如下:

(1)冷却水温偏高,冷凝效果不良。

冷水机组要求的冷却水额定工况为30~35℃,水温高,散热不良,必然导致冷凝压力高,这种现象往往发生在高温季节。造成水温高的原因包括:冷却塔故障,如风机未开甚至反转布水器不转,表现为冷却水温度很高,而且水温快速升高;外界气温高,水路短,可循环的水量少,这种情况冷却水温度一般维持在较高的水平,可以采取增加储水池加大循环水量的办法解决。

(2)冷却水流量不足,达不到额定水流量。

主要表现是机组进、出水压力差变小(与系统投入运行之初的压力差相比),温差变大。造成水流量不足的原因:系统缺水或存有空气,解决的办法是在管道高处安装排气阀进行排气;管道过滤器堵塞或选用规格过细,透水能力受限,应选用合适的过滤器并定期清理过滤网;水泵选用较小,与系统不配套,应选用较大的水泵或启用备用水泵。

(3)制冷剂充注过多。

这种情况一般发生在维修之后,表现为吸/排气压力、平衡压力都偏离,压缩机运行电流也偏高。应在额定工况下根据吸/排气压力、平衡压力以及运行电流放气,直至正常。

2)低压故障

压缩机吸气压力过低,导致低压保护继电器动作。压缩机吸气压力反映的是蒸发压力,正常值应为0.4~0.6MPa,吸气压力低,则回气量少,制冷量不足,造成电能的浪费。对于回气冷却的压缩机马达如散热不良,则易损坏电动机。

产生低压故障的原因如下:

(1)制冷剂用量不符或泄漏。

若是制冷剂不足,只是部分泄漏,则停机时平衡压力可能较高,而开机后吸气压力较低,排气压力也较低,压缩机运行电流较小,运行时间较短即报低压故障。

另外一种可能是制冷剂足够,但膨胀阀开启度过小或堵塞(或制冷剂管路不通),也可能造成低压故障。这种情况往往平衡压力较高,但运行时吸气压力很低,排气压力很高,压缩机运行电流也很大,同时阀温也很低,膨胀阀结霜,停机后压力很长时间才能恢复平衡。这种情况一般发生在低温期运行或每年的运行初期,运行一段时间后可恢复正常。

(2)冷媒水流量不足。

冷媒水流量不足,吸收的热量少,制冷剂蒸发效果差,而且水过冷容易产生蒸汽,易产生湿压缩,表现为机组进出水压力差变小,温差变大,吸气温度低,吸气口有结霜现象。造成水流量不足的原因是系统内存有空气或缺水,解决办法是在管道高处安装排气阀进行排气。其他可能的原因有:管道过滤器堵塞或选用规格过细,透水能力受限,应选用合适的过滤器并定期清理过滤网;水泵选用较小,与系统不配套,应选用较大的水泵,或启用备用水泵。

(3)蒸发器堵塞。

蒸发器堵塞,换热不良,制冷剂不能蒸发,其危害与缺水一样,不同的表现为进出水压力差变大,吸气口也会出现结霜,因此应定期对机组进行反冲洗。

3)低阀温故障

膨胀阀出口温度反映的是蒸发温度,是影响换热的一个因素,通常它与冷媒水出水温度差为 5~6℃。当发生低阀温故障时,压缩机会停机,当阀温回升后,自动恢复运行。

产生低阀温故障的原因如下:

(1)制冷剂少量泄漏。

一般表现为低阀温故障而不是低压故障。若制冷剂不足,在膨胀阀出口处即蒸发,造成降温,表现为膨胀阀出口出现结霜,同时吸气口温度较高(过热蒸气)制冷量下降,降温慢。

(2)膨胀阀堵塞或开启度太小。

膨胀阀堵塞或开启度太小以及制冷剂不干净,如维修后制冷剂管路未清理干净、制冷剂不纯或含水分。

(3)冷媒水流量不足或蒸发器堵塞。

冷媒水流量不足或蒸发器堵塞,散热不良,造成蒸发温度低,吸气温度也低,而膨胀阀的开度是根据吸气温度来调节的,温度低则开度小,从而造成低阀温故障。

4)压缩机过热故障

压缩机马达绕组内嵌有热敏电阻机,阻值一般为 1kΩ。当绕组过热时,阻值迅速增大,当阻值超过 141kΩ 时过热保护模块 SSM 动作,切断机组运行,同时显示过热故障,故障指示灯亮。

产生压缩机过热故障的原因如下:

(1)压缩机负荷过大,过电流运行。

冷却水温太高、制冷剂充注过多或制冷系统内有空气等不凝结气体,导致压缩机负荷大,表现为过电流,并伴有高压故障。

(2)电气故障造成的压缩机过电流运行。

三相电源电压过低或三相不平衡,导致电流或某一相电流过大。交流接触器损坏,触点烧蚀,造成接触电流过大或因缺相而电流过大。

(3)器件损坏。

过热保护模块 SSM 受潮或损坏,中间继电器损坏,触点不良,表现为开机即出现过热故障,压缩机不能启动。另外,单元电子板故障或通信故障,也可能假报过热故障。

5)通信故障

计算机控制器对各个模块的控制是通过通信线和总接口板来实现的,造成通信故障的主要原因是通信线路接触不良或断路,特别是接口受潮氧化易造成接触不良。另外,单元电子板或总接口板故障、地址拨码开关选择不当、电源故障等都可造成通信故障。

实训 2-5　通风系统设备故障分析与检修

班级:		学号:		姓名:		小组:	
实训任务			通风系统设备故障分析与检修				

【实训目标】

1.掌握组合式空调机组、风机、风阀等通风系统设备的故障分析与检修方法。

2.能够对发生故障的设备进行判断分析,并及时排除故障。

【实训过程】

1. 组合式空调机组故障分析及检修

故 障 现 象	产 生 原 因	检 修 方 法
轴承箱振动剧烈		
轴承温升过高		
电动机电流过大和温升过高		
皮带滑下		
皮带跳动		
空调柜风机积水		

2. 风机故障分析及检修

故 障 现 象	产 生 原 因	检 修 方 法
叶片损坏或变形		
密封圈磨损或损坏		
传送带滑下或跳动		
轴承安装不良或损坏		
风机振动过大		
电机温升过高		
轴温报警		
噪声大		

3. 风阀故障分析及检修

故 障 现 象	产 生 原 因	检 修 方 法
风阀不能关闭或打开		
风阀开关不到位		

【总结评价】

评价人：	小组名称：	工作流程（30分）	团队协作（20分）	执行情况（50分）	总分（100分）
自评					
互评					

日期：

实训 2-6 空调系统设备故障分析与检修

班级：		学号：		姓名：		小组：	
实训任务			空调制冷系统设备故障分析与检修				

【实训目标】
  1. 掌握冷水机组、冷却塔等空调系统设备的故障分析与检修方法。
  2. 能够对发生故障的设备进行判断分析，并及时排除故障。

【实训过程】
  1. 冷水机组故障分析及检修

故 障 现 象	产 生 原 因	检 修 方 法
机组没有供电压		
压缩机过载		
油温过高		
吸气压力低		
排气压力过高		
压缩机低油位		
结冰报警		
机组卸载不稳定		
传感器故障		
压缩机不运行		
压缩机不能关机		
压缩机发出嗡嗡声，且不能正常运转		
启动器反复动作，有时出现电动机高温报警		

  2. 冷却塔故障分析及检修

故 障 现 象	产 生 原 因	检 修 方 法
异常噪声及振动		
出水温度过高		
循环水量减少		
漂水现象		
风量不够		
联轴器损坏		

【总结评价】

评价人:	小组名称:	工作流程 (30分)	团队协作 (20分)	执行情况 (50分)	总分 (100分)
自评					
互评					

日期:

 课后互动

1. 简述城市轨道交通通风空调系统的含义及功能。
2. 城市轨道交通通风空调系统主要设备有哪些?
3. 简述城市轨道交通风系统、水系统的组成。
4. 简述通风空调系统的运行方式和运行要求。
5. 简述组合式空调机组、冷水机组的维修要求。
6. 简述一般性故障的处理原则及规定。

项目三　车站给排水系统

学习目标

1. 认识车站给排水设备；
2. 掌握给排水设备的使用方法；
3. 能够完成给排水系统的日常维护管理工作；
4. 能够在突发情况下对给排水系统应急检修。

思维导图

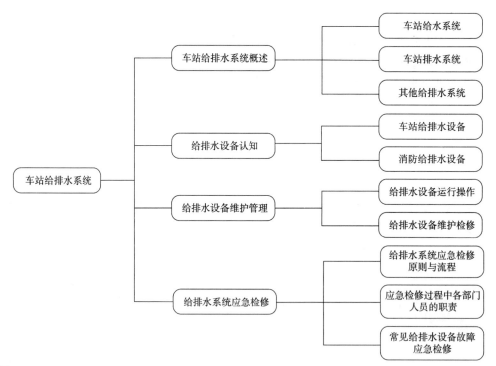

情境设置

天有不测风云,哗啦啦下起了大雨,正所谓"水往低处流",城市中很多地势较低的地方发生了不同程度的内涝,严重影响了人们的生活与出行。李明急匆匆地赶到车站,与师傅一起在入站口处铺地垫,以防乘客滑倒。环顾四周,车站没有积水,说明车站的给排水系统运行良好,这让李明和师傅都很安心。城市轨道交通车站都在地下,为什么不受积水的影响,车站给排水系统的结构与原理究竟是怎样的呢,李明决定将车站给排水系统彻底弄清楚。

任务一　车站给排水系统概述

水是城市轨道交通不可缺少的基础资源之一,而给排水系统又是城市轨道交通环控系统的重要组成部分。给排水系统主要为了满足城市轨道交通车站及车辆段生产、生活用水、消防用水和人防用水对水质、水量及水压的需求,为城市轨道交通安全运营提供保障。同时,给排水系统还需满足对城市轨道交通车站和车辆段内的生活污水及生产污水进行收集和处理的要求,达到排放标准。

车站给排水系统主要由给水系统和排水系统两部分组成。其中,给水系统主要包括生活用水系统、生产用水系统和消防给水系统;排水系统主要包括污水系统、废水系统和雨水系统。对于不能直接排放至城市污水系统,或没有城市污水系统可接入区域的,还应设置污水处理设备。由于车站运营管理的需求十分复杂,因此车站给排水系统包含了给排水专业所涉及的绝大多数设备与系统,具有系统多、设备分散、管理复杂的特点,为设计和管理带来很大的困难。

一、车站给水系统

城市轨道交通车站给水系统由生活、生产给水和消防给水两部分组成,采用直接给水方式,由城市自来水作为供水水源。在车站两端的风亭处,分别设置两条进水管将城市自来水引进车站。

(一)生活、生产给水系统

车站生产用水的结构图如图3-1所示。车站生产用水包括车站公共区域地坪等冲洗用水、车站设备用房洗涤盆用水、车站冲洗用水、空调冷冻机的循环水、冷却循环水系统的补充水。生活用水主要指车站工作人员使用的卫生间、茶水间等用水。

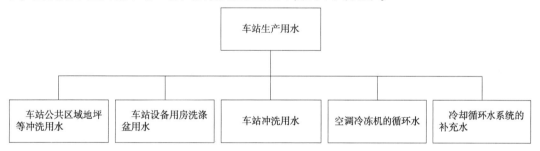

图3-1　车站生产用水结构图

1. 水源

车站所在城区周围一般设有完善的市政给水管网,而城市自来水将作为车站给排水系统的供水水源,在进水管道上加装电动蝶阀和手动蝶阀,进水管通常管径为DN150~DN200mm,与城市自来水的接入点处水压不得低于0.2MPa。手动蝶阀平时处于开启状态,两根给水引入管上的电动蝶阀及隧道两端的消防电动蝶阀可通过车站控制室的BAS进行实时监控,两根进水引入管互为备用,水管在进站前设置水表和水表井,每根进水管在水表前设置室外消火栓和水泵接合器。

生产、生活和消防采用直接给水方式,由城市自来水分别引入水管接生产给水管、生活给水管及消防给水管。生活、生产给水系统在车站内通常采用枝状或环状管网连接。

2. 进出车站的加压水管道布置

(1)给排水管道不得穿过连续墙体,应在出入口或风井部位布置,这是因为车站连续墙厚度将近1m,预留空洞不利于结构工程的设计。

(2)给水管道严禁跨越通信和电器设备用房。

(3)给水干管道的最低处应设置泄水阀,最高处应设置排气阀,排气阀一般设置在设备用房端部没有吊顶的部位。

(4)当给水干管穿越沉降缝处时,应设置波纹伸缩器。

(5)由于生活、生产给水管一般采用塑料管材,且塑料管材的膨胀系数较大,而车站站厅、站台层长度一般大于100m,在管线布置时,应有效地减少或克服管道线性变化。因此尽量采用暗敷的安装方式。当管道直线长度大于20m时,应采取补偿管道胀缩的措施,支管与干管、支管与设备的连接应尽可能利用管道折角自然补偿管道的伸缩。当不能利用自然补偿或补偿器时,管道支架均需采用固定支架,不仅可以起到固定管线的作用,还能承受管线因线性膨胀而产生的膨胀力,其间距应小于传统的镀锌钢管。

(6)当地铁供电方式为接触轨供电时,地下区间给水干管应设置在接触轨的另外一侧;当地铁供电方式为架空接触网供电时,地下区间给水干管可设置在隧道行车方向的任意一侧,管道和消火栓的位置不得侵入限界。

3. 用水量标准

1)生活给水

城市轨道交通车站生活给水主要用于公共卫生间及内部卫生间给水、车站工作人员饮用水等,通常的用水定额如下:

(1)车站工作人员的生活用水定额为50L/(人·班),每小时变化系数为2.5。

(2)车站乘客的生活用水额定为6L/(人·天),每小时变化系数为1.5。

2)生产给水

城市轨道交通车站生产给水主要包括公共区地面冲洗用水、循环冷却水补水、通风空调大/小系统机房清洗用水、污/废水泵房冲洗地面用水等,其用水定额如下:

(1)冲洗水量按每次3L/m^2计,每天冲洗1次,每次1h。

(2)冷却、冷冻系统补水按循环水量的2%~3%计算。

(3)其他各处工艺按照各专业要求配置。

4. 控制要求及与其他专业接口

城市轨道交通车站生活、生产水系统的显示及控制要求较高,若设置远传水表,则需BAS等专业配合,将水泵的相关信息上传至车站BAS。通风机房、冷冻站等处的冲洗装置的位置及用水量,需与通风等专业协调设置,便于使用。

(二)消防给水系统

城市轨道交通车站消防用水主要指消火栓用水,主要供给车站及相邻区间。消防给水系统由水源(城市自来水)、消防地拴、水泵结合器、消防水泵、管道、阀门、消火栓(喷头)和水流指示器等设备组成。

消防给水用量的情况：
(1)地下车站的消火栓用水量为20L/s。
(2)地下人行通道的消火栓用水量为10L/s。
(3)消防按同一时间发生一次火灾计算，火灾延续时间为2h。
(4)消火栓的布置应保证有两只水枪的充实水柱同时到达室内任何部位,每股水柱不低于5L/s。

车站给水系统与空调水系统有何联系？

二、车站排水系统

车站排水系统位于给排水系统的最末端，其作用是及时排除生产废水、生活污水、隧道结构漏水、消防事故废水及敞开式出入口的风亭部位的雨水等,以满足城市轨道交通安全运营的需求。

(一)车站排水系统分类

车站排水系统对车站内部一切污废水进行接收、汇集和排放，主要包含排水装置、收集装置和排放装置,可分为废水系统、污水系统和雨水系统。

1. 废水系统

废水包括消防废水、站厅或站台地面冲洗废水、环控机房及各类排水泵房洗涤池排水、事故排水和结构渗漏水等。

2. 污水系统

污水主要指车站内卫生间(包括内部卫生间及公共卫生间)及开水间生活污水。

3. 雨水系统

在隧道洞口、车站露天出入口及敞开式风亭处,当雨水不能自流排除时,需单独设置排水泵房。

此外,在折返线车辆检修坑端部、出入口和局部自流排水有困难的位置需设置局部排水泵房。

(二)排水量标准

(1)工作人员生活排水量按生活用水量的95%计算。
(2)生产用水排水量按生产需求确定。
(3)冲洗、消防废水量与用水量相同,结构渗漏水量(上海标准)为$1L/(m^2 \cdot 天)$。

(三)车站废水排水系统

地下车站内部的所有废水均需要经提升后排出车站,这些废水包括结构渗漏水、冲洗地面废水、消防废水、自动扶梯下基坑等低洼处的积水以及电缆隧道最低点的积水等。这些废水通过地漏、管道、排水沟等汇集到车站废水泵房,经废水泵提升。其中,消防废水水量最大,是决定废水泵房规范的主要因素。此外,在南方等地下水丰富的地区,结构渗漏水的水量也较大。

车站废水系统的组成比较复杂,排水点比较分散,在排水点的设置方面,通常需要考虑以下因素:

(1)积水点周围需设置匹配的排水装置、公共区域适当设置地漏。车站冲洗地面所产生的废水应通过地漏引至道床排水沟排除。除在冲洗水栓周围设置地漏外,根据各地运营管理的要求不同,在站厅层、站台层公共区域等还需每隔30~40m沿边墙设排水地漏。

(2)有排水需求的设备,在综合考虑设备排水、卸水等需求的前提下需在设备周围设置排水点。车站有排水需求设备主要集中在消防泵房、污水泵房、废水泵房、风道内通风系统表冷器、通风大/小系统机房、冷冻站等,一般在其周围设置排水沟(排水沟规格由排水量确定,一般沟深不小于100mm,坡度不小于0.5‰),并且在排水沟终点设置地漏,利用地漏将废水引至道床排水沟并最终汇入废水泵房。当无法将废水引入废水泵房时,则应设置局部小型废水提升装置。消防泵房、污水泵房、废水泵房分别如图3-2~图3-4所示。

图3-2 消防泵房　　　　　图3-3 污水泵房　　　　　图3-4 废水泵房

(3)车站的特殊部位应考虑适当的排水方式。车站的过轨电缆通道等处,虽没有常规的排水要求,但由于处于车站的局部低点,需考虑其积水的排除方法。这些积水通常水量很小,无须设置固定的排水设备,仅考虑临时的排水设施即可。一般在车站的此类场所,设置700mm×700mm×700mm的集水坑,并在坑边设置电源插座。当坑内积水较多时,可利用小型手提式潜水泵,将坑内积水排放至附近固定式排水点或道床排水沟内。

(4)消防废水的排除。在车站的各处均应为消防废水考虑适当、合理的排水设施和排水出路,这些排水设施既可与常规的排水点公用,也可单独设置。

(5)结构渗漏水的排除。我国南方等地区地下水相对丰富,车站结构渗漏水的水量相对较大。设备区壁墙内应设置排水沟,沟内每隔30~40m应设置排水地漏,将结构渗漏水引至道床排水沟。

车站废水泵房应设置在车站的线路最低点,结构渗水、站厅或站台冲洗废水和消防废水沿线路排水沟,经横截沟排放至集水池。泵房内应设置两台排水泵,根据液位情况,按要求分别启动使用。

城市轨道交通常用的废水排水泵主要分为立式排水泵和潜水排水泵两种,分别如图3-5、图3-6所示。立式排水泵电动机不浸没在水中,电动机维修方便,但其水泵尺寸较大,运输、安装不便;潜水排水泵体积小,不便于运输与安装,且对水泵进行维修时需将水泵从水池中提出,不便于维修。目前在国内城市,北京轨道交通车站废水泵房采用立式排水泵,其余城市均采用潜水排水泵。

图 3-5　立式排水泵　　　图 3-6　潜水排水泵

水泵流量的选择,应根据车站废水排水量确定,而车站消防废水远大于其他废水水量,所以一般可近似地根据消防水水量来选择水泵流量。不带喷淋系统的车站消防水量一般为 20L/s($72m^3$/h),因此车站废水泵单台水泵的流量可选择为 40～45m^3/s。对于带喷淋系统的车站,废水量还应考虑喷淋水量。水泵的扬程根据各站的具体情况而定,通常为 30m 左右。

根据《地铁设计规范》(GB 50157—2013),废水泵站集水池的有效容积按不小于最大一台泵的 15min 的流量计算。一般废水池容积在 15m^3 左右,水池内通常设置超声波或压差液位计检设备,根据测量出的液位,控制水泵运行,设置高/低液位的报警水位、停泵水位、1 泵启泵水位、2 泵启泵水位等。一般情况下,单泵交替运行,水量大时,则双泵同时运行。废水泵房内需设置水泵控制柜,一般由水泵自带,控制柜设有水泵自动/手动控制按钮、水泵报警指示等。

车站内的污、废水重力排水管均需采用低噪声阻燃型 UPVC 排水管,粘接连接,其主要技术指标应满足《建筑排水用硬聚氯乙烯(PVC-U)管材》(GB/T 5836.1—2018)中优等品的要求。与各类排水泵相连接的压力排水管道,需采用内外热浸镀锌钢管,沟槽式或法兰连接。

(四)车站污水排水系统

城市轨道交通车站污水排水系统一般由排水设备、收集管网、污水池及污水泵房组成,其作用是将乘客和工作人员的粪便污水、洗涤污水等生活污水收集并经提升后排至室外市政污水管网。

1. 卫生间、卫生器具及污水管道

一座普通规模的车站,一般设置有公共卫生间及内部卫生间。公共卫生间通常设置在车站站台层公共区域的某个出入口处,供乘客使用,包含男、女卫生间及残疾人卫生间,具体规模根据各站的客流情况进行设计。内部卫生间一般位于车站站厅层,主要供车站工作人员使用,其规模一般不大,通常包括开水间、淋浴间等。

卫生洁具及其五金配件的选择与给水设备相同,应满足一般公共建筑卫生器具的选择要求。

车站污水系统管材的选择应满足国家及当地的相关要求,目前常用的污水重力流排水采用低噪声阻燃型 UPVC 排水沟粘接相连,带开水器的卫生间或者开水间排水管应采用耐高温的排水管材(耐高温排水塑料管或排水铸铁管)。

2. 污水泵房

车站的污水泵房是车站污水排水系统中最重要的组成部分，它主要包括收集装置、提升装置以及管道附件等部分。目前，我国各地采用的污水泵房形式各不相同，主要包括以下几种形式。

1）污水池 + 卧式污水泵

北京等地区主要采用该形式的污水泵房，目前北京绝大多数线路的污水泵房由污水池及卧式污水泵组成，一般与公共区卫生间贴建。为减少污水泵房面积，污水池大部分位于卫生间下方，采用卧式污水泵房。

泵房内安置两条卧式污水泵（一用一备），自带水泵控制箱。污水经污水泵提升后排入市政污水管网，污水泵吸水管上设置闸阀、软接头、大小头等，扬水管上设置大小头、软接头、闸阀、压力表等，根据需要在总扬水管上可设置电接点压力表。

污水泵周围设置排水沟及局部排水坑，集水坑附近设置给水龙头，用于泵房地面冲洗，坑内废水通过手提式排水泵排除。

污水池容积根据各站污水量确定，污水量按积水量的90%~95%进行设计。污水池内应设置液位计，检测水池液位，控制污水泵运行。一般污水池设置高、低液位的报警水位、停泵水位和启泵水位。泵房内应设置水泵控制柜，一般由水泵自带，水泵控制柜设有水泵自动/手动按钮、启泵按钮和水泵报警指示等。

该形式的污水泵房目前有数十年的运营经验，其优点是技术成熟、运营管理经验丰富，排水泵安装在泵房内，干式安装，便于维修。其缺点是泵房面积较大，土建投资较高，且因污水池容积较大，不便于清理等。

2）污水池 + 潜水污水泵

该形式的污水池位于污水泵房下，污水经管道收集后汇入污水池，污水池内设置两台潜水排污泵（一用一备），将污水提升至室外污水管网。目前除北京外，大多数城市均采用潜水泵房。

该形式的污水池的容积及水泵液位控制要求与卧式污水泵的要求相同，采用潜水污水泵，其泵房面积较小，相对污水泵房结构形式简单，但由于潜水污水泵为湿式安装，不便于水泵检修。

3）新型污水提升装置

近些年，国内出现了一些新型的污水收集及提升装置，比较有代表性的为一体化密闭提升装置和真空污水收集提升装置。

（1）一体化密闭提升装置。如图3-7所示，一体化密闭提升装置为成套设备，主要包括密闭式集装箱、两台干式潜水泵（一用一备）、一台手动隔膜泵、液位开关、控制箱、潜水电缆、紧固件和连接件等。

一体化密闭提升装置通过集水箱收集车站污水，集水箱上装有液位传感器，其液位设置与传统污水泵房类似，当水箱内水位达到设定水位时，水泵做出相应动作，一旦集水箱内液位超过设置的高液位报警位置时，传感器传递信号给控制箱，发出鸣音报警。这种一体化提升装置，无须设置污水池，设备紧凑、占地小，节省土建投资；水泵可干式安装，便于维修；由于采用密闭式污水箱，使得卫生间及泵房环境较好。

（2）真空污水收集提升装置。如图3-8所示，真空污水收集提升装置由真空机组、真空管道及卫生器具组成，利用真空机组在压力平衡罐及管道内形成真空，污水在室外大气压与管路真空压差的作用下,被快速地抽吸进真空管路并排至真空机组,由真空机组排放至排污地点。

图 3-7　一体化密闭提升装置　　　　图 3-8　真空污水收集提升装置

真空污水收集提升装置最早应用于铁路、飞机或大型集中卫生间,真空卫生器具的冲洗水量为 1～1.5L,仅为一般卫生器具的 1/5 左右,系统节水性能显著;整个真空系统密闭,无异味散发,系统的卫生条件好,排污效率高;卫生区间排水采用真空管路,管道的布置可突破重力流管线的限制,布置灵活,受城市轨道交通空间布置的限制较小。但是,其缺点是配套的真空卫生器具造价相对较高,且对运营管理的要求高,一旦管路阻塞则破坏真空,影响系统的运行。

为什么污水处理要采取密封或者真空方式?

(五)车站雨水排水系统

城市轨道交通车站大部分位于地下,雨水通常不会进入车站,但个别车站有露天出入口或敞开式通风口,因此会有部分雨水进入车站。根据《地铁设计规范》(GB 50157—2013),露天出入口或敞开式通风口的排水能力应按当地 50 年一遇暴雨的强度计算,集流时间应按 5～10min 考虑。

国内各城市轨道交通车站在雨水排水系统方面的做法大致相同,通常在露天出入口或敞开式通风口下设置局部排水泵站,泵站周围设置排水沟,将雨水截留后汇入泵房集水坑,一般排水沟的沟深不小于 200mm,坡度不小于 1‰。露天式出入口与敞开式通风口分别如图 3-9、图 3-10 所示。

图 3-9　露天式出入口　　　　　　　图 3-10　敞开式通风口

集水池内设置两台潜水排水泵,根据液位情况,通常情况下单泵交替运行,如果水量大时,则双泵同时运行。泵站集水池内设置超声波液位计或压差式液位计,检测水池液位,控制水泵运行,一般集水池内设置高、低液位的报警水位、停泵水位、1 泵启泵水位和 2 泵启泵水位等。

(六)排水泵站设置

1. 车站废水排水泵站

通常车站内设 1~2 座废水泵站,位于车站的端头,集水池设在废水泵房下部。每座泵站内设两台立式排水泵或潜水泵,通常情况两台水泵互为备用,消防时两台并联使用,排除由消火栓和自动喷水灭火系统产生的消防废水,废水由排水泵提升后排入市政下水管道。排水泵站排水管道一般沿车站进风处穿出车站后,与市政下水管道联通。废水排水管道管径一般为 DN150~200mm,集水池下设有反冲洗管,用于冲搅集水池底部,减少池内杂物沉淀。在排水管道的止回阀两端设有一根联通管道,用于反冲洗水泵的叶轮及吸水口,防止排水泵吸水口叶轮阻塞。

泵站设有电气控制箱和液体浮球,根据集水池水位情况自动排水。当高水位时两台排水泵均自动排水,一般集水池内设有停泵浮球、第一开泵水位浮球、第二开泵水位(高水位)浮球、低水位浮球和高水位报警浮球等五个浮球。车站控制室计算机显示水泵运行的开泵、停泵、运行时间、低水位报警、高水位报警等信息。

2. 车站污水排水泵站

车站内部卫生间等生活污水由排水管道汇集至污水池(主要是厕所污水),污水池设置在污水泵站下部。每个车站通常设置一座污水泵站,每个泵站设两台潜水泵,平时一主一备互为备用。水泵采用水位就地控制模式,自动排水运行。污水经排水泵提升后一般排入设在地面的化粪池内。车站控制室内可显示排水泵运行情况。

3. 出入口排水泵站

在车站敞开式出入口和自动扶梯下,设有排水泵站,其集水池主要汇集敞开出入口的雨水和车站结构的渗漏水。每个泵站设有两台潜水泵,通常情况下一主一备互为备用。排水管道沿出入口穿出车站与市政排水管道联通。水泵采用水位就地控制,自动排水运行,运行方式与污水泵相似。

4. 地下结构渗水和车站风井排水泵站

在地下车站的风井、车站结构渗漏水等部位设有泵站和集水池,主要用于汇集风井口的雨水和车站结构的渗漏水。一般每个泵站设有两台潜水泵,通常情况下一主一备互为备用。水泵采用水位就地控制模式,自动排水运行。运行方式同车站污水泵相似,不配自耦装置;排水方式分为水泵提升后直接排水出站,以及先经水泵提升后排入车站泵站,再排出车站等两种情况。

5. 区间排水泵站

车站区间内主要有结构渗漏水、消防废水和冲洗废水等。在两个车站之间中部的线路低洼处设置有排水泵站,大部分排水泵站设置在上、下行线两路之间的联络通道中。废水由线路两侧明沟汇集到泵站集水池,泵站一般设有两台潜水污水泵,通常情况下一主一备互为备用,消防时两台并联使用。

6. 电缆层排水泵站

在车站变电站的电缆层设置有排水泵,用于排除电缆层积水。

三、其他给排水系统

(一)车辆段给排水系统

1. 车辆段给水系统的组成及功能

车辆段供水水源为城市自来水,两条管径为 DN200mm 的进水管分别接在城市自来水管网的不同干管上,互为备用,以保证供水安全。根据设计工艺不同,可采用水泵-水塔联合的供水方式或变频变量恒压供水方式等工艺。前者是指城市自来水进入水池后,经水泵提升至水塔(水箱),再由水塔向车辆段内的室外给水管网供水,室内各用水点从室外环状管网引入。后者是指城市自来水进入水池后,由有变频变量恒压给水设备直接送至车辆段室外给水管网,室内各用水点从室外环状管网引入。为保障供水安全,无论采用哪种给水工艺,室外给水管道均采用环状管网结构。

1)生活、生产给水系统的组成及功能

生活、生产给水系统主要由水源、蓄水池、水泵、水塔、管道、阀门、气压罐及水龙头等设备或构筑物组成,通常采用枝状管网。满足车辆段生活、生产用水对水量、水质和水压的要求。

2)消防给水系统的组成及功能

消防给水系统主要由水源、蓄水池、消防水箱、水泵、水塔、管道、阀门、气压罐及消火栓等设备或构筑物组成,通常采用环状管网。当车辆段内发生火灾时,消防给水系统提供满足消防要求的水量、水压。

2. 车辆段排水系统的组成及功能

1)车辆段排水系统概况

(1)排水量定额:生活排水量标准应按用水量的 90%~95% 确定;生产用水排水量按工艺要求确定;冲洗和消防废水排水量和用水量相同。

(2)当含油废水及洗车废水,不符合国家规定的排放标准时,需先进行相关处理,达到标准后方可排放,并尽可能重复利用。

(3)车辆段污水排放处引入城市污水排水系统时,必须经过污水处理,达到标准后方可排放。

(4)车辆段的生活污水,经集中后按重力流方式排入城市污水排水系统,如无法按重力流方式排放,则应设置水泵站提升排入城市污水排水系统。

(5)室内重力流排水管宜采用阻燃型 UPVC 塑料管,室外排水管宜采用塑料管或钢筋混凝土排水管。

(6)当车辆段的停车列检库、定检库、试车线等设有检修坑时,应有排水装置。

2)车辆段排水系统的组成及功能

车辆段排水系统包括污水排水系统、废水排水系统和雨水排水系统,采用分流制的排水方式。

(1)污水排放系统。车辆段的污水包括试验冲洗用水及生活污水,经化粪池处理后,排入污水处理站的调节沉淀池,经潜水泵提升至污水处理一体化设备,进行相关处理并达标后,方可排入附近河流。

(2)废水排放系统。车辆段的废水包括理发、淋浴废水以及餐厅、食堂、汽车维修及洗车等含油废水。理发、淋浴废水应排入毛发聚集井;餐厅、食堂、汽车维修及洗车等含油废水应就近排入隔油池或油水分离设备,进行相关处理后,统一排入沉淀池,处理达标后,方可排入附近河流。

(3)雨水排水系统。雨水排水系统由室外排水明沟或埋地雨水沟、PVC 排水管、排水检查井等组成。雨水无须处理,汇集后可直接排入附近河流。

(二)人防给排水系统

城市轨道交通工程除在平时作为交通枢纽作用外,作为地下工程还需兼备人防工程的特点。通常一个地下车站与相邻区间为一个防护单元,需掩蔽人员为 1000～2000 人,平时为城市轨道交通车站,战时则作为城市人民防空疏散通道及人员掩蔽场所。车站设防标准按六级人防设计,防化等级中重要车站为丙级,次要车站为丁级。

在给排水工程中也应考虑到相应的人防用水需求。采用城市自来水作为给水水源,战时水箱进水管从车站内的给水管接入。战时水箱应设置在通风良好且靠近集中用水的清洁区域,可在战时临时修建,但应提前设计,施工时预留相关空洞、预埋相关管道,并具备明显标志,以便临战时可在规定时间内修建完毕。其结构建议采用不锈钢成品水箱或食品级玻璃钢水箱,不仅施工方便且在人防时不容易出现裂缝和破坏。另外,战时水箱还应储存战时生活用水和洗消用水。

此外,人防出入口内还需设置一个供墙面、地面冲洗用的水龙头,可从生活、生产给水管或消火栓给水管接出。水箱排水至水箱附近的地漏,地漏排向废水泵房,由废水泵房内的水泵提升至室外市政排水系统。人防出入口部设置有洗消污水给水井,集水井与平时排水集水井相联通。人防出入口部各房间内应设置有消洗排水口,收集洗消污水排向洗消污水集水井。集水井内污水应通过机械排出,采用自启动方式,同时应设置透气管。

1. 人防给水系统

1)生活饮用水

战时不考虑提供生活用水,只供给饮用水。根据《人民防空地下室设计规范》(GB 50038—2005),战时人员掩蔽部的生活饮用水标准为 3～6L/(人·天)。

以广州地铁 3 号线某人防重要车站为例,饮用水标准按每人每天 4L 计算,保障给水天数为 15d,车站待蔽人员为 1500 人,则每个车站的战时用水量为 90m³。若采用成品商业桶装水作为生活饮用水水源,则需储存桶装水 4762 桶(每桶 18.9L 计)。在站厅层和站台层设置饮水机各一处,并在饮水机间附近设置桶装饮用水储存间(困难时,可将部分车站用房作为饮用水储存间)。

2)洗消给水

每个车站设置战时人员出入口、战时进风井、进风处及进风道各一个,均按照平战转换方式设计,并在其易受到污染的墙面和地面旁设置洗消冲洗水栓。为保证洗消冲洗水栓的工作水压为 0.1MPa,在每个水箱的出水管上均需安装加压设备一台。在战时出入口的进风道附近各设置一组钢板组装水箱作为洗消水源。水箱容量按每次每平方米 5～10L 的洗涤水计算。水箱就近从车站消防给水或生活、生产给水干管上接出供水。

3)消防给水

车站消防给水系统采用平战结合模式,消火栓给水系统和灭火器配置按现行有关消防规范执行,一次设计完成并全部安装到位,以备战时利用。

站厅层、站台层消火栓用水量为20L/s,人行通道为10L/s。消火栓的设置应满足任何部位均有两股水柱可同时到达,每股水柱不小于5L/s。站厅层、站厅层公共区域通常采用双出口消火栓,间距为40~50m,其余进路通常采用单出口消火栓,间距小于30m。在每个消火栓附近需设置灭火器箱,每个灭火器箱配有泡沫灭火器及FM200灭火器,至少各一套。

2. 人防排水系统

1) 洗消排水

一般车站防消等级为丁级,不设洗消间。对于重要的车站,当防化等级提高到丙级时,需设置简易洗消间,通常设置在两个密闭门之间。

在每个车站战时进风井底部和战时人员出入口简易洗消间处,设置洗消污水集水池,容积不小于$1m^3$及一台不小于5L/min的出水量的水泵。在战时进风井除尘过滤毒室、防毒通道、简易洗消间的地面上,需设置DN80mm的防爆地漏,并预埋DN80mm镀锌钢管作为洗消污水排水管。洗消污水排入洗消污水集水井后用移动式污水泵将污水排至室外。在隔绝防护期内,防护区不得向外排水。

2) 其他排水

钢板组装水箱需设置有溢水管和泄水管,用管道将废水引至站台层线路两侧的排水沟中。饮水间设置DN100mm的地漏,并用镀锌钢管排到线路两侧的排水沟。线路排水沟将废水统一汇集到设置在车站端头的废水池中,再用潜水污水泵提升至地面的压力检查井中,然后排入市政排水管道。车站废水泵主要为车站平时排水服务,土建和设备需全部施工到位,以备战时利用。

任务二 给排水设备认知

一、车站给排水设备

我国各地城市轨道交通的房建情况及运营管理模式各不相同,因此在给水系统的设置方面也有所不同,但其核心设备基本一致,一般由引入管、给排水管道、水泵、给排水附件和用水设备等组成。

(一) 引入管

通常将从市政给水管网上接管点引至车站室外埋地管段称为引入管。给水引入管一般和消防给水引入管结合设置,一般规模的城市轨道交通车站其生活、生产给水引入管的管径通常为DN80~DN100mm,经水表井后由风亭或出入口等引入城市轨道交通车站。

(二) 给排水管道

1. 管道分类

1) 干管

干管是指引入管进入室内的水平主管。干管通常布置在底层地面下或管沟内,按此种方式布置的称为下行上给式干管。若干管布置在天棚顶内,称为上行下给式干管。

2) 立管

立管是指由水平干管向上或向下分出的竖管,其作用是竖向供给各楼层用水。

3) 支管

支管是指由立管分出的,供各层卫生用具及水龙头用水的管道。

2. 给排水管道的布置

城市轨道交通建筑群给排水管道的布置,需要综合考虑用水需求、建筑结构、配水点和室外给排水管道的位置,以及通风、空调和供电等其他建筑设备工程管线布置等因素的影响。在进行管道布置时,需满足以下基本要求。

1) 保证供水安全,力求经济合理

管道布置时应力求管道长度最短,尽可能保证呈直线走向,并与墙、梁、柱平行敷设。给水干管应尽可能靠近用水量最大设备处或不允许间断供水的用水处,确保供水可靠,同时可最大限度地减少管道传输流量损失,使大口径管道长度最短。给水引入管,应尽可能从建筑物用水量最大处引入。当建筑物内用水设备分布比较均匀时,应在建筑物中央部分引入,最大限度地缩短管网向各个用水点的输水长度,减少管网的水流损失。当城市管网水压较低的地区供水无法得到保障时,可采取设置储水池等安全供水措施。

2) 保证管道安全,便于安装维护

当管道埋地时,应当尽可能避免被重物压坏或被设备振坏。不允许管道穿过设备基础,特殊情况下,需同相关专业人员协商处理。工厂车间内的给水管道架空布置时,不允许将管道布置在遇水会发生爆炸、燃烧或损坏的原料、产品和设备上面。为防止管道腐蚀,不允许将管道布置在烟道、风道和排水沟内,不允许穿过大、小便槽。当立管位于小便槽端部且距离小于等于 0.5m 时,在小便槽端部应有建筑设置隔断措施。

室内给水管道不宜穿过伸缩缝、沉降缝;若需穿过,应采取保护措施。常用的保护措施包括:软性接头法,即用橡皮软管或金属波纹管连接沉降缝或伸缩缝两边的管道;丝扣弯头法,即在建筑沉降过程中,两边的沉降差用丝扣弯头的旋转来补偿,适用于小管径的管道;活动支架法,即在沉降缝两侧设支管,使管道只能垂直位移,以适应沉降、伸缩的应力。

布置管道时,应在周围预留一定的空间,以保证安装、维修的需求;需进入检修的管道井,其通道支架宜大于 0.6m。

3) 不影响生产安全和建筑物的使用

为了避免管道渗漏所造成的配电间电器设备故障或短路,配电间不允许有管道通过,妨碍生产操作和交通运输处不得布置管道,橱窗、壁柜、吊柜、木装修处不得穿过管道。

3. 给排水管道的敷设

1) 敷设方式

根据建筑对卫生、美观方面的要求,室内给水管道的敷设通常分为明装和暗装两种方式。

(1) 明装。明装是指在室内沿墙、梁、柱、天花板下、地板旁暴露敷设管道。其优点是造价低,便于施工安装及后期的维护保养;其缺点是管道表面容易积灰、产生凝结水,不利于保证环境卫生,而且明装管道不利于房屋内部的美观。通常,明装的方式适用于装修标准不高的建筑以及大部分生产车间。

(2)暗装。暗装是指将管道敷设在地下或吊顶中,或在管井、管槽、管沟中隐蔽敷设。暗装的优点是有利于卫生条件和美观的保证,暗装不仅适用于装修标准较高的高层建筑、宾馆、实验室等,还适用于针对某些生产工艺要求,如高精密仪器或电子元件车间要求室内洁净无尘的要求;其缺点是造价高,施工维修均不方便。

公共区域通常采用暗装的方式,而车站设备用房通常采用明装的方式。给排水管道除单独敷设外,也可与其他管道一同敷设,但需考虑安全、施工、维护等要求。当给排水管道与其他管道平行或交叉设置时,各个管道间的相互位置、距离、固定方式等应按管道相关要求统一处理。

2)敷设要求

对于引入管的敷设,其室外部分埋深应根据土壤的冰冻程度及地面负载情况决定。管顶的埋深不得小于土壤冰冻线以下 0.15m;行车道下的管道埋深不得小于 0.7m;建筑内埋地管在无负载和冰冻影响的情况下,其管顶高层地面不得小于 0.3m。入户管上的水泵节点通常装设在建筑物的外墙内或室外专用的水表井中,装置水表的位置气温应在 2℃ 以上,同时应满足便于检修、不受污染、不被损坏、查表方便等条件。

管道在穿过建筑物内墙、基础及楼板时需预留孔洞。暗装管道在墙中敷设时,还需预留墙槽,以免临时打洞、刨槽影响建筑结构的强度。当横管穿过预留的孔洞时,管顶上部净空不得小于建筑物的沉降量,以保护管顶不会因建筑物沉降而损坏,通常不小于 0.1m。对于给水管,当采用软质的聚乙烯管或聚丁烯管埋地敷设时,宜采用分水器配水,并将给水管敷设在套管内。

4. 管顶防护措施

城市轨道交通的建筑给水系统要保证在规定年限内正常工作,除应加强维护管理外,在施工过程中还需要采取如下措施。

1)防腐

无论是明装还是暗装的金属管道都要采取防腐措施,以延长管道的使用年限。通常的防腐措施是管道除锈后,在管道外壁刷涂防腐涂料。明装的焊接钢管和铸铁管外刷防锈漆一层,银粉面漆两层;镀锌钢管外涂银粉面漆两层;暗装和埋地管道均需刷沥青漆两层。

对于防腐要求高的管道,应采用有足够的耐压强度,与金属有良好的黏结特性,以及较好的防水性、绝缘性和化学稳定性的材料做管道防腐层(如沥青防腐层),管道外壁刷底漆后,再刷沥青面漆,然后外包玻璃布。对于管外壁所做的防腐层数,可根据防腐要求确定。当铸铁管埋于地下时,表面均需刷沥青防腐,明露部分可刷防锈漆及银粉。工业上用于输送酸、碱等腐蚀性液体的管道除采用耐酸碱、耐腐蚀的管道外,还可以将钢管或者铸铁管内壁涂刷防腐材料。

2)防冻、防露

对敷设在温度低于 0℃ 地方的设备和管道时,应进行保温防冻措施。对于寒冷地区的屋顶冰箱、冬季不采暖的室内管道以及敷设在受室外冷空气影响的门厅、过道处的管道,在涂刷底漆后,还需采取保温措施。非冻结地区的室外明装给水管道也宜做保温层,以防止管道受阳光照射后使得管道内水温变化。

在气候温暖潮湿的季节里,在采暖的卫生间,工作温度较高、空气湿度较大的房间,或管道内水温较低时,管道及设备的外壁会产生大量凝结水,会引起管道腐蚀,损坏墙面,影响管道及设备使用和环境卫生,必须采取防结露措施(如做防潮绝缘层),其做法一般与保温层相同。在车站公共区域的给排水管道,应采取防结露措施,做防潮绝缘层。

3)防高温

塑料给水管道不得布置在灶台上边缘,明设的塑料给水立管距离灶台边缘不得小于0.4m,距燃气热水器边缘不得小于0.2m。塑料给水管道不得与加热器或热水炉直接相连,应有不小于0.4m的金属管段过渡。

给水管道因水温变化而引起的伸缩,必须予以相应补偿。塑料管的线性膨胀系数是钢管的7~10倍,必须予以重视。伸缩补偿设备应根据直线长度、管材的膨胀系数、环境温度和水温变化、管道节点允许位移量等因素计算确定。

4)防漏

管道漏水不仅浪费水资源,影响正常供水,还会损坏建筑物,影响城市轨道交通的正常运营。

防漏的主要措施是避免将管道布置在易受外力损坏的位置,或采取必要的保护措施,避免其直接受外力作用。城市轨道交通的管道布置一般避免将管道布置在重要电气设备用房,并建立健全管理制度,加强管材质量和施工质量的检查监督。

5)防振

当管道中水流速度过大,开启/关闭水龙头、阀门时,容易出现水锤现象,引起管道、附件振动,不仅会损坏管道附件,造成漏水,还会产生噪声。所以在设计时应控制管道的水流速度,在给排水系统中尽可能减少使用电磁阀或速闭型水栓。

(三)水泵

1.泵的种类

泵的种类很多,按工作原理可分为以下三类。

1)叶片式泵

叶片式泵的工作原理是由装在主轴上的叶轮高速旋转,对液体做功,使其获得能量,而产生运动,如离心泵、轴流泵和混流泵等。

2)容积式泵

容积式泵的工作原理是靠泵体内的零件机械运动,使泵内工作容积不断产生变化,从而吸入或排出液体,如往复式活塞泵、齿轮泵、隔膜泵等。

3)其他类型的泵

其他类型的泵是指除叶片式泵和容积式泵以外的一些特殊泵,如射流泵、水锤泵等,它们的工作原理各不相同。例如,射流泵是利用高速蒸汽或液体用于抽真空启动;水锤泵是利用水流从高处向下泄的冲力,在阀门突然关闭时所产生的水锤的压力,把水送到更高处,用来解决山区农业和生活用水。

城市轨道交通给排水各种类型的水泵,都是以叶片式泵为主。所以接下来主要介绍叶片式泵。

按照使用特点,叶片式泵可分为潜水泵、长轴泵和水轮泵等。潜水泵又称为潜水电泵,是指将电动机和水泵制成一体,全部潜在水中工作,既便于使用,又便于携带移动,通常农村中机动的排灌机械使用此类水泵;长轴泵是指专门从井中抽水的泵;水轮泵是指用有一定水温的水作为推动力,通过水轮机带动水泵叶轮,将水送至更高处,或用来抽水。

按照浆轴位置不同,叶片式泵可分为立式水泵和卧式水泵。其中,立式水泵的转动轴与水平垂直,卧式水泵的转动轴与水面平行。

按照叶轮进水情况,叶片式泵可分为单面进水和双面进水。按照水泵出口处的水压,水泵还可分成低压、中压、高压三大类。

在实际工作中,各种泵型结合使用,如立式轴流泵、多级高压深井泵、单级双面进水卧式离心泵等。

2. 水泵的基本性能

为了合理地选择、使用和维修水泵,必须了解水泵的基本性能,包括水泵工作时的流量、扬程、功率、效率、转速、允许吸上真空高度等性能参数及其相互关系。

1)流量

水泵的流量又称为出水量,是指水泵在单位时间内能扬出水的数量,通常用字母 Q 来表示,它的常用单位是 kg/s(L/s)、t/h、m^3/s。对于清水,它们之间关系如下:

$$1L/s = 3.6m^3/h = 3.6t/h = 1kg/s$$
$$1m^3/s = 3600m^3/h = 3600t/h = 1t/s$$

水泵铭牌上的流量又称为额定流量,是指水泵在额定转速下最佳工作状态时的流量。水泵在实际工作时,由于受其他因素和性能参数变化的影响,其流量有所变化,通常小于额定流量。

在生活、生产给水系统中,当无水箱调节时,水泵出水量要满足系统高峰用水要求,应按照设计秒流量确定;当有水箱调节时,水泵流量可按最低流量确定。对于消防水泵,应根据室内消防设计水量确定流量。生活、生产、消防工艺调速水泵应在消防时保证消防、生活、生产的总用水量。

2)扬程

水泵的扬程是指水泵能把水扬高的能力,通常扬程用英文字母 H 表示,常用单位为米水柱(简称 m)。

水泵铭牌上的扬程又称为额定扬程,是指水泵在额定转速下最佳工作状态时的总扬程,是该水泵所具有的扬水能力,这与水泵工作时的实际扬程(净扬程)不是一个概念,但它们之间存在一定的关系。水泵的实际扬程是指进水池面与出水池面之间的垂直距离,和总扬程相比,会损失一定的扬程。水在水泵管道内流动,要克服水管管壁、弯头、阀门、泵体等零件对其的摩擦以及所在管道内所产生涡流等现象,这些都会使其损失一部分能量,自然就会损失一部分扬程。

? 想一想

水泵的扬程最高能达到多少?

3)功率

水泵的功率一般是指有效功率、轴功率或配套功率,通常用字母 N 表示,常用单位为千瓦(kW)。

(1)有效功率。有效功率又称为水泵的输出功率,是指水流通过水泵后,从水泵得到的功率。

(2)轴功率。轴功率又称为水泵的输入功率,是指水泵从动力机所获得的功率。

水泵不可能把动力输入的功率全部转换为有效功率,因为在水泵内必定存在功率损失,其损失主要体现在三个方面:一是由于水压泵内流动时的内部摩擦、撞击和旋涡等所产生的水压损失;二是由于水在减涡环、轴封处等泄漏所产生的水量损失;三是由于水与叶轮表面以及轴与填料、轴承等处摩擦所产生的动能损失。而水泵的轴功率是水泵对水所作的有效功率和泵内损失功率两部分的总和。

(3)配套功率。配套功率又称为配用功率,是指应该选配的动力机所具有的功率。配套功率与轴功率相比会大一些,当通过动力机传给水泵轴时,传动会有功率损失。平皮带的传动效率为0.85~0.95,三角皮带为0.95~0.98,用联轴器直接传动则为1。此外,还需考虑水泵出现超载现象,故动力机必须有一定的功率储备增加一些保险量。一般小功率动力机的保险量应大一些,柴油机比电动机传动保险量也要大些,一般动力机增加保险量在10%~30%范围内。

综上所述可得:有效功率<轴功率<配套功率。

4)效率

水泵的效率是指有效功率和轴功率的比值,通常用字母 η 表示,用百分数表示。效率是表征水泵性能好坏的重要经济指标。效率高说明设计制造先进,设备维护良好,运行正常。

水泵铭牌上的效率是指该水泵在额定转速运行时可能达到的最高效率值,水泵实际效率必定会低于铭牌标定值。

5)转速

水泵的转速是指水泵轴承在每分钟内转动的次数,通常用符号 n 表示,单位为转/分(r/min)。

水泵铭牌上的转速是指该水泵的额定转速,是设计水泵的基本参数之一。使用水泵时应保证在这个转速以下运行,不能随便改变,否则会引起流量、扬程、轴功率和效率变化,严重时甚至会造成水泵损坏。

6)允许吸上真空度

从离心泵的工作原理可知,叶轮利用离心力将水甩出后,在叶轮进口处产生一定的真空度,靠这个真空度把吸水池的水吸上来。水泵的允许吸上真空度是指为了避免水泵发生气蚀现象而规定的所允许的水泵吸上最大真空度值。

3. 水泵性能选定

水泵流量、扬程应根据给排水系统所需的流量、压力确定。储水池是储存和调节水量的构筑物,其有效容积应根据生活、生产调节水量与消防储备水量和生产事故用水量确定,水池(箱)仅起调节水量作用,其有效统计不计储备水量。

对用于生活饮用水的存水池(箱),则无须考虑其他用水的储存水量,并应与其他用水的水池(箱)分开设置。埋地式生活饮用水的储水池周围10m以内,不得有化粪池、污水处理构筑物、深水井、垃圾堆放点等污染源;周围2m以内不得有污水管和污染物,否则,应采取措施。建筑物内的生活饮用水水池(箱)体,应采用独立结构形式,不得利用建筑物的本土结构作为水池(箱)的外壁,底面或顶盖。当生活饮用水水池(箱)与其他用水水池(箱)并列设置时,应有独立的分割墙,不得共用一面分隔墙,隔墙与隔墙之间应做排水措施。

(四)给排水附件

常用的给排水附件包括阀门、管件及水表等。

1. 阀门

对于阀门等需要操作的给水附件,在选择及安装时,除要考虑满足使用要求外,还要根据地铁空间及管线进路情况,选择适当的安装位置,尽量安装在便于使用、检修的位置。在设备区、走廊等管线密集位置,应尽量减少阀门等的设置。

1) 闸阀

闸阀,也称为闸板阀,是一种广泛使用的阀门,如图 3-11 所示。其闭合原理是闸板密封面与阀座密封面高度光洁、平整一致,在互相贴合后可阻止介质流过,并依靠顶模、弹簧或闸板的模型,来增加密封效果。它在管路中主要起切断作用,其优点是流体阻力小,启动关闭比较省劲,可以在介质双向流动的情况下使用,没有方向性,全开时密封面不易冲蚀,结构长度短,不仅适合做小阀门,而且适合做大阀门。

闸阀按阀杆螺纹可分两类:一类是明杆式,另一类是暗杆式。按闸板构造也可分两类:一类是平行,另一类是模式。

2) 截止阀

截止阀是使用最广泛的一种阀门,如图 3-12 所示。由于开闭过程中密封面之间的摩擦力小,比较耐用,开启强度不大,制造容易,维修方便。其闭合原理是依靠阀杆压力,使阀瓣密封面与阀座密封面紧密贴合,阻止介质流通。截止阀只许介质单向流动,安装时有方向性,它的结构长度大于闸阀,同时流通阻力大,长期运行时,密封可靠性不足。

图 3-11　闸阀　　　　　图 3-12　截止阀

3) 蝶阀

蝶阀的阀瓣是圆盘,围绕阀座内的轴旋转旋角的大小即阀门的开闭度,如图 3-13 所示。蝶阀具有轻巧的特点,比其他阀门更节省材料,结构简单,开闭迅速,切断和节流均可使用,流体阻力小,操作省力。同时,蝶阀也可做成大口径。能够使用蝶阀的地方,建议不要使用闸阀,因为蝶阀比闸阀更为经济,且调节性好。目前,蝶阀在热水管路中得到了广泛使用。

4)球阀

球阀的工作原理是靠旋转阀芯来使阀门开启或关闭。球阀开关轻便,体积小,可以做成大口径,密封可靠,结构简单,维修方便。同时,球阀密封面与球面常在闭合状态,不易被介质冲蚀,在各专业得到广泛的应用,如图3-14所示。

图3-13 蝶阀

图3-14 球阀

5)旋塞阀

旋塞阀是通过旋塞体绕阀体中心线旋转,以达到开启或关闭的状态,如图3-15所示。旋塞阀的作用是切断、分田和改变介质流向。其优点是结构简单,外形尺寸小,操作时只需旋转90°,流体阻力也不大;其缺点是开关费力,密封面容易磨损,高温时容易卡住,不适宜调节流量。

6)止回阀

止回阀是指依靠流体本身的力量自动启闭的阀门,如图3-16所示。止回阀的作用是阻止介质倒流。止回阀按结构划分大致可分为以下两类:

(1)升降式。阀瓣沿阀体垂直中心移动。这类止回阀有两种:一种是卧式,用于水平管道,阀体外形与截止阀相似;另一种是立式,用于垂直管道。

(2)旋启式。阀瓣围绕座外的销轴旋转。这类止回阀的阀门有单瓣、双瓣和多瓣之分,但工作原理相同。水泵吸水管是由吸水底阀根据止回阀的改变的,它的结构与上述两种止回阀相同,只是它的下端是开敞的,以便吸水进入。

图3-15 旋塞阀

图3-16 止回阀

7）减压阀

减压阀是指将介质压力减低到一定数值的自动阀门。通常阀后压力要小于阀前压力的50%。减压阀的种类很多，主要有活塞式减压阀和弹簧薄膜式减压阀两种。其中，活塞式减压阀通过活塞的作用进行减压，如图3-17所示；弹簧薄膜式减压阀依靠弹簧和薄膜来进行压力平衡。

图3-17 减压阀

阀门部件的使用与安装练习。

2. 管件

管件是指管路连接部分的成型零件，如管接头、弯头、三通等。常用的管件一般分为钢管件、铸铁管件和非金属管件。

1）钢管件

钢管件有两种：一种是碳素钢通过特定模具压制成型的，常用的有压制弯头、压制异径管等；另一种用可锻铸铁或软钢（也称为熟铁）锻造成型，可锻铸铁制成的管件较多，有异管接头、异径管接头、弯头、异径弯头、45°弯头、三通、异径三通、四通、异径四通、内外螺母、六角内接头、外方堵头、锁紧螺母和螺帽头等。

2）铸铁管件

按用途划分，铸铁管件可分为给水管件和排水管件两大类。排水铸铁管件较给水铸铁管件壁薄、承插口浅。

按材质划分，铸铁管件可分为普通铸铁管件和高硅铸铁管件。常用给排水铸铁管件有弯管、丁字管、十字管、异径管、套管、短管及各种形式的异形管件等。铸铁管件的连接方式有承插式和法兰式。

3）非金属管件

常用非金属管件有陶土管管件和塑料管管件两大类，在给排水专业室外管道中被大量使用。

4）管道快速堵漏装置

管道快速堵漏装置在给排水管道爆裂抢修堵漏时使用，其特点是安装简易，安全可靠；在明装管道抢修时不必锯管、挖土，在地下管道抢修时挖土量小。管道快速堵漏装置在给排水管道爆裂抢修中使用效果良好，保证了城市轨道交通运营的正常用水。

3. 水表

水表是计量管道流过水量的仪表，可分为流速式水表及容积式水表两种。其中，容积式水表测量的是流过水的容积，其精密度高，但构造复杂，要求通过的水质好，我国现在并未大规模使用。目前，我国常用的是流速式水表，其原理是根据流速与流量成正比的原理而制作的，水流冲击带动旋翼轴旋转，从而带动齿轮盘，记录流过水量。小流量采用旋翼式水表，大流量采用螺翼式水表。旋翼式水表与螺翼式水表分别如图3-18、图3-19所示。

图 3-18　旋翼式水表　　　　　图 3-19　螺翼式水表

选择水表时,应按水流的设计流量(不包括消防流量)不超过水表的额定流量来确定水表的直径,并根据平均流量的 6%~8% 校核水表的灵敏度。

一般根据城市轨道交通公司运营的需要,通常在生活、生产给水引入管以及各用水点均设置水表计量。根据各地具体运营管理的要求不同,一般在引入管、卫生间用水管、冷却站补水管以及冷却塔补水管等人员不便前去的地方,设置远传水表,水表信息直接传至车站 BAS。

目前根据部分城市的运营经验,车站附近市政自来水管网供水压力变化波动较大。例如,北京市政自来水部门供水的最低保证压力为 0.18MPa,但实际其供水压力通常大于该值,且一天内变化较大,导致用水点供水压力不稳定,影响使用。对于这种情况,应在给水引入管后设置可调式减压阀,可对控制给水系统压力有一定的效果。

(五) 用水设备

车站内部用水设备包括卫生间器具、开水间开水器、各机房用水点水龙头以及车站冲洗水栓等。对于用水设备的选用与普通公共建筑类似,保证安全、卫生、节能环保,选用非接触式和节水型卫生设备,卫生洁具及其五金配件必须符合《节水型卫生洁具》(GB/T 31436—2015)规定的要求。冲洗水栓通常设置在站台层公共区两端的冲洗水栓箱内,用于站台层地面的冲洗。

二、消防给排水设备

(一) 地下车站消防设备

在地下车站的站厅层两侧每隔 45m 左右设置一套消火栓箱,呈交叉布置或单边布置,站台层的消火栓设置在楼梯间的侧墙上和站台层两端头。每个消火栓箱内设有 DN65mm 双头双阀消火栓一个,消火栓箱下均可放置 4 个手提式灭火机或设有自救式灭火装置,箱体较大,称为Ⅰ型灭火栓箱。在车站的出入口通道和区间隧道内均安装Ⅱ型消火栓箱,Ⅱ型箱取消了存放手提式灭火机的空间,所以箱体较短。在每个消火栓箱门上均设有手动报警器、消火栓增压水泵启动开关、消防紧急电话插孔、箱内配有两支多用途水枪和两盘消防水带。

虽然地下车站的供水压力已达到消防水压要求,但每个站的消防泵房内均设有两台单级单吸离心清水泵,用于消火栓系统管网的增压,平时水泵一主一备。部分消防泵房内设有消防栓管路的放水口,便于设备检修。部分车站的自动喷水灭火系统管网与消防栓管网两个系统之间设有联通管道,该联通管道一般设置在消防泵房内,其作用是在必要时自动喷水灭火系统增压水泵可对消火栓管网进行增压,或消火栓增压水泵可对自动喷水灭火系统管网进行增压。平常该联通管道中的阀门必须保持常闭状态,以保证自动喷水灭火系统和消火栓系统管网的相对独立。

车站消火栓系统由市政上水管道两路供水。管道从地面首先进入消防泵房内,经增压水泵增压。管道出消防泵房后在车站内形成环网布置,并与相邻上、下行线区间隧道内的消火栓管道相互联通。当本站消火栓增压水泵不能工作或二路消防供水断水时,则可由相邻两个车站的消火栓增压水泵增压供水。在地面,消火栓系统设置有两个双头消防结合器,当本地消火栓增压水泵不能工作或者两路消防供水断水时,也可由消防车将增压水通过消防水泵接合器向车站消火栓管网供水。消火栓增压水泵一般有强电控制系统直接控制水泵启动。使用时击碎消防箱水泵启动开关外的玻璃,消火栓增压水泵立即启动。

(二)高架车站消火栓系统

在高架车站的站厅层两侧每隔 45m 左右设置一个消火栓箱,呈交叉单边布置。站台层的消火栓设置在楼梯间的侧墙上和站台层两端头。车站内每个消火栓箱内配有 DN65mm 单头消火栓两个,消火栓箱下设有自救式灭火装置,在每个消火栓箱门上均设有增压水泵启动开关,击碎开关外玻璃后增压水泵启动。箱内配有两支水枪和两盘消防水带。

每个站的消防泵房内有两台水泵用于消防栓系统管网的增压,平时两台水泵一主一备。部分消防泵房内设备有消火栓管理的放水口,便于检修。部分车站的自动喷水灭火系统管网与消火栓管网两个系统之间设有联通管道,该联通管道通常设置在消防泵房内,其作用是在必要时自动喷水灭火系统增压水泵可对消火栓管网进行增压。通道中的阀门平时处于常闭状态,以保持自动喷水灭火系统和消火栓系统管网的各自相对独立。

车站消火栓系统由市政上水管道两路供水。管道从地面首先进入消防泵房内,经增压水泵增压。管道出消防泵房后再车站内形成环网布置,并与相邻车站的消火栓管道相联通。在地面,消火栓系统设有两个双头消防接合器,当本站消火栓增压水泵不能工作或两路消防供水断水时,也可由消防车将增压水通过消防水泵接合器向车站消火栓管网供水。

在地面车站与地面建筑一体建筑楼层中,均设有消防稳压泵使消火系统水压达到高层建筑的消防水压需求。

地面车站的消火栓增压泵有强电控制系统直接控制水泵启动。使用时击碎消防箱水泵启动开关外的玻璃,消火栓增压水泵立即启动。

实训3-1　给排水设备的操作

班级:	学号:	姓名:	小组:
实训任务	给排水设备的操作		
【实训目标】 1.掌握离心泵的启动和停止操作。 2.掌握消防水泵的启动操作。			

【实训过程】

1. 离心泵操作

1)启动前准备

(1)检查泵及出、入口管线的各部件,如阀门、法兰、地脚螺钉、联轴器、温度计和压力表等,查看是否正常可用。

(2)给轴承箱内注油,油面应在油标的 1/2 ~ 2/3 处。

(3)盘车以检查泵的转动情况,是否存在异常噪声。

(4)打开轴承及盘根的冷却水。

(5)打开压力表阀。

(6)打开泵的入口阀,排除泵内存在的多余气,使泵内充满液体。

(7)具有密封油系统的泵,先将密封油加足,并进行循环。

(8)检查泵的对轮防护罩、接地线等安全设施是否良好。

(9)启动高压电机送电时要与电工联系。

2)离心泵的正常操作和维护

(1)待一切准备工作就绪后启动泵。启动时应注意旋转方向(如有误,应立即修正),同时注意电机的电流变化,不允许其超过规定数值。待电流、转速和压力达到正常,密封且不漏时,再慢慢打开泵的出口阀。此处要注意不要使泵在出口阀关闭状态下长时间运转,通常不超过 3min。否则,泵中液体循环温度升高,易生气泡,减少泵的使用寿命。

(2)泵的流量用出口阀来控制。切记不能用入口阀来调节流量。

(3)泵正常运行时,要不断检查泵出口压力、流量、电流等参数数值,不得超过其规定数值。

(4)轴承温度不得高于 65℃,电机温度不得高于 70℃。

(5)密封油压力应高于泵的进口压力,其数值应控制在 49.05 ~ 98.1kPa 范围内。

(6)需经常检查冷却水畅通情况。

(7)需经常检查润滑油标尺,保持规定范围内。

(8)检查泵运转中是否有异常噪声、振动及泄漏等。若发现异常,应查明原因,及时消除。

(9)定期更换润滑油滑(脂)。

3)离心泵停止

(1)慢慢关闭出口阀门。避免停泵后出口管线中的高压液体倒流至离心泵泵体内,使叶轮高速反转而造成事故。

(2)切断电源。

(3)关闭泵的入门阀。

(4)关闭压力表阀。

(5)冬季停泵后,要从泵壳和管线中放掉启动的存水及其他易冻结液体,或注入防冻液,防止冻裂泵壳。

2. 消防泵

1)消防泵的启泵方式

(1)击碎启泵按钮外部玻璃,消防泵启动,启泵信号反馈至消防报警主机,相应的红色指示灯常亮。

(2)在消防报警主机面板都有 DIP(开泵按钮)消防泵强制开关,开启开关,发出消防泵启动命令。当泵启动后,主机显示窗将显示其内容。

(3)在消防报警主机操作键盘上,输入消防泵启泵代码和开启命令,使消防泵启动。

(4)在消防泵房的双电源控制箱上就地开启消防泵,并将联动开关置于手动挡,开启开关,消防泵启动。消防报警主机将接收信号,面板显示窗将显示其相关内容,红色指示灯亮。如需关闭,先关闭开关,再关闭消防泵,消防报警主机则恢复正常。

(5)在车站控制室的消防控制箱上进行操作,开启消防泵启动按钮,消防泵启动,将信号反馈至消防报警主机。

2)消防泵启动后的复位

(1)如果是通过消防泵启动按钮开启消防泵的,需先到消防泵房室的电气操作箱上将手/自动转换开关调至手动位置,然后按"停止"按钮,再到现场更换被击碎的玻璃,使系统复位。系统复位后再将手/自动转换开关调至自动位置。

(2)如果是通过在消防主机上通过 DIP(开泵按钮)消防泵强制开关开启的,先将 DIP 开关向下拨,将命令撤销,然后到消防泵房室的电气操作箱上将手/自动转换开关调至手动位置,然后按"停止"按钮,使系统复位。系统复位后再将手/自动转换开关调至自动位置。

(3)如果是通过消防报警主机操作键盘上,输入消防泵启泵代码,使消防泵启动的,则需先输入原代码,再输入撤销命令,然后到消防泵房室的电气操作箱上将手/自动转换开关调至手动位置,按"停止"按钮,使系统复位。系统复位后再将手/自动转换开关调至自动位置。

(4)如果是通过消防泵房的双电源控制箱上就地开启消防泵的,则需按"停泵"按钮,使系统复位。系统复位后再将手/自动转换开关调至自动位置。

(5)如果是通过车站控制室的消防控制箱上启动消防泵的,先按住"停泵"按钮不放,由其他人员到消防泵房室的电气操作箱上将手/自动转换开关调至手动位置,然后按下"停止"按钮,使系统复位,这时再离开启泵按钮,系统复位后,再将手/自动转换开关调至自动位置。

【总结评价】

评价人:	小组名称:	工作流程 (30分)	团队协作 (20分)	执行情况 (50分)	总分 (100分)
自评					
互评					
					日期:

任务三　给排水设备维护管理

对给排水设备的规范操作、维护、保养和维修是使给排水设备持续、高效运行的重要方法。管理人员需熟悉给排水系统各设备的性能,了解各设备结构及工艺、运行环境等要求,掌握各设备的操作、简单维护技术。车站需有效地组织人员按维护操作的规程、规则和手册进行操作和维护工作,按规定的周期对设备进行不同内容的检查、检测,保证车站能正常运营。

一、给排水设备运行操作

(一)潜水泵设备

(1)使用前必须检查电缆引线是否有断裂或破损情况,检查潜水泵淹入水中的深度,并清除水泵周围的杂物,不得陷入淤泥中,以防散热不良而导致水泵损坏。

(2)潜水泵的电源接通后,应先试运转,看旋转方向是否正确;若反转,可将电源任意两相接线对调。

(3)启动时,点击潜水泵控制箱上水泵的"启动"按钮,启泵指示灯亮,水泵启动。

(4)停泵时,点击潜水泵控制箱上水泵的"停止"按钮,停泵指示灯亮,水泵停止。

(5)在两个相邻的运行周期内,潜水泵一主一备互为备用。

(6)水泵的启动与停止,由集水井内的水位浮球开关自动控制。

(7)水泵出现故障不能正常运行时,故障信息将自动反馈到综合监控系统(Integrated Supervision and Control System,ISCS)界面上。

(8)水泵启动后,应定期巡视水泵运行状况,如有异常响声及振动,应立即停止水泵工作,进行检查。

(二)消防栓增压设备

(1)运行前应全面检查设备是否正常,各部位管道连接是否牢固,有无泄漏情况,阀门开、关是否正确。

(2)选择主、备用泵,将控制箱上的选泵开关打到"1"泵时,1号泵为主用泵,2号泵为备用泵;若打到"2"泵时,则2号泵为主用泵,1号泵为备用泵。

(3)启动时,点击控制箱上的水泵"启动"按钮,启泵指示灯亮,水泵启动。

(4)停止时,点击控制箱上的水泵"停止"按钮,停泵指示灯亮,水泵停止。

(5)当发生火灾,消防管网压力降至消防泵启动压力时,消防泵自动启动,稳压泵自动停止。

(6)当主消防泵启动失败或在运行过程中发生故障时,备用消防泵自动启动。

(7)消防泵启动后,需通过手动操作进行关机。

(8)车站控制室直流24V信号可直接启、停消防泵。

(9)消火栓按钮直流24V信号可直接启、停消防泵。

(10)水泵启动后,应注意观察机组运行状态,若发出异常噪声或振动等异常现象,应立即查明原因,消除故障后方可重新合闸启动。

(11)水泵在运行过程中要加强对电压、电流的监视,电源电压与额定电压的偏差不得超过正负5%,三相电压不平衡度空载时不得超过1.5%。电流不得超过铭牌上的额定电流,三相电流不平衡度空载时不得超过10%,额定负载时不得超过5%。

(三)水阀设备

(1)顺时针方向旋转手轮,开度指针随着往"关"(CLOSE)的方向移动,阀门打开程度变小。当指针指向"关"(CLOSE)时,阀门全部关闭。

(2)逆时针方向旋转手轮,开度指针随之往"开"(OPEN)的方向移动,阀门打开程度变大。当指针指向"开"(OPEN)时,阀门全部打开。

(3)当要水阀全开或全关,手轮旋到位后,不要用力过大,以免损坏传动机构。

(四)电动蝶阀设备

(1)在控制面板上点击"关闭"按钮或在就地控制箱面板上点击"关闭"按钮,电动阀门开始工作,当阀门达到"全关"(CLOSE)位置时,行程控制机构能自动判断阀门处于完全关闭状态,并准确地切断电源,同时控制面板上指示"全关"的指示灯亮。

(2)在控制面板上点击"开启"按钮或在就地控制箱面板上点击"开启"按钮,电动阀门开始工作,当阀门达到"全开"(OPEN)位置时,行程控制机构能自动判断阀门处于完全开启状态,并准确地切断电源,同时控制面板上指示"全开"的指示灯亮。

(3)日常要注意保持电动阀门执行器处于干燥环境下,同时不会受到外力冲击。

（五）变频给水设备

（1）切断电源时，检查并确认无电状态后悬挂"有人工作，禁止合闸"警告牌。

（2）取下防护罩，确认盘动连接轮转动灵活、螺钉无松动、填料压盖无偏斜后，恢复防护罩。

（3）确认油箱的油量充足，油质良好，必要时用黄油枪向轴承盒内注入适量的钙基黄油。

（4）开启吸水阀（采用自动启泵、停泵时，吸扬水阀门常开），小开压力表旋塞，排除水泵及管内多余气体（或利用水泵真空保持器排除水泵及管内多余气体）。

（5）拆除警告牌，合上电源开关，检查确认设备处于受电状态，检查三相电压平衡是否在允许范围内。

（6）当用水量增大，1号泵运行频率达到50Hz仍无法满足用水量要求时，延时确认，1号泵转为工频运行，同时，2号泵接入变频器启动运行，直至两台泵同时投入运行。

（7）当用水量减少，变频泵运行频率降低到设定的下限时，延时确认，则停止最先进行工频运行的水泵；当用水量继续减少，则停止第二个进行工频运行的水泵，直至停掉所有的主泵，切入稳压泵为止。

（8）运行后，应及时对变频给水设备进行各部清扫保养。

（六）污水处理设备

（1）地埋式一体化污水处理设备采用可编程逻辑控制器（Programmable Logic Controller，PLC）集中控制，分"手动"和"自动"两种控制模式。在手动工作状态下，可以分别开启、停止每个动力设备，便于在调试状态下工作。

（2）地埋式一体化污水处理设备的控制系统设有多种电路保护形式，保证设备可靠安全运行。

（3）用于曝气的回转式鼓风机（空气压缩机）将自动运行，两台鼓风机交替运行工作，通常情况下24h自动切换一次，当一台出现故障能自动切换到另一台工作。

（4）当污水调节池内液位处于低液位，生化池不进水时，鼓风机将自动停止运行。

（5）污水提升泵的启动与停止受池内的液位控制，中液位时启动一台水泵，高液位时两台水泵同时启动，低液位时两台水泵停止工作。两台水泵一主一备互为备用，自动切换。

（七）自动清洗过滤器设备

1. 开机

（1）同时打开进水阀和出水阀。

（2）打开过滤器上封头的排气阀，排除罐内的空气后，将排气阀关闭。

2. 观察

（1）观察浊水腔和清水腔压力表，查看压力是否正常。

（2）观察过滤器有无泄漏（上、下封头的轴封、罐体法兰、阀门法兰及压力表和压差控制器取样管），如有泄漏，应及时处理。

3. 反清洗

反清洗机构一般有手动清洗和自动清洗两种工作状态。当电控箱的切换开关调至手动位置时，设备处于手动工作状态；当电控箱的切换开关调至自动位置时，则设备处于自动工作状态。

（1）手动反清洗。可在任意时间间隔或者两个压力表的压力差达到一定值时，按电控箱上"反清洗电机启动"按钮,使反清洗吸管旋转;同时按"排污阀门开"按钮,使排污阀打开,即开始反清洗。反清洗时间根据水质污浊程度而定,当清洗后压力差恢复正常时,即表示过滤柱内污渣已经洗净;然后按"反清洗电机停"和"排污阀门关"按钮,结束手动反清洗。

(2)自动反清洗。该机构装有压差控制器,可自动控制反清洗设备的开启和停止。在压差控制器上设定两个压力值,即压差和切换差。其中,压差是指罐体浊水腔和清水腔的压力差,切换差是指差压控制器中微动开关的切换范围。压差控制器的差压设定范围为 0.020～0.160MPa,切换差设定范围为 0.035～0.150MPa。当差压控制器启动减速器时,电动蝶阀自动打开。此外,还设有定时反清洗功能。

(八)自动气压供水设备

水池中设有溢流水位和低水位。当水位到达低水位时,水泵自动关闭,当水位到达溢流水位时,报警装置报警。水泵的启停受气压罐上的电接点压力表控制,当气压罐压力到达设计下限压力时,水泵自动开启;当气压罐压力到达设计上限压力时,水泵自动停止。低水位水泵自动关闭控制,优先于气压罐压力抵达最低值启动水泵控制。

二、给排水设备维护检修

(一)潜水泵维护检修

1. 潜水泵的装配与拆卸

潜水泵的装配过程如下:

(1)将下轴承盖套在转子总承下,轴承挡上部轴颈上。

(2)将下轴承压入转子。

(3)分别在下轴承下端装好轴承挡圈、轴用弹性挡圈挡住轴承。

(4)将装有下轴承的转子部件压入。

(5)将孔用弹性挡圈装在下轴承上端轴承座卡槽内。

(6)将下轴承盖用螺钉与轴承座装配、紧固。

(7)将泄露检测器插在橡胶圈内,再插入抽测座内。

(8)将上机械密封推入轴承内,并用轴用弹性挡圈卡住。

(9)机械密封座止口上套入 O 形密封圈,将机械密封座与轴承座通过止口装配起来。

(10)将下机械密封装入机械密封座内。

(11)将 O 形密封圈套入机械密封座内。

(12)将蜗壳与机械密封座通过止口装配起来。

(13)用螺钉将轴承座、接卸密封座及蜗壳紧固。

(14)叶轮装在轴上,用键固定。

潜水泵的拆卸与装配顺序相反,此处不再赘述。

2. 潜水泵维修的注意事项

(1)每季度定期检查电机相间和相对地之间的绝缘电阻,其值不得低于2MΩ,否则应拆机进行维修,同时,应检查水泵接地是否牢固可靠。

(2)水泵每次安装时,应检查电机的转向是否正确。正确的方向是从泵的吸入口往上看,叶轮呈逆时针旋转。如果旋转方向不正确,可以调换三相电中的任意两相的位置。

(3)水泵运转前,检查电源电压值。该电压不允许超出额定电压值的±10%。

(4)每年检查一次变压器油,如油呈乳化状态或有水沉淀,应及时更换10~30号机械油和机械密封。对于在恶劣条件下使用的水泵,维修更换应更频繁。

(5)在正常条件下,水泵工作一年后,应进行全面的维修,更换已磨损的易损部件并检查紧固部件的状态。

(6)对装有耐磨环的泵,当叶轮与耐磨环的磨损间隙在直径方向的最大值超过2mm时,应及时更换耐磨环。

(7)为防止水泵在使用多次后内部沉积有杂质,可用清水清洗水泵,尤其是下密封部位,以免结块、堵塞。当电泵长期不用时,应将电泵从水中提出,避免长期浸泡在水中,以减少电机受潮损坏的机会,从而增加水泵的使用年限。需要注意的是,水泵每次提出来时,最好用清水清洗一次。

(8)尽量不要拆卸水泵零件,需拆卸时应避免猛敲猛打、野蛮操作,以免损坏密封件。拆卸电泵需由专业人员操作,以免造成电泵泄露,损坏电机。

(9)运行中应定时检查各种仪表的安全性、可靠性和正确性。例如,电流表指示是否正常,各种仪表示数是否超过铭牌所规定的额定值。

(10)水泵应在规定的范围内使用,流量不得超过额定流量,即便超载可以通过关闭出口闸阀来进行调节。闸阀关小,流量也变小,相应的电流、功率也随之减小。

(11)固定水泵底座的不锈钢螺钉应牢固可靠,不应出现锈蚀现象。

(12)潜水泵与泵座接口应吻合密封。

(13)接地应牢固,接地线应为黄绿线,与其他线相比应长50mm。

注意:潜水泵润滑油为0~40号机械油,潜水泵控制箱内应清洁,线头应紧固无松动,主交流接触器接触点应光滑,无明显的打花现象,各辅助触点动作应正常。

(二)自动清洗过滤器维护检修

(1)每月定期排污一次,打开罐下端的手动排污阀即可。

(2)每天检查几次进出口压力表,查看反清洗是否彻底。

(3)每半年拆卸一次过滤柱进行清洗,如有油污可用碱性清洗液或用洗油剂清洗。如有水垢或锈,可用盐酸清洗。

(4)摆线针轮减速机。

①第一次加油运转150h后应更换新油,以后每6个月换油一次。

②减速机加油未到规定油位时不得使用。

③减速机停机超过24h后,再启动时,需对内部进行充分润滑后再带负荷运转。

④减速机电动机进出风口不得有任何污物及堵塞。

⑤在使用过程中如发现油温过高,温升超过60℃或油温超过85℃,以及产生不正常噪声时,应立即停止使用,在排除故障并更换新油后方可使用。

(三)生活污水处理设备维护检修

1.地埋式一体化污水处理装置

(1)罐体内的填料,要定期查看填料上生物膜的长势情况。如长势较快应加以控制,防止因生物体长势过快,导致水流变慢。

(2)罐体内各管道、管件要定期(通常情况下每3年一次)防腐,各管件要定期紧固,防止松脱。

(3)罐体内部体积、布水管要定期校正,防止因倾斜而导致布水、集水不均匀,影响出水水质。

(4)罐体内的阀门要定期做开启和关闭试验,必要时添加润滑油,以便阀门开关自如。

2. SSR风机

1)日常维修

压力需在铭牌的额定值以下,流量需在铭牌的额定值10%以内,风机无异常噪声或振动,吸入温度在40℃以下,电流需在电动机铭牌的额定值以下,电压在铭牌值10%以内,皮带有一定张力,齿轮油量加至油标中心位置。

2)季度维修

齿轮油量加至油标中心位置,清扫空气滤清器,同时补充或更换齿轮油和轴承润滑油。

3)1年维修

1年维修主要是更换皮带和滤清器滤芯。

4)3~4年维修

3~4年维修主要是更换垫片与油封,并检查、更换齿轮。

3. 吸入消声器的维修

打开消声器外壳,露出滤芯,清扫和清洗过滤器及滤芯。

4. 计量泵的维修

(1)计量泵是计量仪器,平时运转要注意周边温、湿度等环境因素,防止腐蚀气体侵入。

(2)计量泵需定期运转,如果长期不运转,要先用清水抽吸10~20mm,然后拆下包装,存放于阴凉、干燥处。

(四)生活废水处理设备维护检修

1. 气浮机

气浮机主机的保养一般为每年刷漆一次,油漆颜色最终需与原机颜色相同。

气浮机需每半年放空一次,同时查看内部结构件连接情况,清理淤泥。气浮机若长期不使用应放空主机内部多余水分,然后用清水冲洗主机内外,若有腐蚀,需冲洗补漆,干燥放置。

与主机外部连接的管件要定期(通常情况下每3个月一次)紧固,定期(通常情况下每半年一次,与淤泥清理同时进行)更换法兰间垫片。

2. 刮渣机

刮渣机主体需每年刷漆一次,油漆标准与底色相同。刮渣机齿轮、链条需每半月左右检查紧固件,每3个月左右需涂刷润滑油(脂)一次,传动两齿轮面需每3个月进行校正一次,使两齿轮面在同一铅垂面上。

减速机每半年更换一次润滑油,每3个月检查一次线与线、线与地等之间的绝缘程度,必要时要拆下电动机,重上绝缘漆。

3. 溶气罐

溶气罐内外需每年做防腐与喷漆一次,要求与出厂时相同;定期校正安全阀,定期检查水路、气路系统。

溶气罐与外围管道的连接件需定期(通常情况下每3个月检查一次),实时均匀紧固;溶气罐上玻璃视镜需定期擦拭,溶气罐内填料需定期(通常情况下每年一次)用清水清洗,保证布水良好;侧面上液面玻璃管要定期检查,防止漏气、漏水。液面玻璃管要加强保护,防止破碎;溶气罐上液位浮球要定期检查其电器灵敏度,每3个月将浮球取出一次,清理浮球表面浮渣,检查连接件转动灵敏度,以保证动作灵敏。

4. 管道混合器

定期(通常情况下每年一次)拆下用清水或压力空气清洗管道中杂质、油污,避免影响水流。

5. 释放器

每半年(通常情况下与清理淤泥同时进行)拆下清洗一次,清洗方法是小心取下压盖螺钉,取出内芯用清水清洗后重新组装。

6. 压力过滤器

通常每年做一次刷漆及防腐,要求与出厂时相同;管内石英砂通常每5年更换一次;更换时切记小心,因砂层下是滤头;过滤器与外部的管道连接依靠法兰、螺栓,要定期紧固,防止长期运行发生松脱。

(五)管道设备维护检修

管道的维修包括给水管道、排水管道及附件的维修。给水管道的损坏主要是因为腐蚀引起的。腐蚀表现方式有生锈、坑蚀、结瘤、开裂或脆化等。对于此类管道的维修主要采用预防为主的方式,如刷漆、疏通、设置检查口、检查井和清扫口等;对于损坏严重、不能修复的管道和附件,只能采取更换的维修方式,并按要求进行试验与消毒(仅对给水管道而言)。为使管道和附件更换时安装合理,需遵循管道及附件的安装规范和规则。本节主要介绍柔性卡箍的安装工艺和给水管道的消毒工艺。

1. 柔性卡箍的安装工艺

(1)钢管切割。将钢管按照所需长度放置于切割机上,断面应垂直于轴线;切口若有毛刺,应用钢刷打磨;钢管切割不得使用气割。

(2)开槽。将钢管架在滚槽机上,用水平仪调整将钢管调至水平位置,钢管端面与滚槽机挡板垂直固定后,开动电机,将压滚器挤压钢管,压出所需要的槽。用游标卡尺测量槽的深度和宽度。

(3)密封面的要求。钢管端头密封面要求平滑,不允许出现凹凸,不允许有翻边和毛刺;端口钢管出现不圆时应校圆,钢管焊缝要打磨平滑。

(4)密封圈的安装。清除密封圈上的杂物后涂上肥皂水,检查密封圈是否有损伤,再将密封圈向外翻成槽并浸入肥皂水。先将密封圈套在钢管端头,另一个钢管伸进密封圈,密封圈翻转,并将两管之间缝隙调整到所需宽度,然后在密封圈外表面涂刷肥皂水。

(5)卡箍安装。将卡箍内腔密封槽涂上肥皂水,将卡箍扣在密封圈上并使用卡箍两侧卡进槽中。交替上紧两条螺栓,注意上螺栓不能咬胶圈。

(6)试压。管道安装完毕后进行系统试压。试压前应全面检查安装件、固定支架是否牢固;采用分层、分段、分面方式进行。试压过程中会使螺栓拉长,两卡箍分开,卸压后应第二次拧紧螺栓。测量压力值、持续时间等指标是否达到规范的要求。

2. 给水管道的消毒工艺

(1)冲洗前,拆除管道中安装的水表,加短管代替,把需冲洗的管道与其他正常供水干管或支管断开。

(2)冲洗时,用高水流冲洗管道,在管道末端选择放水点排水,直至水中无杂质。

(3)配置好消毒液,随向管内充水一起加入管中,浸泡24h后,放清水清洗,并连续测管内水的含氯量和细菌量直至达标。新安装的给水管道冲洗消毒时,漂白粉量及用水量可参照表3-1。

漂白粉与用水量对照表　　　　　　　　　表3-1

管径(mm)	用水量(m³)	漂白粉量(kg)
15~50	0.8~5	0.09
75	6	0.11
100	8	0.14
150	14	0.14
200	22	0.38
250	32	0.55
300	42	0.93
350	56	0.97
400	75	1.30
450	93	1.61
500	116	2.02
600	168	2.90

实训3-2　给排水系统设备巡视检查

班级:	学号:	姓名:	小组:
实训任务	给排水系统设备巡视检查		
【实训目标】 能够对给排水系统设备、消防控制箱、环境与设备监控系统进行巡视检查。			
【实训过程】 1. 车站设备巡视检查内容 (1)仪表工作是否正常、稳定。 (2)水泵控制、显示是否正常。 (3)管道、消火栓、水泵接合器是否漏水,水泵接合器、水枪、水带是否具备,无被盗现象。			

(4)区间管道支架螺栓是否松动,柔性卡箍、伸缩节是否严重变形,区间消防栓箱门是否打开,消防栓是否有漏水现象。

(5)区间排水沟和集水井进水口是否有杂物堵塞。

(6)地面压力、化粪池是否被覆盖,盖板是否有破损。

(7)设备及周围卫生环境是否良好。

(8)水泵螺栓连接是否完好。

(9)电动蝶阀动作与反馈信号是否正常。

(10)水泵启动是否频繁。

2.给排水系统消防控制箱检查

(1)控制箱对水泵的远传控制功能是否完好。

(2)控制箱对水泵的现场手动控制功能是否完好。

(3)当主用泵故障,备用泵是否能自动投入运行,同时是否能输出工作泵故障状态信息。

(4)当机组出现过载、过热、缺相、短路和密封泄漏等故障时,控制箱能否立即切断故障水泵的电源并输出故障信息。

(5)每台泵的主开关和分开关是否闭锁。

3.给排水系统BAS检查

(1)检查BAS中每台废水泵的基本状态信息,其中包括启停控制(DO:启动、停止)、运行状态(DI:启动、停止)、手/自动状态(DI:手动、自动)、高水位报警(DI:高位)、故障报警(DI:报警)、开泵水位(DI:开泵水位)和停泵水位(DI:停泵水位)。

(2)检查BAS中每台污水泵的基本状态信息,其中包括启停控制(DO:启动、停止)、运行状态(DI:启动、停止)、手/自动状态(DI:手动、自动)、高水位报警(DI:高位)、故障报警(DI:报警)、开泵水位(DI:开泵水位)和停泵水位(DI:停泵水位)。

(3)检查BAS中每台雨水泵的基本状态信息,其中包括启停控制(DO:启动、停止)、运行状态(DI:启动、停止)、手/自动状态(DI:手动、自动)、高水位报警(DI:高位)、故障报警(DI:报警)、开泵水位(DI:开泵水位)和停泵水位(DI:停泵水位)。

(4)检查BAS中各水池的水位情况。当水位到达高水位时开启水泵运行;当水位到达低水位时停止水泵运行;当水位达到或超过危险水位时,控制两台水泵同时开启运行。

(5)检查BAS的报表信息,其中包括水泵累计运行时间、水泵累计关闭时间、水泵累计启动次数、故障分类及次数。

【总结评价】

评价人:	小组名称:	工作流程 (30分)	团队协作 (20分)	执行情况 (50分)	总分 (100分)
自评					
互评					
					日期:

实训 3-3　水泵维护检修作业

班级：	学号：	姓名：	小组：
实训任务		水泵维护检修作业	

【实训目标】
1. 了解水泵的日常检修内容，并能够在水泵检修过程中发现异常。
2. 能够完成对水泵异常的定位及维护检修。

【实训过程】
水泵检修作业要求：
(1) 检修水泵启动后的排(出)水情况和出水水压是否满足使用要求。如不能满足使用要求，应进行以下检查，以便下一步维修。
①打开泵盖清除叶轮和流道内的杂物，检查压力表状态，若压力表故障，应更换。
②检查水泵转向，若水泵转向不对，对调一对电源接线头，改变水泵转向。
③检查叶轮和减漏环，当磨损深度超过 0.8mm 时需更换磨损零件。
(2) 检查水泵的运行电流是否超过额定值，若超过额定值时，应进行以下检查：
①检查水泵填料压的是否太紧，若出现泵轴弯曲、泵承磨损的情况，应松开压盖，对填料进行重新调整，同时更换泵轴和泵承。
②检查联轴器间隙，运行中二轴相顶，应重新调整联轴器间隙，二轴间隙不应小于 0.5mm。
(3) 检查水泵噪声或振动是否正常（与日常运行情况相比较），若发现情况异常，应进行下列检查：
①检查地脚螺栓是否松动或减振器是否损坏失灵。
②检查联轴器是否不同心或泵轴是否弯曲，若出现此类现象，应调整联轴器（表 3-2）和更换泵轴。

泵轴允许偏差表　　　　　　　表 3-2

项　　目		允　许　偏　差	检 查 方 法
泵水平度(每 m)		0.1mm	水平仪、百分表或塞尺检查
联轴器同心度	轴向倾斜(每 m)	0.8mm	
	径向移位	0.1mm	

③检查叶轮是否损坏或者不平衡，若出现此现象，需清除叶轮内杂物或更换叶轮。
(4) 检查油位是否在两油位线之间或油质是否干净，若出现此种现象，需加油或更换全部润滑油（润滑油选用 N32、N46）。
(5) 检查轴承发热情况，轴承的最高温度不应高于 80℃，发现温度过高应进行下列检查：
①检查轴承是否损坏，轴承座是否磨损，若损坏磨损应更换。
②检查泵轴是否弯曲或联轴器安装时是否未找正，若出现此种现象，需更换泵轴或调整联轴器。
(6) 检查填料函是否发热或漏水，若出现此种现象，应重新调整压盖松紧，使漏水呈滴状连续渗出。出现填料磨损时应更换新填料，机械密封类型水泵密封处漏水量应不大于 5mL/h。
(7) 检查中发现泵体损坏、轴承座磨损时应更换水泵或泵体。
(8) 水泵大修时，应解体水泵，对上述项目全部进行检查，更换磨损零件。

【总结评价】

评价人:	小组名称:	工作流程 (30分)	团队协作 (20分)	执行情况 (50分)	总分 (100分)
自评					
互评					

日期:

任务四 给排水系统应急检修

一、给排水系统应急检修原则与流程

给排水系统故障处理要求遵循城市轨道交通制定的相关规定及要求,具体而言,即"先通后复",尽可能减少故障对正常运营设备的影响。

事故(故障)抢修流程如下:

(1)故障报告人通过电话向生产调度汇报设备故障情况。

(2)生产调度通知车间值班人员设备故障情况,同时下发维修作业令。

(3)车间值班人员接收到故障通知后,领取维修作业令。

(4)车间值班人员根据故障通知及作业令,填写故障处理单。

(5)车间值班人员电话通知维修人员,发出故障处理单,如有需要时还应与生产调度联系抢修车辆。

(6)维修人员接收到故障通知后,领取故障处理单及维修作业令。

(7)维修人员凭故障处理单领取所故障处理需物料及工具。

(8)维修人员带齐物料及工具后到指定乘车点搭乘抢修车辆。

(9)抢修车辆至故障抢修点后,在原地待命,以备抢修急用。

(10)维修人员到达故障车站后,到车站控制室进行作业登记,领取钥匙进行作业。

(11)维修人员作业完毕,到车站控制室消点消令(撤销作业时间和维修作业令)。

(12)维修人员搭乘抢修车辆或通知抢修车辆返回。

(13)维修人员填写并返回故障处理单及维修作业令。

(14)维修人员将事故(故障)情况和处理情况报告车间主管主任和技术负责人,由技术负责人进行事故(故障)分析,并采取相应措施防止类似情况再次发生。

二、应急检修过程中各部门人员的职责

(一)行车调度员职责

行车调度员应及时了解设备异常情况是否影响到列车运行和乘客进、出车站,当无法正

常运行列车时,应提供最基本的客运服务,按照相应的控制中心应急程序合理调度列车,通知相关部门和车站做好乘务和客运组织工作;应及时了解设备抢险进度,在条件允许的情况下及时恢复列车的正常运营。

(二)环控调度员职责

环控调度员应及时了解设备异常情况对车站环境带来的影响,通知车站工作人员进行确认并进行应急操作工作;当车站环境或设备无法提供基本的客运服务时,应按照相应的控制中心应急程序执行相关的环控系统模式,停用或启用相关机电设备。

(三)部门调度员职责

部门调度员应及时了解设备的故障或异常情况,将故障信息通报相关部门,按照"先通后复"的原则组织维修人员进行抢险救援工作,尽快恢复正常的运营服务,并进一步跟踪落实设备维修完善。

(四)车务人员职责

(1)及时报告设备异常或故障的具体情况,并按照调度要求进行现场确认,保持与调度联系,上报事情发展的最新情况。

(2)若发现有乘客受伤或伤亡,应通知车站控制室联系救护车,保障第一时间抢救伤员。

(3)对受困人员进行紧急的救援,并对受困人员尽可能提供安抚。

(4)对无法投入使用的客运服务设备,应及时设置安全护栏同时停用标识牌。

(5)对维修人员提供必要的协助。

(6)对事件过程如实进行记录,并积极协助事故调查人员调查事故原因。

(五)维修人员职责

(1)接到故障抢险通知后,维修人员应根据故障情况携带相关工器具赶赴现场救援排除故障。

(2)按照"先通后复"的原则组织抢险维修,保证在最短的时间内恢复正常的运营服务。

(3)及时将设备故障情况和所需的支援上报部门调度或上级部门。

(4)排除故障,调查清除故障原因后,应对设备进行测试,确认设备正常后,恢复设备运行。

(5)及时将设备恢复的情况上报部门调度,并做好故障处理记录。

(6)进行设备故障原因调查,提交分析报告,落实整改措施。

三、常见给排水设备故障应急检修

(一)特殊情况应急处理

1.发生误喷

(1)应立即关闭湿式报警阀前的蝶阀。若此时喷淋泵启动,则应立即关闭喷淋泵,再进行系统复位。

(2)将误喷情况上报至总调度员和环控调度员。

(3)自动喷水灭火系统修复后,将系统恢复自动状态。

2. 水压波动及超压

在正常情况下,自动喷水灭火系统的供水压力为 0.15～0.5MPa。当自动喷水灭火系统水压大于 0.6MPa 或水压波动时,应进行如下操作:

(1)当消防泵因供水水压波动引起误启动时,应立即停泵,并对系统进行放水卸压处理,待系统压力正常后,将系统恢复自动状态。

(2)当自动喷水灭火系统水压大于 0.6MPa,自动喷水灭火系统并未引起误启动时,需对系统进行放水卸压处理,待系统压力正常后,将系统恢复自动状态。

(二)车站设备发生故障时的检修

1. 消火栓系统管道发生跑水

由于消火栓系统主管道为 DN150～200mm,而地下车站管道内的水压较高,为 0.2～0.4MPa。如管道损坏发生跑水,则将影响城市轨道交通的正常运行,当出现管道跑水时的处理方法如下。

(1)当跑水发生在区间隧道内管道中:

①立即关闭该隧道两端头的消火栓供水阀门,切断水源。

②查明情况后上报调度员,执行调度员指令。

③维修人员进入隧道并查明跑水原因,关闭跑水点两端供水阀门,打开其余的被关闭供水阀门。

④检查管道损坏情况,采用快速堵漏装置或其他方式修复管道,恢复消防供水。

(2)当跑水发生在车站:

①关闭跑水点两端阀门,切断水源。

②必要时切断本车站的消火栓系统管网水源。操作时应关闭的阀门包括消防泵房内两台消火栓增压水泵的出水口阀门(切断市政自来水管的供水),以及车站通向相邻区间隧道内的消火栓管道阀门(切断车站与区间隧道内消火栓管道的水流)。

③查明跑水原因,关闭跑水点两端的阀门,打开其余的被关闭阀门。

④采用快速堵漏装置或其他方式修复管道,修复管道恢复供水。

⑤地面车站之间由于消火栓系统是不联通的,所以处理起来比较简单,只需切断市政自来水管对车站消防系统供水即可。

2. 自动喷水灭火系统供水管道跑水

(1)立即关闭车站内报警阀的供水阀门,必要时可关闭自动喷水灭火系统的两台增压水泵出水口阀门,将自动喷水灭火系统增压水泵设置于手动位置。

(2)查明跑水原因,修复设备,恢复供水。

(3)自动喷水灭火系统恢复后应进行系统调试,以防自动喷水灭火系统误启动,影响城市轨道交通的正常运营。

3. 市政自来水管网供水水源中断

因自动喷水灭火系统设备已投入自动运行状态,当发现消防供水中断或需要切断消防供水时,为防止系统误动,应将增压泵调至于手动位置。

4. 车站自动喷水灭火系统玻璃球洒水喷头发生误喷或管道发生漏水

紧急关停自动喷水灭火系统水泵,就地控制箱转换开关调至"就地"档。立即关闭车站内报警阀的供水阀门,必要时可关闭该系统两台增压水泵出水口阀门。打开卸水阀门和末端试验防水阀放水。

(1)通知抢修及时修复设备。

(2)完整、真实地记录事件过程。

5. 排水泵故障不能排水

(1)当主用/备用排水泵均发生故障,短时间内无法修复,同时集水池水位已处于高水位情况下,运行值班人员应立即投入应急排水泵,从泵房排水管的应急排水接口排水。没有应急排水接口装置的泵站,可用塑料排水带排水,随后由管理单位对设备进行抢修。

(2)投入应急排水泵的数量根据实际情况以及排水泵的流量、扬程确定。

(3)抢修人员应集中力量先修复一台排水泵,使之投入运用。

6. 排水泵排水管道止回阀故障

(1)立即启泵排水至低水位,然后关闭排水管道阀门和停泵。

(2)在故障未排除前,抢修操作人员必须手动控制排水。将排水泵启动后,立即打开排水阀门,排水至低水位后关闭阀门停泵。

(3)更换或修复止回阀。

7. 雨水进入车站,且超过车站排水能力时采取的措施

(1)投入应急排水泵排水,将积水排出车站。

(2)立即向上级汇报,组织更多人力及排水设备将积水排出车站。

实训3-4　管道跑水时的设备操作与抢修

班级:	学号:	姓名:	小组:
实训任务	管道跑水时的设备操作与抢修		

【实训目标】

当发生管道跑水时,能够迅速定位故障原因,组织抢修。

【实训过程】

1. 处理思路

(1)关闭车站两路消防引入管总进水阀门(切断市政进入车站的供水)。

(2)关闭通往相邻车站及相邻上、下行区间联络阀门(切断通往相邻车站、区间的消防水)。

(3)打开消火栓(由于消火栓处于消防管网压力最大点,此时打开消火栓即对管网进行泄压,需注意泄压用的消火栓应避免采用公共区域内的,以免造成站台大面积积水)。

(4)更换爆裂的波纹补偿管,并确认无漏水、渗水现象。

(5)打开车站两路消防引入管总进水阀门及通往相邻车站及相邻上、下行区间联络阀门。

2. 所需工具(表3-3)

管道跑水抢修工具 表3-3

序　号	物资名称	型号规格	数量	单　位	备　注
1	内六角扳手	公制 2.5~12mm 十件套	1	套	

续上表

序　号	物资名称	型号规格	数　量	单　位	备　注
2	手动葫芦	3t,5m	2	个	
3	荧光衣	大号,中号	6	件	各3件
4	钳工锤	1.0kg	1	把	
5	数字电流钳表	0~1000A	1	块	
6	钢丝绳	$\phi 12mm$	20	m	
7	钢丝绳接头	$\phi 12mm$	6	个	
8	信号灯	—	2	个	车站提供
9	试电笔	0~500V	2	支	
10	兆欧姆	500V	1	个	
11	对讲机	—	1	对	车站提供

3.具体实施步骤

(1)车站接报后,由当日值班人员负责组织抢修。

①通知车站工作人员关闭爆裂区间两端消防蝶阀。

②与控制中心联系,封锁事故区段线路,站台设置红闪灯。

③组织专业维修人员及工器具,到指定地点集合候车。

④申请抢修用工程车,同时要求车务部门派人现场协助。

⑤各项准备工作就绪后,开工程车赶往事故现场。

(2)抢修人员分工及安全注意事项。

①第一组(6人):负责拆、装水管及检查、关闭区间爆裂水管两端蝶阀;第二组(4人):负责运送水管。

②抢修安装注意事项:严格遵守地铁《维修安全规章》的规定,做好安全防范措施,防止发生工伤事故。

(3)事故处理现场。

①经抢修队长确定爆管长度后,命令第一组人员用活动扳手在两端将柔性卡箍拆下,然后将第二组人员运送的镀锌钢管割好并对好位,经抢险队长确认无误后,再装上柔性卡箍并试漏试压。

②所有抢修工作结束后,出清路线。

③向车站控制室、OCC汇报修复情况和线路出清情况,车站和控制中心解除线路封锁,运营车辆恢复运行。

④抢修人员回车间向轮值汇报。

(4)车间值班人员再通知生产调度。

(5)总结分析事故发生的原因,出具事故报告。

【总结评价】

评价人:	小组名称:	工作流程 (30分)	团队协作 (20分)	执行情况 (50分)	总分 (100分)
自评					
互评					

日期:

课后互动

1. 简述车站给排水系统的分类。
2. 简述车站给排水设备的名称。
3. 简述车站运营管理的内容。
4. 简述给排水专业检修工程师的工作职责及内容。
5. 简述潜水泵的装配及检修过程。

项目四　环境与设备监控系统

学习目标

1. 了解 BAS 的功能和结构；
2. 掌握 BAS 设备功能和基本操作；
3. 学会 BAS 维护管理方法；
4. 能够对 BAS 设备故障进行分析与检修。

思维导图

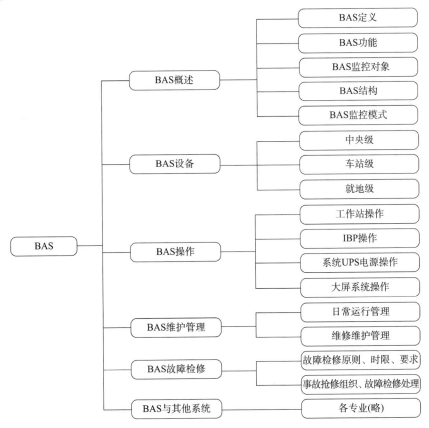

情境设置

李明跟着师傅对地铁车站的 BAS 进行排查,李明意识到地铁里的 BAS 真是太重要了,这让他想起 2003 年 2 月 18 日,韩国大邱市地铁中央路站发生的特大火灾事故,造成 198 人死亡,146人受伤,298人失踪,损失惨重。李明跟师傅说,如果当年韩国大邱地铁车站能够按照规程实施全方位的监控,实现消防报警系统、通风排烟系统、疏散照明系统的联动,或许会有更多乘客能够逃生,避免造成如此巨大的伤害和损失。

任务一 BAS概述

一、BAS定义

2013年8月,住房和城乡建设部联合国家质量监督检验检疫总局发布了国家标准《地铁设计规范》(GB 50157—2013),标准中将BAS定义为"对城市轨道交通建筑物内的环境与空气调节、通风、给排水、照明、乘客导向、自动扶梯及电梯、站台门、防淹门等建筑设备和系统进行集中监视、控制和管理的系统"。

BAS的主要作用如下:
(1)控制环控机电设备运转,监视设备状态,提高操作、管理及维护的自动化水平。
(2)车站环境控制,为乘客提供舒适的乘车环境。
①站厅:温度 28 ± 1 ℃,相对湿度 $60\% \sim 70\%$。
②站台:温度 26 ± 1 ℃,相对湿度 $60\% \sim 70\%$。
(3)安全保障,列车阻塞时通风,火灾时防排烟。
(4)节能控制,提高效益。

二、BAS功能

在我国城市轨道交通中,各条线路采用的BAS不尽相同,但每条线路的BAS必须具有数据管理功能、显示功能、控制功能、报警功能和权限管理功能。

(一)数据管理功能

数据管理功能包括数据的记录、采集、归类、传输和管理使用,如图4-1所示。

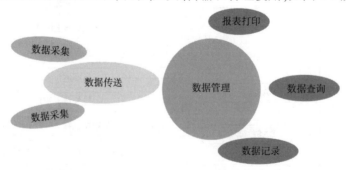

图4-1 数据管理功能

在城市轨道交通运营中,值班站长需要对数据进行查询、报表打印、事故分析等数据管理功能。对于维修人员,数据管理功能更为重要,机电设备的运行时间统计、运行状态统计、运行故障分析,改善维护保养方案,提高维护保养效率,这些都需要设备运行数据的支撑。

采集数据的种类包括设备阀门开/关状态,监视端子状态,模拟量(温度、湿度、压力)等开关量。数据的管理使用包括报表打印、数据记录和数据查询等功能。

(二)显示功能

显示功能可实时显示设备及系统的工作状态、故障状态和具体故障点,如图4-2所示。显示功能对于值班站长极为重要,为其提供充足的信息支持,使其能够迅速发现故障位置和故障类型,从而做出正确的工作判断和处理操作,这在发生火灾工况下尤为重要。

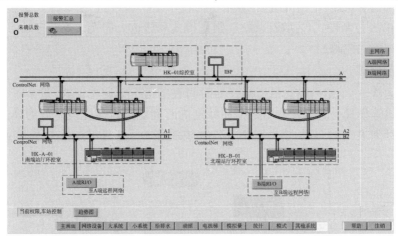

图4-2 北京地铁4号线设备监控系统显示界面

(三)控制功能

控制功能可实现对机电设备的控制,包括单点控制、模式控制、时间表控制和系统联动控制。

1. 单点控制

从人机交互界面,选择一个对象进行遥控操作,如风机和水泵等,如图4-3所示。

图4-3 单点控制

2. 模式控制

模式控制是中央级和车站级BAS的主要控制方式,由一组预设的操作命令构成,实现某一组特定的功能,如图4-4所示。

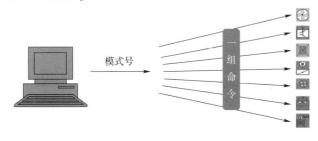

图4-4 模式控制

BAS 的模式包括通风系统模式、照明系统模式和空调水系统模式等。其中,通风系统模式控制的是车站内的风机风阀等设备;照明系统模式控制的是车站内的照明设备、三级负荷、二级负荷等;空调水系统模式控制的是空调机组、动态平衡阀等。例如,当地铁站内发生火灾时,BAS 能够准确地执行火灾发生地模式控制。其中,主要执行的模式是通风系统模式,其主要作用是通风、排风、排烟,同时其他系统也能够联动执行,如照明关闭、只开应急照明、三级/二级负荷切断、空调机组关闭等。

中央级 BAS 控制模式包括夜间模式、阻塞模式和隧道火灾模式等。车站级 BAS 控制模式主要是正常模式控制。

3. 时间表控制

在正常运营时,车站一般会根据排好的时间表来运行空调季模式、过渡季模式、冬季模式和全停模式等模式。时间表控制是指在特定的时间点运行事先设定好的模式,根据用户预先设置的时刻表定时自动向设备发出各种控制指令,包括单点控制和模式控制等,如图 4-5 所示。

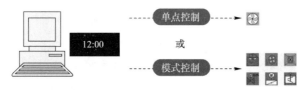

图 4-5　时间表控制

时间表程序同时可允许多个基本遥控和组控功能的执行。操作员可查询、管理时间表,时间表程序最终下载到 BAS 的 PLC 中独立运行。

4. 系统联动控制

系统联动控制是指系统内部或子系统之间的自动触发控制。例如,当通风系统中某系统发生火灾时,其余系统会执行全停模式,如图 4-6 所示。

图 4-6　系统联动控制

想一想

各种控制模式之间的关系如何?

(四)报警功能

用户可以定义报警级别,根据报警级别优先处理级别高的事件,如图 4-7 所示。报警后,报警界面会显示在工作站上,用户可以在第一时间发现报警信息。报警信息对于城市轨道交通安全运营至关重要,小到一个设备故障,影响乘客出行体验;大到发生火灾造成设备故障,影响乘客、工作人员的生命、财产安全。

项目四 环境与设备监控系统

图 4-7 报警功能

(五)权限管理

所有操作 BAS 的工作人员都必须输入口令,系统根据设定的权限,开放不同的操作功能。一般分为参观者、操作员和管理员三个用户等级,见表 4-1。

权 限 管 理　　　　　　　　　　表 4-1

用户等级	查看状态	操作设备	更改模式	用户权限管理
参观者	√	—	—	—
操作员	√	√	√	—
管理员	√	√	√	√

注:"√"为具备该项目权限,"—"为无权限。

三、BAS 结构

BAS 结构上可以分为中央监控工作站、通信网络及监控子站三个部分,如图 4-8 所示。

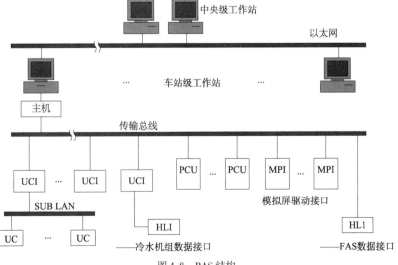

图 4-8 BAS 结构

(一)中央监控工作站

中央监控工作站由中央监控网络、运营控制中心(OCC)冗余实时服务器、冗余历史服务器、磁盘阵列、磁带记录装置、各类操作员工作站(总调工作站、电调工作站、环调工作站、维调工作站)、冗余互联系统的网关装置[前端处理器(FEP)或通信控制器]、不间断电源、打印机、网络管理系统(NMS)和大屏幕系统(OPS)等组成。

中央级主要负责监视车站环控设备状态和车站的环境状况,并向各车站下达控制命令。监视各车站通风空调、冷水机组系统、隧道通风系统等通风空调设备的运行状态,以及各车站及区间隧道给排水设备的运行状态;显示并记录各车站各测试点的温、湿度以及通风空调系统和给排水系统的运行状态。

车站被控设备运行状态、报警信号及测试点数据及时送至OCC,在OCC的监控站上,所有的报警信息具有相应的报警功能和方式,如具有声光报警、报警画面弹出的功能,提醒操作人员。对于不同级别的报警有不同的显示状态,同时要求有确认的功能。对操作信息、报警信息、确认和处理信息进行实时记录和存储的记录。既可进行故障查询和分析,也可以自行编辑报表,还可自动生成日、周、月报表;具有信息打印功能,能打印各类数据统计报表、操作和报警信息。

(二)通信网络

通信网络大致可以分为三部分,即主干传输网、中央局域网和现场总线网。

1. 主干传输网

主干传输网通过通信系统提供的单模光纤实现BAS控制中心与各车站、车辆段局域网的连接。中央、车站和车辆段与主干网的连接采用1000Mbit/s单模光纤接口。主干传输网的交换设备应为工业级的以太网交换机。主干网采用冗余双环拓扑结构进行构建;局域网包括控制中心、各车站、车辆段的BAS内部局域网。

2. 中央局域网

中央局域网为双冗余1000Mbit/s以太网,符合IEEE 802.3系列的相关标准,采用千兆工业以太网交换机,配置千兆单模光纤接口模块,用于与主干传输网络的连接。工业以太网交换机需具备路由功能,为便于布线,在控制中心的中央控制室考虑另设两台工业以太网交换机。车站级局域网为双冗余1000Mbit/s以太网,符合IEEE802.3系列的相关标准,采用冗余工业以太网交换机,通过千兆单模光纤接口连接主干传输网络。

3. 现场总线网络

现场总线(Field Bus)技术是实现现场级控制设备数字化通信的一种工业现场级网络通信技术。通过使用一条通信电缆与智能化、带有通信接口的现场设备连接,用数字化通信代替4~20mA/24VDC信号,完成现场设备控制、监测、信息传递等功能。

(三)监控子站

监控子站在机电设备相对集中的现场设置现场控制器,完成对通风空调、给排水、电扶梯、照明等设备的监控。各种具备通信接口的机电设备通过通信网关接入BAS通信网络,实现与中央监控系统的通信。监控子站执行车站级PLC的控制指令,并能采集和记录车站及区间机电设备的运行状态,故障报警信息和监测数据,报送车站级PLC。

现场控制器接收安装于各测试点内的传感器、检测器的信息,按内部预先设置的参数和执行程序自动实施对相应机电设备的监控,或随时接收监控工作站及中央系统发来的指令信息,调整参数或有关执行程序,改变对相应机电设备的监控要求。

四、BAS 监控内容

BAS 的主要监控对象包括通风空调系统、给排水系统、低压配电系统(P&L),以及屏蔽门系统、电扶梯系统等,如图 4-9 所示。

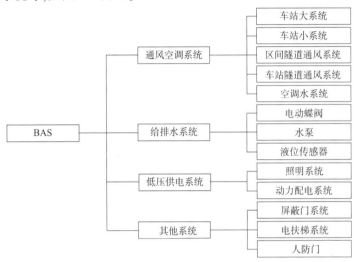

图 4-9　BAS 总体监控图

(一)通风空调系统

1. 监控对象

BAS 对通风空调系统的监控对象包括车站公共区域的空调、通风及防排烟系统(大系统),车站设备及附属管理用房的空调、通风、防排烟系统(小系统),区间隧道通风系统,车站隧道通风系统,冷冻、冷却水系统(空调水系统)。

1)车站大系统

BAS 对车站大系统的监控对象包括组合式空调机组、新风机、回/排风机(兼排烟功能)、相关风阀、传感器/执行器等,如图 4-10 所示。

a)组合式空调机组

b)电动风阀

图　4-10

　　　　c)传感器　　　　　　　　d)执行器　　　　　　e)二通阀

图 4-10　BAS 对车站大系统的监控对象

2)车站小系统

BAS 对车站小系统的监控对象包括小型空调机组、送风机、抽风机(兼排烟功能)、相关风阀、传感器/执行器等,如图 4-11 所示。

　　a)小型空调机组　　　　　　　b)送风机、抽风机

　c)房间式温度传感器　　　　d)风管式温度传感器

图 4-11　BAS 对车站小系统的监控对象

3)区间隧道通风系统

BAS 对区间隧道通风系统的监控对象包括车站两端共 4 台 TVF(TVF 风机)、射流风机、相关风阀,如图 4-12 所示。

　　　a)区间隧道　　　　　　　　b)TVF 风机

图 4-12　BAS 对区间隧道通风系统的监控对象

4) 车站隧道通风系统

BAS 对车站隧道通风系统的监控对象包括车站隧道两端上方共 2 台排热风机 [UPE/OTE 风机 (双速)]、相关风阀等,如图 4-13 所示。

图 4-13　BAS 对车站隧道通风系统(UPE/OTE 风机)的监控对象

5) 空调水系统

BAS 对空调水系统的监控对象包括冷水机组、冷却塔、冷冻水泵、冷却水泵、蝶阀、传感器/执行器等,如图 4-14 所示。

a)离心式冷水机组

b)活塞式冷水机组

c)冷却塔

d)冷冻(冷却)水泵

图 4-14　BAS 对空调水系统的监控对象

2. 监控内容

1) 空调机组

BAS 对空调机组的监控内容包括新风温度、湿度,过滤器堵塞报警,送/回风温度、湿度,空气质量,防冻开关状态,分机压差报警,送/回风机运行状态监测,加湿器阀门开关控制,新风口风门开度控制,回风/排风风门开度控制,冷/热水阀门开度调节。

2）新风系统

BAS对新风系统的监控内容包括送风温湿度、风机两侧压差、风机故障报警、空气过滤器两侧压差、风机启停控制、冷水阀门开度、控制加湿阀开关、新风阀门开度。

3）冷热源系统

BAS对冷热源系统的监控内容包括冷冻水总供回水温度及总回水流量、冷冻水供回水旁通压力差值、冷却水总回水温度、冷却塔供回水温度、冷冻机组、冷冻水泵、冷却塔风扇及冷却水泵运行状态并记录累计运行时间、冷冻机组、冷冻水泵、冷却塔风扇及冷却水泵运行状态和故障报警、冷冻水膨胀水箱高低水位报警、冷冻水及冷却水旁通阀门开度、冷冻机组、冷冻水泵、冷却塔风扇及冷却水泵启停控制、冷冻机组、冷却水及冷冻水路电动阀门开关、冷却塔电动阀门等。

（二）给排水系统

1. 监控对象

BAS对给排水系统的监控对象包括市政引入管、区间给水管的电动蝶阀、排水泵、污水泵、雨水泵、废水泵等各类水泵及液位传感器，如图4-15所示。

a)电动蝶阀　　　　　b)污水泵

图4-15　BAS对给排水系统的监控对象

2. 监控内容

BAS对给排水系统的监控内容包括各水泵或水处理设备的开关状态、故障状态、手/自动状态，各水池的高低水位是否超过极限值。

（三）低压供电系统

1. 监控对象

（1）BAS对照明系统的监控对象包括工作照明、节电照明、广告照明、出入口照明、区间照明、事故照明电源等，如图4-16所示。

a)广告照明　　　　　b)区间照明

图4-16　BAS对照明系统的监控对象

（2）BAS 对动力配电系统中的 0.4kV 低压开关柜只监测不控制。

2. 监视内容

使用 PLC 监控各楼层公共照明配电回路接触器开关状态、故障状态、手动/自动状态，监视动力配电系统开关状态。

3. 控制方式

OCC 和车站综控室控制公共区照明，就地级控制设备区照明，见表 4-2。

照明系统控制方式　　　　　　　　　　　　　　　表 4-2

监控对象	OCC	车站综控室	就地级
公共区照明	√	√	—
设备区照明	—	—	√

注："√"为具备该项目权限，"—"为无权限。

（四）其他系统

BAS 对屏蔽门系统、电扶梯系统、ASD（防淹门）系统等只监不控，即只监视其工作状态，产生必要的报警信息，不进行控制。

1. 屏蔽门系统

BAS 监视屏蔽门系统的开关状态、系统故障、电源故障，并通过 R-485 通信传输数据，如图 4-17 所示。

图 4-17　屏蔽门系统

2. 电扶梯系统

BAS 监视自动扶梯（站台、出入口）和升降电梯的运行、故障、火警信号和工作时间统计等，如特殊要求还可以监视电梯的上行、下行状态及楼层显示，如图 4-18 所示。

a) 自动扶梯　　　　　b) 升降电梯

图 4-18　电扶梯系统

3. ASD(防淹门)

BAS 对 ASD(防淹门)的监视对象为各地下车站 ASD 的开闭状态。

BAS 监视到屏蔽门故障,应该如何处理?

五、BAS 监控模式

BAS 除根据正常、阻塞、火灾等环控工况运行要求对设备进行模式控制外,还包括时间程序控制、风机与阀门的联锁控制以及风机间联锁控制和顺序控制。其监控模式如图 4-19 所示。

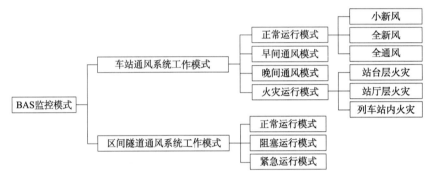

图 4-19 BAS 监控模式

(一)车站通风系统工作模式

1. 正常运行模式

车站正常运行模式包括小新风、全新风和全通风三种工况。

2. 早间通风模式

早间通风模式是指列车每日运营前半个小时,当现场控制器接到此模式指令后,马上关闭所有的自然通风风阀。开启隧道风机和风阀,进行半小时的预定模式机械通风(此时,车站隧道通风系统关闭),通风完毕后进入正常运行模式。

3. 晚间通风模式

晚间通风模式是指列车每日运营后半小时,当现场控制器接到此模式指令后,马上关闭所有自然风风阀,开启隧道风机和风阀,进行半小时的预定模式机械排风(此时,车站隧道通风系统关闭),排风完毕后,停风机和风阀,打开所有自然风风阀。

4. 火灾运行模式

火灾运行模式可分为站台层火灾、站厅层火灾和列车站内火灾。

(二)区间隧道通风系统工作模式

1. 正常运行模式

隧道通风风井运行,利用列车活塞运动把热空气排出去,使冷空气进来。

在正常运行模式工况下,可以采用"按时间表答法"或"根据季节气候"的方式,如图 4-20 所示。

项目四 环境与设备监控系统

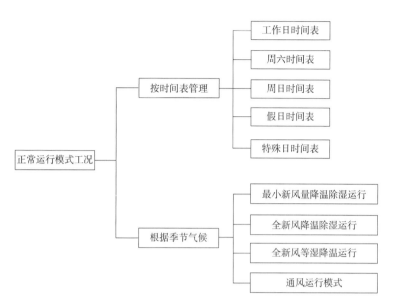

图 4-20 正常运行模式工况

1）按时间表答法

时间表用于能自动启动或停止若干套环控系统设备。OCC 操作人员为每个车站制订并维护运行时间表。典型的时间表有工作日时间表、周六时间表、周日时间表、假日时间表、特殊日时间表。每日早间、夜间的运行模式按当日时间表控制自动完成。

2）根据季节气候

根据季节气候因素，全年空调通风运行划分为四种主要工况模式，即最小新风量降温除湿运行、全新风降温除湿运行、全新风等湿降温运行、通风运行模式。四种主要工况模式在一天内不可以多次转换，在运行初期根据预测客流以及季节气候的情况执行。车站级监控站在取得 OCC 操作人员授权的情况下，可根据统计数据修订时间表，进行模式的控制和工况的转换控制。

2. 阻塞运行模式

当列车停在隧道内超过了预设的时间，隧道通风系统要产生一个沿列车运动方向的纵向气流。在堵塞运行时平均干球隧道气温不高于 40℃。

3. 紧急运行模式

当列车故障（如列车失火）时，在受影响的隧道区间提供排烟模式，定向排出烟雾，允许乘客从另一个方向逃离。

特别要注意的是，当发生车辆阻塞、火灾事故时，阻塞、火灾模式的运行可以按规定条件经触发（激活）自动运行。一旦 BAS 监测到一系列特定条件，那么某种模式将被自动激活。模式的激活也可以是半自动的，如灾害报警监控系统向值班操作员发出报警信息并发出操作提示，由操作人员确认通风空调模式后再执行。模式的激活也可以人工触发，由车站值班操作员接收中央级 OCC 操作人员的模式命令后，人工启动需要的模式运行，即软手操功能。

总之，对于所有被监控的设备，都可以在车站级至 OCC 中央级工作站上实现单独控制、联锁联动控制,以及各种手动或自动控制模式。模式的实施执行情况将受到监测,如果监测到联锁控制和顺序控制是错误的操作,系统将拒绝执行,发出报警直到恢复正常状态,即系统具有自诊断功能。

当发生火灾时,BAS 如何工作?

任务二　BAS 设备

BAS 是由大量设备组成的庞大系统,有的设备负责监视,有的设备负责控制,有的设备负责网络通信,所有的设备按照层级划分可以分为中央级、车站级和就地级三个层级。尽管不同的线路选取的 BAS 厂商不同,但是 BAS 基本分层结构相同,接下来介绍每一层级包括的各种设备类型和基本功能。

一、中央级

BAS 中央级设于城市轨道交通线路的控制中心,为轨道交通线路环控调度提供监控全线通风空调系统设备状态和全线环境状况的操作平台,具备向各站统一发布控制命令的功能,定时记录设备运行状态和车站温度、湿度等原始数据,同时可根据操作人员的需要绘制曲线图、定制报表等。BAS 中央级主要设备由工作站、服务器、大屏幕投影等组成。

控制中心工作站和服务器作为 BAS 的中心级监控管理系统设备,负责采集全线各车站 BAS 的设备状态信息和当前的环境参数。当列车阻塞在区间隧道时,向相邻车站发布阻塞模式指令。当发生火灾时,可向火灾相邻车站发布火灾模式指令。平时可对全线车站各种模式进行可编程操作和模式下载操作。

(一) 工作站

BAS 工作站是中央级设备的重要组成设备,主要对环控调度员显示整个线路车站机电设备的运行情况,如图 4-21 所示。环控调度员可以根据系统的实际情况对车站机电设备进行工况调节控制,如正常通风工况转火灾工况。

图 4-21　中央级工作站

中央级工作站具备远程控制功能,通过操作工作站对全线重要监控对象的状态、性能数据进行实时的收集处理,以图形、图像、表格和文本的形式显示,供环控调度员控制和监视,并且根据一定的逻辑关系自动向分布在各站点的被监控对象或系统发送模式、程控、点控命令,或者由环控调度员人工发布控制命令,从而完成对全线环境、设备的集中控制与显示,实现远程控制。

(二)服务器

BAS 服务器负责系统数据存储,系统服务器一般配备数据记录设备、打印机等。数据记录设备可提供系统历史数据备份、归档信息。BAS 服务器具有存储容量大、可靠性高、读取速率快、维护方便等特点,如图 4-22 所示。

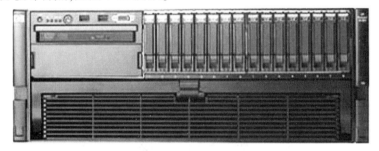

图 4-22　BAS 服务器

(三)大屏系统

BAS 的大屏系统可以直观地显示全线重要机电设备运行状态、重要报警、主要运行参数等,便于线路环控调度员、行车调度员及维修调度员掌握线路总体机电设备运行情况,及时发现设备问题,如图 4-23 所示。其主要显示内容包括如下:

(1)隧道通风设备运行信息。

(2)列车阻塞信息。

(3)车站区域火灾信息。

(4)车站主要机电设备运行信息。

(5)车站温度信息。

图 4-23　BAS 的大屏系统

二、车站级

BAS 车站级设于城市轨道交通线路的车站,为车站工作人员提供相应的 HMI,监控本站及所辖区间隧道的通风空调系统、给排水、广告照明及疏散指示、屏蔽门、防淹门、车站事故照明及疏散指示电源等设备的运行状态。其主要设备有工作站、综合紧急操作盘、BAS 工程师站等。

(一)工作站

工作站是车站级设备的主要组成设备,主要面对车站工作人员,显示整个车站机电设备的运行情况。车站工作人员可以根据系统的实际情况对车站机电设备进行工况、单体设备调节控制,工作站通常配有在线式不间断电源和历史报表打印机,如图 4-24 所示。

图 4-24　车站级工作站

(二)IBP

在车站控制室设有 IBP,用于实现火灾、列车阻塞等特殊情况下对车站各系统的应急操作,控制相关系统设备的模式。盘面布置由 ISCS 完成,盘内 RI/O 及与火灾报警系统(FAS)进行通信连接的网关设备由 BAS 提供,其他由 ISCS 提供并集成,如图 4-25 所示。IBP 上设置手动按钮装置,其发出的控制信号输入 BAS IBP,RI/O,RI/O 将信号传送到 BAS 冗余主控制器,从而运行相应的火灾模式。当出现紧急情况时,可以利用 IBP 进行火灾或列车阻塞情况下相关系统设备的模式控制。

图 4-25　IBP

IBP 主要承担了以下三方面的功能：

(1) FAS 接口。作为和车站 FAS 的接口，实时接收由 FAS 传送的经过确认的火灾报警信息，为实现车站火灾工况时的联动控制功能提供接口。

(2) 盘面控制功能。用于对盘面后备模式监控与操作的按钮及指示灯进行逻辑判断与控制。

(3) 后备模式监控与操作功能。在紧急情况下，IBP 支持模式后备的触发功能，并产生模式号（这些模式包括但不限于隧道风系统阻塞及火灾模式，车站各个风系统的火灾模式及区间给水设备的紧急手动控制等），由 IBP 触发的模式命令在车站具有最高优先级，该命令将传递给车站环控系统控制器，从而实现进一步的相关系统设备的模式控制功能。

IBP 都能控制哪些设备？

（三）BAS 工程师站

在车站环控电控室设置的 BAS 工程师站既具有车站级维护检修管理的功能，也具有对整个车站的 BAS 监控对象进行监控操作管理的功能，可作为 ISCS 监控工作站的后备。在正常及事故情况下，BAS 工程师站对车站 BAS 的设备进行监视、控制和管理，如图 4-26 所示。

所有车站设备的状态、模式控制均在车站 BAS 工程师站上显示。在工程师站上，不仅可以实现车站所有软件功能的操作、系统的组态、参数的设定、数据库的生成等，监视该车站 BAS 向 ISCS 发送数据的情况，还可以实现各类故障的声光报警功能。

图 4-26　BAS 工程师站

三、就地级

BAS 就地级通常集中于通风空调系统电控室、车站的重要房间（水泵房、冷水机房等）及公共区域等场所，实现对所监控设备的直接控制，并传送设备的运行状态及故障信息到车站工作站，执行车站级发出的指令。就地级设备由控制器、传感设备和执行机构等组成。

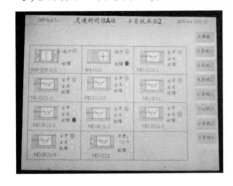

图 4-27　BAS 控制柜界面

（一）控制器

BAS 的就地控制器一般主要集中设置于车站或相关建筑的通风空调系统电控室内，部分分散设置于现场被监控设备的附近，为提高 BAS 的可靠性，主控制器可采用冗余配置。图 4-27 为 BAS 控制柜界面。

BAS 的就地控制器可实现对被监控设备顺序动

作控制,同时具备软件联锁保护功能,并联设备故障切换控制,并联设备运行时间平衡计算及选择控制。采集及存储的系统各种运行参数通过一定的计算来实现环境和设备优化控制制。对中央级、车站级下达的控制指令和控制模式、设定值的更改和其他关联参数的修正,由现场控制器处理后执行。

(二)传感设备及二通阀

BAS 的传感设备有温度传感器、湿度传感器以及水温、压力、压差、流量、液位传感器和二通阀等,如图 4-28 所示。

图 4-28 传感器及二通阀

温、湿度传感器是指能将温度量和湿度量转换成容易被测量处理的电信号的设备或装置,一般测量温度量和相对湿度量。在公共区域站厅、站台、上下行线隧道口、新风道、混合室、送风室及重要设备房分别设置温、湿度传感器,测量环境中需要重点监测及控制的参数。

水温、压力、压差、流量、液位等传感器分布在水系统管路上,监测水系统重要参数及控制参量。

二通阀是指具有两个管路的控制阀。二通阀执行机构分布在冷冻水管路上,设置二通或三通流量调节阀,对冷量进行调节。二通阀打开,冷冻水流通;二通阀关闭,冷冻水截止。

(三)执行机构

环控电控室内智能低压开关柜通过由低压设置的网关设备及现场总线连接到 BAS 冗余控制器。BAS 冗余控制器通过现场总线可以对隧道风机、区间风机、相关风阀、电动蝶阀、新风机、送风机、回/排风机、排烟风机及组合式空调机等设备进行监控。

(1)环控电控柜内的变频器通过现场总线连接控制器,实现对隧道风机等使用变频器设备的监控。

(2)现场其他设备通过控制箱内的 RI/O,然后经过现场总线连接到控制器,主要负责二通调节阀、各种传感器(含压力、流量、温度、湿度)等设备的监控。

(3)冷水机组通过现场总线和控制器连接,实现二者之间的数据通信,从而实现对冷水机组进行监控,并获取冷水机组的运行参数。

(4)UPS 通过现场总线连接到控制器,从而实现 BAS 对 UPS 的状态监视和故障报警。

(5)照明、导向设备、设备用房等处的温/湿度传感器通过硬线方式,经 RI/O 及现场总线连接到控制器,从而实现对环境参数采集和对照明设备的监视、操作及管理。

(6)事故照明电源系统蓄电池充电柜通过通信接口连接到控制器,实现对蓄电池的状态监视和故障报警。

(7)自动扶梯、电梯控制器采用硬接点方式与 RI/O 连接,经现场总线连接到控制器,从而实现对自动扶梯运行状态的监视和故障、防盗报警,以及对电梯紧急情况下运行至安全层的控制。

(8)水泵状态点通过硬线方式,经 RI/O 及现场总线连接到控制器,从而实现对水泵运行状态的监视和设备故障、水位报警。

 想一想

BAS 各个层级如何通信?

实训 4-1　认识 BAS 的设备

班级:	学号:	姓名:	小组:
实训任务	认识 BAS 的设备			

【实训目标】
1. 掌握 BAS 车站级设备所处位置及设备功能。
2. 掌握 BAS 就地级设备的分类及设备功能。

【实训过程】
(1)进入车站综控室,找到 IBP,查看 IBP 上设置的"紧急控制"按钮,状态指示灯等信息,如图 4-29 所示。说明当前空调通风、给排水、动力照明、自动扶梯、安全门、门禁、ASD、防灾报警、自动售检票等系统和设备的状态。

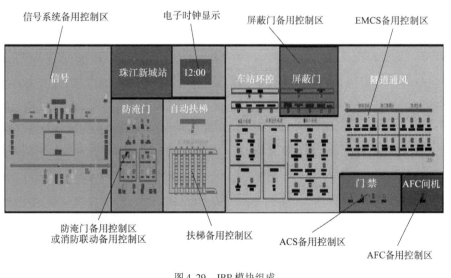

图 4-29　IBP 模块组成

(2)开启 BAS 工作站,进入 BAS 软件,点击查看各子系统监控界面,监控车站范围内机电设备运行情况,包括隧道通风系统、通风大系统、通风小系统、给排水系统、电扶梯系统、照明系统、安全门系统、ASD 系统等,如图 4-30 所示。

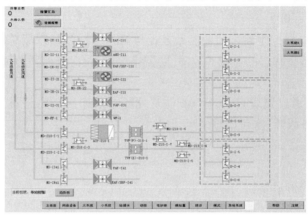

图 4-30　BAS 监控界面示意图

(3)进入环控电控室,查看 BAS 控制柜上各设备控制权限状态,包括车站机电设备配电、风机及相关组合风阀、公共区域通风及相关电动风阀、设备用房和管理用房送/排风机和相关电动风阀等,如图 4-31 所示。

图 4-31　环控电控室

(4)进入冷水机房、空调机房,查看压差传感器、空调控制系统、风阀控制箱等就地控制柜的运行情况,如图 4-32 所示。

图 4-32　就地控制柜

【总结评价】

评价人：	小组名称：	工作流程 (30分)	团队协作 (20分)	执行情况 (50分)	总分 (100分)
自评					
互评					

日期：

任务三　BAS 操作

BAS 操作与系统组成、选型及界面风格有很大联系，一般系统操作包括工作站操作、IBP 操作、UPS 设备操作及大屏系统操作。

一、工作站操作

(一) 工作站硬件操作

1. 工作站开机

(1) 检查鼠标、键盘、显示器等外部设备是否正确连接。
(2) 检查工作站的外部电源是否正常，开启工作站外设电源。
(3) 开启工作站主机电源。
(4) 启动操作系统后，在系统登录界面，输入用户名及密码，登录操作系统。

2. 工作站关机

(1) 单击桌面上的"开始"菜单，选择"关机"。
(2) 在弹出的对话框中选择"关机"。
(3) 待工作站主机关闭后，再关闭显示器、打印机等外接设备电源。
(4) 断开连接到工作站的电源。

(二) 监控软件操作

1. 工作站操作

1) 中央级 HMI

双击工作站图标，输入用户名和密码，进入中央级 HMI，如图 4-33 所示。中央级 HMI 可以监视全线各区间隧道通风及各类设备的运行状态；监视全线各车站的通风、空调、给排水、电扶梯、照明、ASD、安全门等设备的实时运行状态及故障报警，监视和记录各站站厅、站台温度传感器与湿度传感器及环境参数;可以对 BAS 及网络具有在线监视、自诊断、自恢复及在线修复功能,并可显示网络负荷情况。

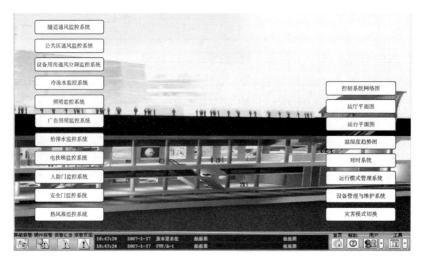

图 4-33　中央级 HMI

2)车站级 HMI

车站级 HMI 可以监视本车站的通风、空调、给排水、电扶梯、照明、ASD、安全门等设备的实时运行状态及故障报警,监视和记录各站站厅、站台温度传感器与湿度传感器及环境参数;可以对 BAS 及网络具有在线监视、自诊断、自恢复及在线修复功能,并可显示网络负荷情况。

(1)线网站点图。点击当前车站图标,打开站点图,该图表明车站在线路中的位置,每个站只能看自己的车站设备,如图 4-34 所示。

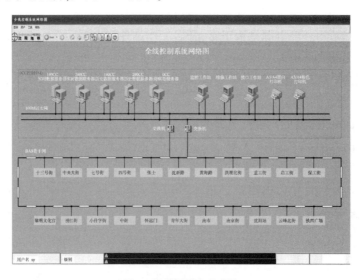

图 4-34　线网站点示意图

(2)空调通风系统图。点击空调通风系统图标,空调通风系统图如图 4-35 所示。

(3)空调水系统图。点击空调水系统图标,空调水系统图如图 4-36 所示。

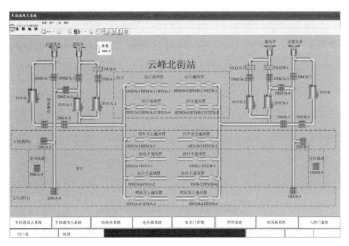

图 4-35　空调通风系统示意图

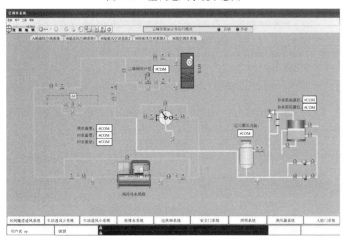

图 4-36　空调水系统示意图

（4）自动扶梯图。点击自动扶梯图标，显示自动扶梯的位置和状态，如图 4-37 所示。

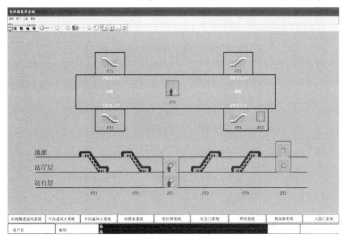

图 4-37　自动扶梯示意图

(5)给排水系统图。点击给排水系统图标,显示给排水系统运行状态,如图 4-38 所示。

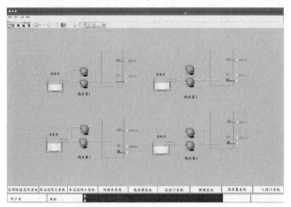

图 4-38 给排水系统示意图

(6)安全门系统图。点击安全门系统图标,显示安全门的位置和运行状态,如图 4-39 所示。

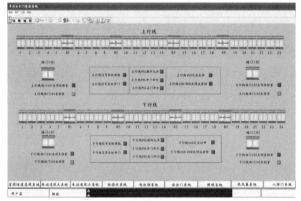

图 4-39 安全门系统示意图

3)单体设备控制

(1)将设备控制权切换到手动控制。

(2)点击设备控制点,设定期望的控制状态,下载确认执行。单体设备控制图如图 4-40 所示。

图 4-40 单体设备控制示意图

4)模式控制操作

(1)将模式控制权切换到手动控制。

(2)点击模式控制点,设定期望的控制状态,下载确认执行。模式控制操作图如图4-41所示。

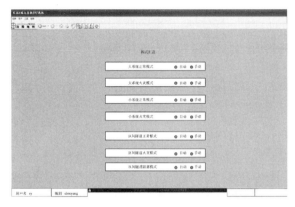

图 4-41　模式控制操作示意图

二、IBP 操作

IBP 是 BAS 在站点区域范围内发生灾害情况下的灾害模式操作设备,操作 IBP 可以实现车站区域火灾模式的紧急运行。

(一)基本操作方式

(1)自动/手动钥匙转换开关处于手动状态,"手动状态"灯亮,BAS(EMCS)处于 IBP 手动状态。

(2)按对应的灾害模式按钮,启动相关的环控模式。

(3)当现场需要恢复正常模式时,按"恢复正常"按钮,BAS(EMCS)停止执行紧急模式,系统恢复执行正常运营情况下的模式,并且将自动/手动钥匙转换开关转至自动状态,如图4-42所示。

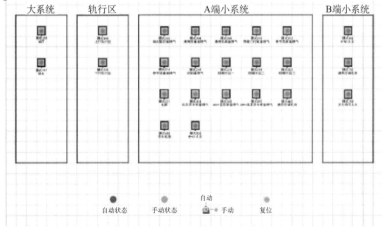

图 4-42　IBP 操作按钮示意图

(二) IBP 操作实例

以大系统执行站台火灾为例,如图 4-43 所示。

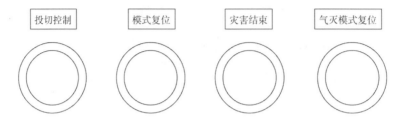

图 4-43 灾害模式操作

操作流程如下:
(1) 使用专用 IBP 先将自动/手动钥匙转换开关转至"手动"位置。
(2) 自动/手动钥匙转换开关状态灯亮起,按下大系统灾害模式操作区"站台"按键。
(3) 待该按键灯点亮以后,模式执行成功。
(4) 待灾害情况处理完毕,取消相应的区域按钮(相应按键灯熄灭)。
(5) 最后将钥匙转至"自动"位置。

紧急控制盘哪些按钮上面有保护罩?

三、系统 UPS

UPS 是将蓄电池(多为铅酸免维护蓄电池)与主机相连接,通过主机逆变器等模块电路将直流电转换为市电的系统设备。UPS 主要用于给单台计算机、计算机网络系统或电磁阀、压力变送器等其他电力电子设备提供稳定、不间断的电力供应。当市电输入正常时,UPS 将市电稳压后供应给负载使用,此时的 UPS 就是一台交流式电稳压器,同时它还向机内电池充电;当市电中断(事故停电)时,UPS 立即将电池的直流电能,通过逆变器切换转换的方法向负载继续供应 220V 交流电,使负载维持正常工作并保护负载软、硬件不受损坏。UPS 设备通常对电压过高或电压过低都能提供保护。

(一) UPS 旁路开机

将"旁路"置于"ON"位置,UPS 经由旁路对负载供电,此时 UPS 工作于旁路模式下。持续按开机键开机,开机时 UPS 会先进行自检,此时面板上负载/电池指示灯会全亮,从下至上逐一熄灭,几秒后逆变指示灯亮,UPS 已处于运行市电模式状态。若市电异常,UPS 将在电池模式下工作,如图 4-44 所示。

(二) 未接市电时 UPS 开机

无市电输入时,须先确认电池开关置于"ON"位置,持续按开机键 UPS 开机。开机过程中 UPS 的动作与接市电相同,只是市电指示灯不亮,电池指示灯会亮,如图 4-45 所示。

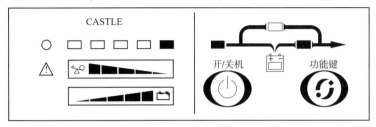

图 4-44　UPS 旁路开机

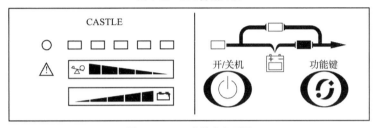

图 4-45　UPS 未接市电开机

(三) 有市电时 UPS 关机

有市电输入时,UPS 持续按关机键 1s 以上,进行关机。关机时 UPS 进行自检,此时负载/电池指示灯会全亮,并逐一熄灭,逆变指示灯熄灭,此时 UPS 在旁路模式下工作。执行关机后,UPS 仍有输出;若要使 UPS 无输出,只要将市电断开即可,如图 4-46 所示。

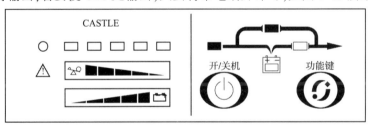

图 4-46　有市电时 UPS 关机

四、大屏系统

大屏系统可为调度人员提供鲜明直观的 BAS 运行状态。

(一) 大屏系统开机

(1) 检查外部电压正常后,大屏显示墙开关合闸送电。

(2) 开启大屏控制器。

(3) 在大屏控制器上开启所有显示单元。

(4) 在大屏控制器上检查显示墙的工作参数是否正常,相关控制设置是否正确。

(5) 调用正确的显示信道。

(6) 调整显示内容,如打开图形页面并最大化填充屏幕等,如图 4-47 所示。

图 4-47　大屏系统开机

(二)大屏系统使用

通过键盘组合键可以切换不同的显示内容。

(1)按"Ctrl+1"键切换至系统线网画面。

(2)按"Ctrl+2"键切换至隧道、大系统画面,此时按"2"可以在隧道、大系统之间切换。

(3)按"Ctrl+3"键切换为冷站画面。

(4)针对屏幕显示效果,还可以在大屏控制器上对显示单元的亮度、对比度、画面尺寸等参数进行调整设置,如图4-48所示。

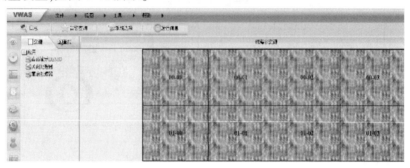

图4-48 大屏系统使用示意图

(三)大屏系统关机

(1)在大屏控制器上关闭所有显示单元。

(2)关闭大屏控制器。

(3)待所有显示单元均关闭以后,大屏显示墙开关分闸断电,如图4-49所示。

图4-49 大屏系统关机示意图

实训4-2 BAS基本操作

班级:		学号:		姓名:		小组:	
实训任务				BAS基本操作			
【实训目标】 1.学会BAS车站级监控界面的基本操作。 2.能够利用BAS进行单台环控设备状态检查和控制。							

【实训过程】

1. BAS 车站级监控界面的基本操作

启动→登录→切换子系统监控界面→进入二级监控界面→查看状态/设置参数→关闭→退出。

2. 单台环控设备状态检查(正常、故障、停止)和运行控制

(1) 查看风机运行状态(图 4-50)并进行风机的运行控制(图 4-51)。

图 4-50　风机运行状态显示

图 4-51　风机控制操作界面

(2) 查看风阀运行状态(图 4-52)并进行风阀的运行控制(图 4-53)。

图 4-52　风阀运行状态显示

图 4-53　风阀控制操作界面

(3)查看空调机组运行状态(图4-54)并进行空调机组的运行控制(图4-55)。

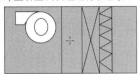 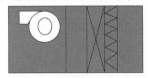 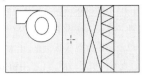

图4-54　空调机组运行状态显示

图4-55　空调机组控制操作界面

(4)查看冷水机组运行状态(图4-56)并进行冷水机组的运行控制(图4-57)。

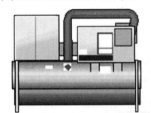 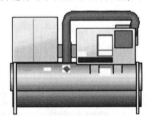 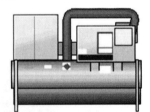

图4-56　冷水机组运行状态显示

图4-57　冷水机组控制操作界面

【总结评价】

评价人:	小组名称:	工作流程 (30 分)	团队协作 (20 分)	执行情况 (50 分)	总分 (100 分)
自评					
互评					

日期:

实训 4-3 BAS 模式控制操作

班级:	学号:	姓名:	小组:
实训任务	BAS 模式控制操作		

【实训目标】
1. 掌握正常模式、火灾模式及阻塞模式三种状态的 BAS 操作。
2. 学会使用手动下发功能,能够手动下发火灾模式、阻塞模式。

【实训过程】
(1) 进入 BAS 后查看模式汇总界面,可以看到正常模式、火灾模式和阻塞模式三种状态,如图 4-58 所示。

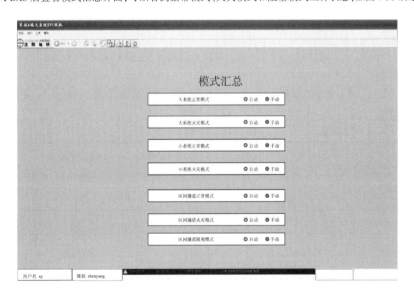

图 4-58 BAS 模式汇总界面示意图

(2) 点击进入车站大系统正常运行模式界面,根据界面显示进行车站大系统模式操作,如图 4-59 所示。

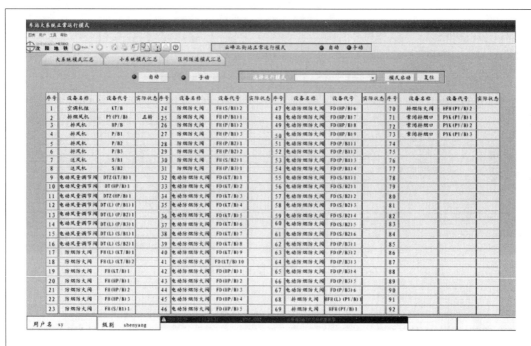

图 4-59　车站大系统模式操作界面

(3) 手动下发区间火灾模式。

①BAS 接收到 FAS 发出的区间火灾信息,相应区间的列车图素边框出现红/黄闪烁,根据行车调度员报告的列车火灾发生的部位,下发相应的火灾模式。

②根据列车火灾发生的部位,点击相应模式按钮,弹出对话框单击"确定"按钮,即可下发相应的火灾模式。

③当画面中列车图素显示相应火灾部位时,表示模式已成功下发至车站 IBP。

(4) 手动下发区间阻塞模式。

①正常情况下,区间阻塞模式的控制方式为接收列车自动监控(Automatic Train Supervision,ATS)信号自动下发阻塞模式至车站,特殊情况下启用手动下发阻塞模式功能。

②点击手动下发阻塞模式,弹出对话框单击"确定"按钮,按钮背景变为绿色,画面中"区间隧道"字样变为黑色字体,表示手动下发可控。

③单击"区间隧道",弹出对话框,根据列车阻塞的区间,点击相应模式按钮,弹出对话框单击"确定"按钮,即可下发相应的阻塞模式。

【总结评价】

评价人:	小组名称:	工作流程 (30 分)	团队协作 (20 分)	执行情况 (50 分)	总分 (100 分)
自评					
互评					
					日期:

任务四 BAS 维护管理

BAS 利用自动控制系统对车站机电设备实现自动、高效的管理,是实现城市轨道交通内机电设备科学管理、高效运行的工具。BAS 的良好运行管理为乘客提供了舒适的乘车环境,提高了对意外安全事件的反应处理能力,极大地保证了乘客的人身安全。BAS 运行由车站工作人员和控制中心环控调度员进行管理,而维护保养则由维修人员负责管理。为能最大限度地发挥系统效能,安全、可靠地控制和科学管理车站设备,必须制订合理的运营管理方案,规范系统运行管理及维修管理。

一、日常运行管理

BAS 中央级工作站由控制中心环控调度员使用并负责日常管理,车站级工作站由车站工作人员使用并负责日常管理。

(一)环控调度员使用管理

环控调度员负责对线路车站及隧道环境的控制和调度,按运营需要对 BAS 自动运作是否合理做出人为判断,确定是否需要人工干预,以保证城市轨道交通环境的舒适性。此外,环控调度员还负责对突发事件进行反应,调度相关防灾设备执行灾害工况。环控调度员是 BAS 中央级的使用者,通过 BAS 中央级工作站对全线车站及区间隧道内设备的运行状态、故障情况以及各监控系统自动运行情况进行监视,控制全线环控设备动作。

1. 环控调度员对 BAS 的使用管理

(1)对全线通风空调系统进行调度控制,保证城市轨道交通的舒适性。

(2)监视并及时调整通风空调系统设备及其他车站设备的运行状态,出现故障及时报告维修调度。

(3)通过中央级 FAS 发现火灾报警、指挥执行火警处理程序,通过 BAS 的中央级工作站或下令车站工作人员执行相应的灾害工况。

(4)授权车站工作人员通过 BAS 对设备进行操控。

(5)对 BAS 中央级设备进行设备表面清洁等日常保养工作。

2. BAS 中央级设备操作基本要求

(1)必须熟悉 BAS 的操作方法,熟练掌握通风空调工艺工况。

(2)理解 BAS 软件控制原则,处理简单的操作问题。

(3)熟练掌握火灾处理程序,组织相应的火灾工况。

(二)车站工作人员的维护管理

车站工作人员负责本站内机电设备的操作,BAS 车站级设备是车站工作人员监控站内机电设备的工具。通过 BAS 车站级工作站对本站所辖设备的运行状态、故障情况以及 BAS 自动运行情况进行监视,接受环控调度员的指令,控制车站内机电设备动作,并对设备执行情况进行确认。

1. 车站工作人员对 BAS 的维护管理

(1)监视本站机电设备的运行状态,通过工作站定时对设备进行巡视,出现异常时通知环控调度员,同时报告设备故障给维修调度员。

(2)对火灾报警进行现场确认,执行火警处理程序,在环控调度员的指挥下,通过 BAS 工作站或车站模拟屏执行相应灾害工况的应对方案。

(3)当 BAS 故障时,在环控电控房对设备进行操控。

(4)对 BAS 车站级设备进行设备表面清洁等日常保养工作。

2. BAS 操作基本要求

(1)熟悉 BAS 的操作方法,包括工作站和 IBP。

(2)熟悉车站设备的现场操作方法,理解环控工艺工况。

(3)掌握本站火灾处理程序,组织相应的火灾工况应对工作。

二、维修与管理

BAS 的维修维护及故障处理工作由专业维修人员完成,在维修部门设立 BAS 维修工班,对 BAS 进行维护,确保系统设备运行良好。

(一)维修维护工作内容

(1)对 BAS 进行计划性维护维修,确保系统良好运行。

(2)对 BAS 进行故障维修,确保系统功能完整。

(3)对系统缺陷进行整改、优化,根据实际需要扩展系统功能,最大限度地发挥系统作用。

(4)对使用部门进行培训,规范系统操作,并做好技术支持,保证系统的正确使用。

(5)分配并维护使用部门用户权限,保障系统使用安全。

(6)编写相应的技术文档,包括操作及维修手册等。

(二)BAS 的用户等级和责任

BAS 一般由环控调度员、车站工作人员使用,维修部门负责对相关用户进行操作使用培训,并对系统进行维护,保障系统功能完善。正常情况下,BAS 处于全自动运行状态,无须人为地介入运行,各使用单位按各自权限和责任通过 BAS 对车站设备的运行状态进行监视,并按要求打印设备运行报表。

1. 正常运营运行规程

在正常运行情况下,BAS 自动根据预先设定程序运行,并由车站工作人员和环控调度员进行监控。环控调度员随时通过机电设备系统中央级工作站和中央模拟屏掌握全线环控设备的运行状态,并及时、正确地进行调度指挥。车站工作人员对本站内设备进行监控,并检查实际设备动作情况。若需对设备进行操控调整,须向环控调度员报告申请,得到环控调度员授权后,方可对设备进行操控。

(1)环控大系统及隧道通风系统属于环控调度管辖范围。BAS 根据列车运营方案、季节以及站内温度、湿度等,自动执行各种工况下环控系统运行工况,并可根据实际情况选择运行工况。

(2)车站环控小系统,在正常状况下,车站工作人员可根据各自车站的实际情况对系统运行进行介入,运行相应工况。当设备发生故障时,车站工作人员须及时报告环控调度员,当车站工作人员认为会影响列车正常运行或车站正常运作时,应及时报告环控调度员和行车调度员,在得到同意后方可控制设备运行。

(3)若需车站工作人员控制环控系统运行工况,可以环控调度命令的形式通过录音调度电话下达给各车站执行。车站工作人员按环控调度命令要求直接输入BAS指令,控制环控系统的运行,完成操作后应及时报告环控调度。

(4)正常情况下,设备维修人员或操作人员不得任意改变系统运行工况。当设备发生故障时,应首先报告环控调度员,得到命令,然后进行操作。在危及人身或设备安全的紧急情况下,设备值班员可不经过环控调度员同意先行操作,但事后须尽快报告环控调度员。

(5)车站工作人员应熟悉管辖范围内的各种设备和消防设施,了解其分布情况。对设备操作必须严格按操作规程进行,并保证设备处于良好的工作状态;车站工作人员应通过车站FAS和BAS车站级工作站,对车站各火灾保护区域、环控系统和各种机电设备进行不间断的监控,随时掌握运行情况,及时做好值班记录。遇到异常情况应及时报告环控调度员和维修调度员。

(6)环控调度员应不断收集各种防灾资料、信息、设备运行数据,认真填写各种类统计报表,建立系统运营档案,定期进行整理、汇总、分析;各种报表、记录、命令、打印数据必须完整,妥善保管,不得任意更改或丢失。

2. 非正常运营BAS的运行规程

根据城市轨道交通运营特点,城市轨道交通内火灾区域可主要分为以下几类:站厅、站台等公共区域,站台轨行区,气体保护房间(如环控电控、通信、信号设备室等)、非气体保护房间(如车控室、环控机房等)等设备管理用房以及区间隧道。

火灾状况下,BAS自动接受FAS指令,车站工作人员应实时监控环控工况及设备运行情况,如有错误,应立即人工更改工况指令或通过模拟屏发送新的指令,环控调度员需在控制中央级工作站对设备运行状况进行监控,并随时干涉系统运行。

当发现BAS有故障时,车站工作人员及环控调度员应立即通知维修部门对系统进行维修处理。若此时发生火灾等紧急情况,环控调度员可通过环控调度电话通知车站工作人员通过IBP或就地对现场设备进行操作。

3. BAS的火警运行规则

(1)BAS与FAS在车站控制室设有通信连接和硬线连接,当FAS接到火警信号后,若通道处于开启状态,则将相应的防火分区信号传输给BAS;若通道处于关闭状态,则由车站工作人员确认火灾后,打开通道,传输防火分区信号给BAS。BAS接到火警信号后,若此时处于工况自动运行状态,则自动执行相应的防火排烟工况,否则由环控调度员或车站工作人员人工选择火灾工况指令。

(2)火灾工况指令执行后,环控调度员及车站工作人员应检查相应火灾工况的执行情况,以及设备的运作情况,并及时调整设备运作指令。若工况无法自动执行,由车站工作人员在IBP上执行相应工况,或由环控调度员下令在环控电控室就地执行。

（3）重要设备房若安装了气体自动灭火系统，当火灾发生时，BAS 执行气体自动灭火系统工况（手动或自动）进行灭火工作，直到火灾报警信息完成复位。气体灭火工况执行完毕后，需人工启动排毒工况进行排毒。

（4）列车在车站站台内发生火灾报警后，按应急方案下达站台火灾环控工况，吹吸气流对站台实施排烟。当列车在区间隧道发生火灾时，若列车在区间失火并无法执行驶入车站，BAS 会从轨道信号系统接到相应列车停车位置信号，由环控调度员按行车调度员通知确认列车失火部位，选择执行合适的火灾工况指令。

当 BAS 发生故障的同时又发生火灾，环控调度员应如何应对？

三、维修维护管理规程

BAS 是城市轨道交通系统机电设备正常运营、安全生产的重要自动控制系统，是机电设备协调、良好运行的关键，尤其是在发生事故的情况下，更肩负着及时控制防火排烟设施执行灾害工况的任务。BAS 的良好维修管理直接影响整个轨道交通系统机电设备的正常运作，因此需要建立科学的维修规程和管理组织。

（一）基本原则

1. 检修方式

BAS 设备的维修管理按照预防与维修相结合，以预防为主的原则，按期进行计划性维修。在维修过程中应采取多种手段进行检测，充分利用系统本身的检测功能，根据设备状态参数进行早期设备故障诊断，积极推进 BAS 维修由系统投运初期的计划维修和故障维修逐步向状态维修过渡。维修工作按维修工作性质分为计划性维修及故障维修。

2. 维修制度

在加强对系统、设备定期维修的同时，加强对系统、设备的管理，执行"三定"（定设备、定人、定维修周期）、"四化"（维修工作制度化、维修作业标准化、维修手段现代化、维修记录图表化）的设备维修制度。

3. 优化改进

在进行系统、设备维修的过程中应严格控制维修成本和维修质量。在确保维修质量的前提下尽可能减少不必要的浪费，合理安排人力和物料消耗；积极开展科研、技改国产化项目，不断完善系统功能、优化系统软件，根据实际需要开发报表功能，使 BAS 更好地为城市轨道交通安全运营服务。运营管理部门及班组必须坚持对员工进行政治思想教育与专业技能培训，不断提高员工的思想素质与业务素质，建设一支思想素质高、遵章守纪、专业技能过硬的维修队伍。

（二）计划性维修

1. 计划制订

计划性维修按维修内容可分为一级保养、二级保养、小修（三级）、中修（四级）；按维修周期可分为日检、季度检、半年检、年检等。下面以广州地铁 BAS 计划性维修内容为例进行说明,以供参考。

BAS 年度维修计划由专业工程师参照《环境与设备监控系统(BAS)检修规程》制订,将其中的工作内容根据系统实际情况进行分解、细化,制订 BAS 的年度生产计划、相应的月度维修计划、临时维修计划。

2. 维修安全管理

安全是城市轨道交通运营工作的生命线,运营管理部门须给维修人员创造良好的维修条件,BAS 的维修工作必须严格执行相关的安全操作规程,遵守国家和公司的安全规章制度。BAS 维修人员应严格进行岗前及定期的安全教育和专业技能培训,安全教育和专业技能培训合格者方可进行本专业的维修工作。

建立和健全各级安全管理网络,在工班管理中设立工班兼职安全员,在工班员工中树立"安全第一,预防为主"的思想,在实际工作中对安全问题实行"安全隐患未排除不放过、安全措施未落实不放过、安全责任未明确不放过"的三不放过方针,加强对安全工作的检查和落实。

3. 维修技术档案管理

1)技术档案

运营维修部门应建立相应的系统设备技术档案,在专业设备维修管理部门保存 BAS 的各项原始技术资料。应保存的技术资料与图表包括如下:

(1)BAS 的合同技术需求文件。

(2)BAS 维护手册。

(3)BAS 操作手册。

(4)BAS 竣工资料,包括 BAS 设备平面布置图、原理图、设备安装图及接线端子图等。

(5)BAS 安装调试验收资料。

2)技术改造变更档案

(1)运行参数修改记录。

(2)软件修改记录。

(3)安装接线修改记录、测试记录。

(4)系统设备技术改造的立项申请、实施合同、验收文本文件。

3)运行档案

监控系统运行的运行档案包括运行检修记录、标准运行参数等原始数据内容及累次的维修记录、故障记录等运行中的有关数据、内容。

(1)监控系统的检修周期与内容。

(2)年度检修计划。

(3)各种设备的安装手册、维护手册、操作手册、系统竣工资料及作业任务书。

(4)设备质量检查情况汇总表和建立在原始维修记录基础上的统计分析报表。

(5)对作业完成情况、故障情况、计划性检修消耗、故障消耗、设备质量等进行统计分析。

BAS 维修工班应备的记录有 BAS 巡视记录、维修记录、故障处理记录,应按系统及设备的技术要求定期对系统设备进行全面测试,应使设备所有技术性能符合原设计的要求,对系统设备、软件、功能的变更必须经技术部门审批。

按照规定进行计划性维修。

4. 维修质量管理

（1）在各类维修工作的进行过程中及完成后，工班应根据 BAS 设备维修标准，立即对维修工作质量进行检查并做好记录。

（2）专业工程师对维修工作质量的检查采用抽查的形式。每周抽查应不少于两次，且每次抽检率应不低于5%。

（3）工班所在维修部门根据公司的工作目标安排和设备运行实际情况，结合城市轨道交通运营特点，在有重大活动和节假日前对维修工作质量进行检查。

5. 维修工器具、备品备件、材料管理

为保障 BAS 良好运行，需要根据系统特点配备电气、电子常用维修工具。为使各种工器具、材料、备品备件能满足实际系统运行需要，必须实施有效的管理，根据实际消耗及需要进行计划编制及相关仪器的采购、验收、使用、保管、维护保养等。为满足管理要求，可在维修工班内设置工班兼职材料员，对设备物资进行管理。

（三）故障时维修管理

城市轨道交通肩负着客流运输的任务，社会影响大，一旦发生事故（故障），抢险组织工作人员必须牢固树立"安全第一"的思想，贯彻"高度集中，统一指挥，逐级负责"的原则，采取"先通后复"的措施，尽快恢复运营。

BAS 发生故障后，应尽快组织对故障设备进行测试、诊断、分析，找出故障原因并修复故障，恢复设备使用。在故障修复时应详细记录故障现象及处理修复过程，以备分析故障及在进行其他维修时做出进一步的处理与修复。在故障处理后，应能保证设备恢复使用功能，正常投入运行；如无法达到时，应降级使用，限制故障范围，尽量防止设备带病运行，防止故障扩大。

1. 事故处理原则

（1）对发生故障的设备进行及时的判断分析，及时排除故障，确保安全后运行。

（2）对发生故障的重要设备先行测试、诊断，进而修复或暂时修复。

（3）详细记录故障现象及修复过程，以备在其他修程开展时做出进一步的处理与修复。

（4）保证故障设备能恢复使用功能，如无法达到，至少应确保设备恢复运营所必须具备的功能。

（5）及时向有关人员通报对故障的测试、诊断及处理过程。

2. 事故处理有关规定

（1）在轨道交通运营范围内任何人都有报告故障的义务。

（2）环控设备巡视操作人员及工班维修人员有报告故障、事故的义务，并有在各自的职责范围内处理故障，避免或控制事故，降低事故破坏程度的责任和义务。

（3）对影响行车的故障，在保证安全的前提下按照"先通后复"的原则执行。

? 想一想

如何在维修工作中树立"安全第一,预防为主"的思想?

实训 4-4　BAS 工作站维护保养

班级:	学号:	姓名:	小组:
实训任务	BAS 工作站维护保养			

【实训目标】
1. 学会 BAS 工作站日常维护保养。
2. 能够进行 BAS 工作站的检修工作。

【实训过程】
1. BAS 工作站日常维护保养
(1)检查工作站设备外观是否良好。所有环控、照明、导向系统设备动作按模式要求运作。
(2)检查操作系统运行情况。操作系统正常运行,操作响应顺畅。
(3)检查监控软件运行情况。监控软件正常运行,操作顺畅。
(4)检查当前运行模式是否正常。
(5)键盘、鼠标和触摸屏等输入设备功能检查。鼠标光标移动顺畅,按键功能正常(按键无黏滞,单击时无重复),键盘按键功能正常。
(6)对各工作站内的报警信息进行检查和确认(包括系统设备及接口设备报警信息)。
(7)检查工作站时钟同步情况。时钟时间与主时钟误差不超过 10s。
(8)数据库容量检查。检查数据库运作情况,根据数据库容量,必要时进行数据备份。数据备份完毕且异地保存副本后,压缩数据,释放占用空间。

2. BAS 工作站检修
1)检查电源电缆是否整齐、牢固
(1)使用万用表检查系统工作站配电电源是否为 220VAC(±5%)。
(2)电缆是否有破损。
(3)电缆标志是否清晰、牢固。
(4)电缆固定、包扎是否整齐。
(5)所有设备的电源工作状态显示灯是否正常。
2)检查网络电缆是否整齐牢固
(1)电缆是否有破损。
(2)电缆标志是否清晰、牢固。
(3)电缆固定、包扎是否整齐。
(4)所有设备的工作状态显示灯是否正常。
3)检查与控制器的通信是否正常
(1)使用万用表检查系统控制器电源是否正常。
(2)控制器工作状态显示灯是否正常。
(3)标志是否清晰、牢固。
4)检查 BAS 功能是否正常
(1)检查系统工作站操作系统是否正常。
(2)检查系统工作站监控软件是否正常。

(3)检查系统工作站图页显示是否和现场设备一致,运行工况是否符合。
5)系统病毒防护
(1)查询系统自动杀毒记录。
(2)在官方网站获取病毒库升级包,运行升级。
(3)手动启动杀毒,全面查杀计算机病毒。
6)清洁操作台面及周边卫生
对计算机开箱进行清洗吸尘工作,可使用一些专用的清洁喷剂,但要注意待喷剂完全挥发、设备上没有结露后方可上电。
7)检测车站级工作站之间和与中央级工作站的通信是否正常
(1)检查各车站级工作站的连接情况,在工作站计算机上使用"ping"命令检查各车站通信连接成功率。
(2)检查中央级工作站各车站的图页显示是否和现场设备一致。
8)检测本车站级 BAS 各级网络控制器通信是否正常
(1)检查车站级工作站主控制器间的通信情况,查询相关的历史记录。
(2)检查主控制器与各功能模块、远程 I/O 模块的通信情况,查询相关的历史记录。
9)检查工作站时钟同步情况
查询与主时钟系统(Clock,CLK)连接的工作站或控制器内的时间与主(CLK)时间是否一致。
10)数据库文件备份
把数据库文件备份到不同的磁盘分区上。定期将备份出来的数据库文件刻录在 DVD-R 上,做好标记并存放在专业资料室。

【总结评价】

评价人:	小组名称:	工作流程 (30 分)	团队协作 (20 分)	执行情况 (50 分)	总分 (100 分)
自评					
互评					
					日期:

实训 4-5　BAS 年度保养与季度检查

班级:	学号:	姓名:	小组:
实训任务	BAS 年度保养与季度检查		

【实训目标】
1. 掌握 BAS 控制柜季度检查方法。
2. 掌握传感器半年检方法。
3. 掌握冷冻水流量调节控制器及其附件半年检方法。

【实训过程】
1. BAS 控制柜季检

序　号	系统控制柜检查项目	季检要求
1	检查控制柜外观及门校、门锁	控制柜体完好无破损、无刮花、无腐蚀现象，门校、门锁完好
2	检查柜内控制器模块、电源模块、通信模块、I/O 设备外观及安装稳固情况	柜内各模块完好无破损、安装稳固
3	检查柜内控制器模块、电源模块、通信模块、I/O 设备发热情况	无过热现象
4	检查柜内控制器模块、电源模块、通信模块、I/O 设备运行情况	柜内控制器模块、电源模块、通信模块、I/O 设备各状态指示灯显示正常
5	紧固电源线缆、通信电缆、终端电阻连接，检查标识牌是否完好清晰牢固	线缆、终端电阻紧固整齐、标识清晰完好，箱柜内光纤（含尾纤、跳线）无损伤，弯曲度正常
6	测量开关电源输入电压	输入电压应为 220VAC（±5%）
7	测量开关电源输出电压	输出电压应为 24VDC（±5%）
8	检查开关电源接地线是否与柜体连接牢固	接地牢固
9	检查所有交换机外观及指示灯状态	交换机硬件开关及软件参数设置正确
10	对柜体、柜内各模块进行清洁除尘	柜体、柜内各模块清洁无尘

2. 传感器半年检

序　号	传感器检查项目	半年检要求
1	检查传感器外观及安装稳固情况	传感器外观完好无破损、安装稳固
2	检查传感器电缆接线外观及紧固情况	检查传感器电缆接线外观及紧固情况
3	测量传感器电源供电电压	传感器供电电源为 22.8～25.2VDC
4	检查温度传感器、湿度传感器、水管温度计、压差传感器测点在工作站的反馈值	传感器在工作站的反馈值在正常范围内
5	测量传感器信号电压电流	传感器反馈信号正常，反馈值偏差不超过 5%，流量传感器检查零位反馈信号
6	传感器表面清洁	表面清洁无尘，压差传感器需排污

3.冷冻水流量调节控制器及其附件半年检

序 号	冷冻水流量调节控制器及其附件检查项目	半年检要求
1	外观检查	外观完整
2	测量电源供电电压	电源供电电压为24VAC(±5%)
3	检测反馈与控制的信号或参数是否在正常范围内	反馈与控制的信号或参数在±5%范围内
4	控制器及其附件清洁和润滑	润滑后机构无阻滞
5	检查并紧固电缆接线	线缆紧固整齐
6	现场检查控制器及其附件的动作情况	控制器及其附件的动作正常
7	由工作站分别输出开度0、25%、50%、75%、100%,检查控制器接受的反馈值是否正确	反馈值与工作站输出开度偏差不超过5%

【总结评价】

评价人：	小组名称：	工作流程 (30分)	团队协作 (20分)	执行情况 (50分)	总分 (100分)
自评					
互评					

日期：

任务五　BAS故障检修

BAS是城市轨道交通重要的安全保障设施,必须严格地执行计划性维修制度,以保证系统良好运行,但是城市轨道交通环境的特殊性和其他非正常不可预测的因素,使得系统设备的故障不可避免,而快速、正确的抢修处理方式是系统安全可靠运行的重要保障。

BAS故障按其性质可分为严重故障、一般故障和次要故障三类。当BAS出现严重故障时,应进行紧急抢修,同时通知环控调度员及相关车站采取临时应急措施。其他故障则可根据城市轨道交通运营需要进行恰当处理,若故障难以在短时间内处理完毕,可通知环控调度员下令设备转入环控位或现场位操作。

一、BAS 故障分类

(一) BAS 严重故障

(1) OCC 与 1 个及以上车站失去联系。
(2) BAS 车站级工作站无法监控。
(3) 车站网络控制器故障,影响系统运行。
(4) BAS 火灾工况下无法(自动和人工)执行。
(5) UPS 不能正常工作,影响整个系统。
(6) BAS 无法监控区间泵系统。

(二) BAS 一般故障

(1) BAS 控制器接口故障,但不影响火灾工况的执行。
(2) BAS 现场级控制器故障,但不影响火灾工况的执行。
(3) BAS 车站级网络通信部分故障,但不影响火灾工况的执行。
(4) BAS 车站打印机及不间断电源故障,但不影响系统工作。
(5) BAS 监控设备局部故障,影响到正常环控模式的执行,但可就地及环控电控室操作。
(6) BAS 与消防报警和冷水机组接口通信出现故障,无法正确接收相关系统信息。

(三) BAS 次要故障

不属于上述提到的严重故障或一般故障的规定为车站 BAS 次要故障,主要包括由 BAS 控制对象(非 BAS 设备)故障引起的 BAS 功能障碍(可就地及环控电控室操作)。

二、故障检修原则

(1) 为迅速进行故障处理,同时便于故障维修管理及考核,要建立完善的故障受理制度。
(2) BAS 维修人员从维修单位调度处接受维修指令和维修单。
(3) 当 BAS 设备发生故障时,有关维修人员应及时、准确地做出判断,判明故障位置,分析故障原因,积极组织修复,缩短故障时间,把对系统的影响控制在最小范围内。若无法现场及时维修,应及时上报相关人员。
(4) BAS 维修人员在故障处理完毕后,应对控制器箱、柜及周围环境进行清理,并及时汇报调度处消令。
(5) BAS 维修人员应正确填写故障检修单,记录故障情况及检修处理记录,归档备查。
(6) 严格执行事后检查制度,由 BAS 维修班负责人或专业技术工程师对维修情况及检修单开展检查,确保维修质量。
(7) 维修过程中,不能影响其他机电专业的运作,涉及接口的维修,应先与其他机电专业协调,必要时在其他机电专业的配合下进行维修。
(8) 对于环控、给排水、照明等其他机电专业控制对象故障而引起的 BAS 功能障碍,维修时若需 BAS 专业配合,BAS 维修人员应积极配合协作。

> **想一想**
>
> 为什么把火灾工况是否正常作为区分故障级别的依据?

三、故障检修时限

(1) 对于 BAS 设备故障,维修人员应在接到通知的当天内到达现场,进行维修,维修应在当天内完成;若当天无法完成;则应报生产调度员,并做好应急措施,尽快安排接续的维修。

(2) 对于 BAS 故障设备,应做好代换措施,代换后经复查、检验正常后,方可离开现场,故障设备的维修应有计划的维修期限。

四、故障检修要求

故障处理要按故障处理程序进行,了解故障情况要做到"三清",即时间清、原因清、地点清。处理故障要遵循"三不放过"原则,即事故原因分析不清不放过、没有防范措施不放过、事故责任者和相关人员没有受到教育不放过。

五、事故抢修组织

BAS 是一个综合性监控系统。BAS 基本控制功能可以通过设备环控电控室或就地现场操作完成,在故障情况下可降级使用,但 BAS 涉及火灾模式自动运行和区间隧道灾害处置,若不及时修复将会影响城市轨道交通运行安全。因此,当系统故障发生危及运行安全时,需对系统进行抢修,在尽可能短的时间内恢复正常;而对于一般故障或次要故障,则可以按正常程序进行处理。

(一)抢修组织流程

(1) BAS 故障发生后,由设在控制中心的环控调度员判断是否涉及运行安全故障,是否需要进行立即抢修。如需要抢修由控制中心发布抢修令给维修单位调度,由维修单位环控调度员通知相关人员,维修人员第一时间赶赴事故现场。同时通知维修班长、专业技术工程师参与抢修,并及时通知相关部门负责领导。

(2) 首先到场的维修人员向控制中心环控调度申请进行抢修作业,获得许可后方可进行,并向维修单位调度汇报。原则上 BAS 专业工程师或维修班长为现场抢修负责人,抢修人员人必须服从现场负责人的命令,听从指挥。

(3) 抢修作业完成后,由现场抢修负责人向环控调度员报告抢修情况并注销抢修令,同时向维修单位调度报告抢修结束。

(4) 若为 BAS 一般故障,由控制中心环控调度员向车站工作人员发检修许可令号,并由车站工作人员向维修单位环控调度员汇报故障情况,维修单位调度员记录汇报时间、车站、汇报人、汇报内容,再向维修班发布工作令号,并记录受理人姓名及时间,由维修班长根据故障实际情况,开检修单派遣维修人员进行故障维修。若维修人员不能解决完成,维修班长或专业技术工程师必须到现场协助解决。如完成故障检修的设备恢复正常工作,则向环控调度员汇报,由车站工作人员发销令号,同时也向维修单位调度汇报销令号并填写检修单,由车站工作人员签字确认,控制中心的故障由环控调度员签字确认。

(二)抢修人员组织

(1)轨道交通维修单位由消防报警、BAS和气体灭火维修三专业合一班组进行日常维修。

(2)在维修组织上以日班检修为主,在条件允许的情况下,检修人员尽可能覆盖运营时段。

(3)根据城市轨道交通运营特点,节假日期间宜安排检修人员在运营时段内值班。

(4)非运营时段可采取维修人员响应式故障抢修。

(5)尽可能将维修班设置在城市轨道交通线路的中间站点附近,同时在维修组织上以分线维修为宜,每条线路分段设置责任人,确保故障处理人员在尽可能短的时间内到达现场。

(三)材料、工器具组织

(1)维修班内应保存一定数量的备品备件、材料、仪器仪表等,建立相应的设备、物料管理制度。

(2)事故抢修工具、备品应分门别类地集中存放,最好集中存放在几个抢险箱中,并有明显标志,便于发生事故抢修时迅速、准确地提取。

(3)抢修工具、备品应状况良好,完好无损。

(4)抢修工具、备品应由专人保管负责,并定期进行清查、保养,发现问题及时整改,短缺的物品及时补齐,所有物品必须建立台账、清单。

(5)抢修设备应包括主要控制设备的备品备件、个人电气维修套装工具、对讲机、万用表、电流钳形表等常用电工仪器仪表以及必要的材料、物资等。

抢修工具都有哪些?

六、系统工作站故障检修

(一)工作站计算机硬件故障

1. 键盘故障

故障现象:键盘无法使用或功能不正常。

故障分析:键盘与主机的连接断开或键盘故障。

排除方法:

(1)检查键盘电缆连接,将电缆插入机器后面板的正确接口中。

(2)检查所有键的高度是否相同,是否有按下后未能弹起的键。

(3)如未解除故障则更换键盘,或在其他机器上试用原键盘,以判断主机的键盘接口是否故障。

2. 鼠标故障

故障现象:鼠标无法使用或功能不正常。

故障分析:鼠标与主机的连接断开或鼠标故障。

排除方法:

(1)检查鼠标电缆连接,将电缆插入机器后面板的对应端口中,并且确保正确加载了驱动程序。

(2)如果是滚球型鼠标,检查鼠标内是否有积尘,清洁鼠标球。

(3)如未解除故障则更换原鼠标,或在其他机器上试用原鼠标。

3.计算机显示故障

故障现象:监视器无显示或花屏、偏色。

故障分析:显卡和监视器故障或连接线路故障。

排除方法:

(1)检查监视器的电源线是否正确连接。

(2)检查监视器开关按钮是否为开。

(3)确认正确设置了监视器的亮度和对比度。

(4)如未解除故障则更换显示器。

(5)检查显卡已经安装,并且视频电缆已正确连接。

(6)如未解除故障则更换显卡。

4.网络连接异常

故障现象:工作站无法访问局域网内其他工作站。

故障分析:网线断开或网络设置不正确。

排除方法:

(1)检查工作站到局域网交换机物理连接是否正常,如果不正常,请按接线图重新连接。

(2)若故障仍然存在,检查工作站网络设置是否正确,如果不正确,请重新正确设置网络。

(二)IBP故障

1.按钮故障

故障现象:按钮或转换开关失效。

故障分析:按钮、转换开关故障。

排除方法:

(1)确认相应系统已经对 IBP 端子排送电。

(2)找到该按钮控制线在后面端子排上对应的端子;检查端子排接线及按钮后面接线有无松动、松脱;如有松动、松脱,则应紧固端子和接线。

(3)松脱端子排接线,检查按钮是否正常。

(4)对于常开/常闭按钮,在前面盘面按压按钮,用万用表的电阻挡检测上述两个端子。如果电阻为无穷大,则按钮内部接线良好,由相应专业人员检查其系统接线或其他原因。如果用万用表测出开路/短路,应为按钮损坏,需更换按钮。

2.按钮灯/指示灯不亮或蜂鸣器故障

故障现象:按钮灯或指示灯不亮、蜂鸣器不响。

故障分析:按钮、转换开关、蜂鸣器故障。

排除方法:

(1)确认相应系统已经对 IBP 端子排送电。

(2)找到该按钮/灯的信号线在后面端子排上对应的端子;检查端子排接线及按钮接线

有无松动、松脱;如有松动、松脱,则应紧固端子和接线。

(3)检查灯是否损坏。用万用表的电阻挡检测上述两个端子,若电阻无穷大则说明灯烧坏,需更换灯具。

3. 特殊设备控制故障

重要的机电设备为了防止人为的误按,在按钮控制前还增加了一个"允许控制"按钮。换句话说,就是在控制设备前,必须先按"允许控制"按钮,如屏蔽门开门的控制。当不能控制时,必须进行逐步检查。屏蔽门"允许控制"按钮通常采用钥匙旋钮方式,下面以屏蔽门不能控制开门为例说明检查和排除方法。

(1)确认相应系统已经对 IBP 端子排送电。

(2)找到该侧屏蔽门钥匙旋钮,控制按钮在后面端子排上对应的端子;检查端子排接线及按钮接线有无松动、松脱;如有松动、松脱,则应紧固端子和接线。

(3)把钥匙旋钮打到允许位,用万用表检测其常开端子是否闭合。若是,应对按钮进行检测;若不是,更换钥匙旋钮。

七、通信网络故障检修

通信网络设备主要是交换机,通过数据交换连接到 BAS 服务器、调度工作站及维修工作站。它的运行状态对系统的工作起着至关重要的作用。如果连接交换机的其中一些接线松脱,将使线路上的设备无法正常通信,甚至造成骨干网瘫痪,系统无法运行等严重后果。

(一)常用的通信设备检查方式

1. 网络检查

(1)交换机在网络上是可见的。

(2)通过在工作站上 Ping 交换机的 IP 地址或通过交换机管理软件确认交换机的网络状态。如果 Ping 不通,或者在交换机管理软件上看不到该交换机,则该交换机可能脱网了,需要检查其相关连线。

2. 指示灯检查

请检查可以通过交换机上的指示灯查看每个端口的连接状态。如果指示灯呈绿色长亮,说明物理连接没有问题;如果指示灯呈橙色闪烁,说明数据通信正常;如果指示灯不亮,说明物理连接有问题。

3. 组成单元检查

交换机的电源单元、风扇、基板都有相应的状态指示灯,正常状态下应该是绿色长亮的。

(二)通信故障检修

1. 交换机故障

故障现象:交换机死机。

故障分析:交换机负荷太大;温度过高;来自电源的电压波动或外界的电磁干扰;交换机硬件老化或质量不过关。

排除方法:

(1)检查交换机工作环境和电源。

(2)断电重启交换机。

(3)更换交换机。

2. 通信线路故障

故障现象:检查设备正常,但仍然无通信。

故障分析:通信线路故障。

排除方法:

(1)对简单线路故障,如线路松脱等进行紧固方面的处理。

(2)查明破损或有缺陷的通信线缆或接头,进行更换处理。

(3)交换机受外物侵扰,需要临时清理外物,进行临时隔离、移位等操作。

八、控制器故障检修

(一)电源模块故障

故障现象:电源模块异常一般会出现工作期间指示灯熄灭。

故障分析:电压异常、电源模块连接不正确、电源负载超标或电源模块故障。

排除办法:

(1)检查电压是否正常。

(2)如果指示灯还是熄灭,重新上电一次。

(3)检查电源模块的跳线连接是否正确。

(4)如果模块指示灯变亮,请检查电源负载是否超标,重将模块插入机架上。

(5)如果模块指示灯还是熄灭,送电源模块返修。

(二)中继模块故障

故障现象:中继模块指示灯熄灭。

故障分析:电压异常或电源配电线路连接不正确。

排除办法:

(1)检查电压是否正常。

(2)如果电压正常指示灯还是熄灭,重新上电一次。若指示灯还是熄灭则更换中继模块。

(3)如果电压异常则检查电源配电线路,排除故障。

(三)网络模块故障

故障现象:网络通信中断。

故障分析:网络通信节点或模块与机架不匹配。

排除办法:

(1)检查节点匹配情况,排除故障。

(2)检查模块与机架的匹配情况,排除故障。

(3)根据主从控制器的判断,排除故障。

(四)机架设备故障

故障现象:设备频繁失灵;通信频繁中断;设备松动。

故障分析:机架设备是承载系统设备的骨骼,如果机架设计不合理而勉强安装,或机架变形和松动等,都将对系统设备有严重影响。

排除办法:

(1)检查机架安装的尺寸、空间要求是否满足设计。若不满足设计要求,需更换。

(2)紧固机架。

(五)运行温度过高

故障现象:设备频繁死机;通信有丢包;设备频繁故障。

故障分析:设备箱柜过于狭窄,通风不畅,无法满足设备的散热需求;环境温度过高,附近有热源等;电气设备尤其是精密电子设备都有较高的运行环境温度要求,超出其范围都将严重影响工作状态甚至损坏设备。例如,北方地区严寒季节没有加热措施,南方地区不仅潮湿还会因为温差的问题导致冷凝水损坏设备。

排除办法:

(1)检查环境温度和设备箱柜内温度,是否超出设备要求的环境温度范围。

(2)检查通风情况,散热设备运作是否良好。

(3)判断箱柜内外温差是否过大,检查是否需要加强保温和封堵。

(4)检查设备表面温度是否异常过热,是否需要维修和更换设备。

(5)检查周边有无热源干扰,如果有,需要对设备或热源进行移位。

九、传感器及调节机构故障检修

(一)传感器

传感器及调节机构故障反映在系统中有传感器数值一直为"0"、满或超量程,数值与现场对比仪表偏差大,数值不随探测量同步变化或不连贯等现象。

1. 线路故障

故障现象:传感器数值一直为"0"、满或超量程。

故障分析:线路故障。

排除方法:

1)电源线路故障

(1)用万用表检测电源进线传感器电压。

(2)不符合额定电源范围,检查电源供应部分。

(3)没有电压输入,无电压逐段线路排查故障或检查系统配电情况。

2)反馈线路故障

使用万用表检查控制器I/O输入端子输入信号是否与传感器输出信号一致。若不一致则排查故障线路。

2. 传感器故障

故障现象:数值与现场对比仪表偏差大、数值不随探测量同步变化或不连贯。

故障分析:传感器故障。

排除方法:

(1)使用标准仪表在传感器相同的地点进行测量,读取相应的检测数据。

(2)将检测数据计算出对应的电信号,使用万用表检测测量传感器输出电信号,检查是否一致。

(3)更换传感器或在控制器中处理误差值。

3.应急操作

(1)传感器的应急操作一般是对传感器松脱处进行紧固。

(2)在系统内根据实际信号,将传感器输入值设定为某测试值。

(二)调节机构

调节机构故障反映在系统中有调节机构的数值一直为"0"、满或超量程,数值与现场对比偏差大。

1.线路故障

故障现象:执行机构完全无法按控制命令动作。

故障分析:电源线路开路或反馈线路开路。

排除方法:

1)电源线路故障

(1)用万用表检测电源进线执行机构电源电压、频率。

(2)判断电源电压是否在正常范围(220VAC±50%)内,电源频率是否在正常范围(50Hz±2%)内。

(3)如是电源电压、频率不正常,没有电压输入或电压不符合则检查相同配电部分线路,无电压逐段排查线路故障或检查系统配电情况。

2)反馈线路故障

使用万用表检查控制器I/O输入端子输入信号是否与执行机构输出信号一致。

3)控制线路故障

使用万用表检查控制器I/O输入端子输出信号是否与执行机构控制信号一致。

2.执行机构故障

故障现象:数值与现场对比偏差大。

故障分析:执行机构故障。

排除方法:

(1)将执行机构某开度或行程计算出对应的电信号。

(2)控制信号,检查执行机构开度或行程是否一致。

(3)调整执行机构控制信号参数或更换执行机构。

3.应急操作

(1)执行机构的应急操作一般是执行机构临时手动操作到某个安全运行开度。

(2)在系统内根据实际需要,将执行机构的值设定为某测试值。

十、二通阀及执行机构故障检修

(一)二通阀及执行器常见故障及原因

1.不能操作

(1)阀体受异物干扰。

(2)执行器控制电路板故障。

(3)执行器电动机的驱动电源故障。

(4)执行器电动机故障。

2.阀体不能移动到位

(1)阀体受异物干扰。

(2)行程反馈元件故障。

(3)执行器控制电路板故障。

3.不能正确输出行程状态信号

(1)行程反馈元件故障。

(2)执行器控制电路板故障。

4.执行器不正常发热,有异响

(1)阀体不能移动到位,导致动作异常。

(2)执行器控制电路板故障,导致动作异常。

(二)二通阀及执行器故障检修

若判明是二通阀执行器故障,则须更换执行器;若判明是二通阀阀体故障,则须通过更换执行器来解决。

1.阀门的拆装

(1)阀门拆除时,用钢字在阀门上及与阀门相连的法兰上打好检修编号,并记录该阀门的工作介质、工作压力和工作温度,以便修理时选用相应材料。

(2)检修阀门时,要求在干净的环境中进行。首先清理阀门外表面,或者使用压缩空气吹,或者用煤油清洗。

(3)检查外表损坏情况,并做记录。

(4)接着拆卸阀门各部件,用煤油清洗,检查部件损坏情况,并做记录。

(5)对阀体阀盖进行强度试验。对密封圈可用红丹粉检验,检查阀座、闸板的吻合度。

(6)检查阀杆是否弯曲,有无腐蚀,螺纹磨损情况如何。

(7)检查阀杆螺母的磨损程度。对检查出的问题进行处理。

(8)重新组装阀门。组装时,垫片、填料要全部更换。

(9)进行强度试验和密封性试验。

2.安装方向和位置注意事项

(1)调节二通阀具有方向性,在阀体上有方向标志。

(2)阀门安装的位置必须便于操作,闸阀禁止倒装。

3.施工作业

(1)安装前,应对阀门做检查,核对规格型号,清除阀内的杂物。

(2)清扫阀门所连接的管路,用压缩空气吹去氧化铁屑、泥沙、焊渣及其他杂物。

(3)安装螺口阀门时,将密封填料包在管子螺纹上,避免弄到阀门里,以免阀内存积,影响介质流通。

(4)安装法兰阀门时,要注意对称均匀地锁紧螺栓。阀门法兰与管子法兰必须平行,间隙合理,须与管子焊接的阀门,应先点焊,再将关闭件全开,然后焊死。

4. 保温棉

阀内介质温度低,会引起结露,需要安装保温棉保护。

5. 填料更换

在更换填料时,要一圈一圈地斜压入。每圈接缝以 45°为宜,圈与圈接缝错开 180°。填料高度要考虑压盖继续压紧的余地,又要让压盖下部压填料室适当深度,此深度一般可为填料室总深度的 10%～20%。对于要求高的阀门,接缝角度为 30°,圈与圈之间接缝错开 120°。除填料处,还可根据具体情况,采用橡胶 O 形环、三件叠式聚四氟乙烯固、尼龙碗状圈等成形填料。

十一、系统电源故障检修

系统电源的故障表现为系统电源供应中断。

(一) UPS 故障

故障现象:UPS 无电源输出。

故障分析:具体查询故障代码。

排除方法:

(1)进行旁路供电。

(2)确认开机无进一步损坏时,开机查询历史故障记录,查询故障代码。

(3)寻求厂家或专业公司检修。

(二) 电池组故障

故障现象:市电 UPS 旁路输出。

故障分析:电池组无电。

排除方法:

(1)电池组开关故障,更换电池组开关。

(2)电池组故障,使用万用表测量每块电池正负极的电压,偏离额定电压 10%、外观变形或发热异常的电池需要更换。

(3)替换的电池参数要求与原电池组参数相差不大,安装完毕需上电观察 2～3h,确认电池无异常发热或变形。

(三) 变压器故障

BAS 传感器或执行机构常用的电源为 24VAC 电源,此类电源通常使用变压器进行 220VAC 到 24VAC 的转换。

故障现象:变压器无 24VAC 输出。

故障分析:电源线路开路或变压器损坏。

排除方法:

(1)线路故障。使用万用表测量变压器的线路,输入端电阻比输出端电阻稍大。

(2)输入输出故障。使用万用表测量变压器的输入端,如断路则是一次线圈短路,更换变压器;使用万用表测量变压器的输出端,如断路则是二次线圈短路,可能是变压器保险烧断,修复二次端或更换变压器。

（四）开关电源

BAS 传感器或执行机构常用的电源为 12VDC 或 24VDC 电源,此类电源通常使用开关电源整流获得 12VDC 或 24VDC 电压。

故障现象:开关电源无 12VDC 或 24VDC 输出。

故障分析:电源线路开路或开关电源损坏。

排除方法:

(1)线路故障。使用万用表测量变压器的线路。

(2)输出故障。开关电源输出一般有输出保护功能,电流过大时可实现自动保护,带负荷使用万用表检测无电压输出,不带负荷检测正常时,可着重检查用电设备负荷情况。

十二、系统接口故障检修

硬线接口故障表现为系统对接口设备的监控失效,通信接口故障在各个系统中表现为数据变灰或出现报警等现象。

（一）硬线接口故障

1. 接线端子故障

故障现象:接线端子无法固定或线路不通。

故障分析:接线端子故障大多数是接触不良。

排除方法:

(1)如果是螺钉滑丝导致接触不良,更换端子。

(2)如果是触点氧化接触电阻过大,打磨触点后拧紧端子。

2. 设备控制权设置不当

接入 BAS 的设备,其设备控制权一般在就地控制箱有"就地""远控"等设置,在集中控制室也有"就地""遥控"等设置。需要在设备就地控制室及集中控制室将设备设置到"远控"和"遥控"的位置,BAS 才可以对设备实现监控。

故障现象:设备无法控制。

故障分析:设备控制权设置与控制等级不匹配。

排除方法:正确切换控制权限。

3. 继电器故障

BAS 的输入输出 I/O 模块一般都需要经过继电器接入被控设备的二次控制回路中,这样可以保护 BAS 控制器及 I/O 模块,避免强电损坏。

故障现象:继电器输出信号与要求不一致。

故障分析:继电器触点、电源及底座故障。

排除方法:继电器故障可检查继电器的触点、电源及底座,损坏严重更换继电器及底座。

4. 线路故障

BAS 到被控设备间的输入输出回路。

故障现象:设备控制或反馈线路信号与实际不一致。

故障分析:控制或反馈线路开路、短路或接地。

排除方法:该类故障在切断电源情况下可直接使用万用表检测线路的导通情况,逐段确定故障点,找到故障点更换故障线路。

(二)通信接口故障

故障现象:通信相关信息变灰或通信设备报故障。

故障分析:接口模块故障或通信线路故障。

排除方法:

(1)通信模块故障。BAS 一般使用特殊的通信模块与其他系统进行通信连接,更换通信模块后,需下载程序才可消除故障。

(2)线路故障。BAS 通信接口通常是点对点线路。该类故障在切断回路情况下可直接使用万用表检查线路的导通情况,找到故障点更换故障线路。

十三、大屏系统故障检修

(一)大屏控制器加电无反应

故障现象:大屏幕投影加电无反应。

故障分析:电源模块故障。

排除方法:

(1)使用万用表检测大屏幕投影配电是否正常,排除电源故障。

(2)检查信号处理接口和数字显示组件之间的连接线接触是否牢固,排除接线问题。

(3)检查电源开关是否打开,POWER 灯是否亮起,排除电源开关或电源模块问题。

(二)大屏控制器开机正常,但大屏无图像

故障现象:大屏控制器开机正常,但大屏无图像。

故障分析:显示线路故障。

排除方法:

(1)检查 RGBHV 输入端各个端子是否正确连接,排除接线问题。

(2)确认 RGBHV 输入端是否显示图像信号,排除端口问题。

(三)投影机黑屏

故障现象:投影机黑屏。

故障分析:接口模块故障或通信线路故障。

排除方法:

(1)刚开机就黑屏。

尝试用 VWAS 大屏控制软件先把黑屏的投影机关闭,过 3min 后再次打开该投影机,或将该投影机的电源关闭后再重开。

(2)运行中出现黑屏。

①检查箱内接口到投影光源处的白色数字线。

②断电检查灯泡是否损坏,或灯泡已经老化。

③投影部件故障,联系厂家处理。

实训4-6 车站工作站控制器故障检修

班级：	学号：	姓名：	小组：
实训任务	车站工作站控制器故障检修		

【实训目标】
1. 掌握车站工作站控制器常见故障检查方法步骤。
2. 了解车站工作站控制器故障检修后注意事项。

【实训过程】
1. 车站工作站控制器所有二极管不亮故障检查步骤
(1) 检查控制器电源开关是否闭合。
(2) 检查电源端口是否松脱。
(3) 检查通信端口是否松脱。
(4) 用万用表测量 AC 220V/AC 24V 变压器一次进线和二次出线电压是否正常。
(5) 在车站工作站主机软件平台上查看是否连接上现场控制器,如不能则说明车站工作站控制器与现场工作站控制器通信出现故障。
(6) 用万用表测量现场控制器电源输入口端子间电压是否正常。
(7) 排除以上故障后,若仍是控制器故障,需更换控制器。
2. 车站工作站控制器一个或几个控制器 LED 不亮故障检查步骤。
(1) 根据车站工作站控制器手册中相关 LED 指示灯所代表的含义进行检修。
(2) 通过车站工作站主机操作系统与控制器连接测试情况进行控制器检修。
3. 故障处理后注意事项
故障处理后,必须对被控设备进行实际动作试验运行。当设备运行正常,软件测试正常后,才能认为维修处理结束,然后对现场周围进行清理,并及时和车站工作人员办理作业完毕手续。检修人员应及时认真填写检修单,记录故障情况及检修内容。对于无法处理完成的故障,现场维修人员应通知专业工程师到现场及时处理;对于一时无法完成的故障应报维修单位调度和环控调度员,并做好应急措施,尽快安排维修。

【总结评价】

评价人：	小组名称：	工作流程 (30分)	团队协作 (20分)	执行情况 (50分)	总分 (100分)
自评					
互评					

日期：

实训 4-7　现场控制器故障检修

班级：		学号：	姓名：	小组：
实训任务			现场控制器故障检修	

【实训目标】
　1．掌握现场控制器常见故障检查方法步骤。
　2．了解现场控制器故障检修后注意事项。

【实训过程】

故障设备	故障现象	故障原因分析	故障检修
传感器	传感器安装连接处出现泄漏	（1）连接线缆或线缆连接处损坏。 （2）传输线路受干扰	（1）断开传感器端和模拟量输入模块端的线路连接。 （2）使用万用表、兆欧表等仪器检测线路的电气性能。 （3）如果线路有故障，在更换线缆以后，要重新检查线路的电气性能。 （4）必须确保线路屏蔽性能，排除电磁干扰
	传感器显示数值与现场实际不符，误差过大	（1）现场环境有外部因素，使传感器受到物理损坏和污损。 （2）使用环境的异物导致传感器关键探测元件的污损	更换传感器的步骤如下： 1）拆卸 （1）简单清理传感器外表。 （2）断开传感器电源供应端，拆卸连接线路并用绝缘胶布包扎线头，因传感器拆卸后悬空的线缆应临时束缚固定好。 （3）拆出的传感器搬运过程中注意做好保护措施。 （4）恢复施工现场。 2）安装 （1）正确安装、固定传感器。 （2）线路连接前必须检查确定无异常电压和信号，正确连接线路。 （3）检查传感器及安装连接处是否有泄漏。 （4）检查传感器工作状态、输出信号。 （5）恢复施工现场
	传感器外观出现严重破损	（1）安装或使用过程的操作不当，导致传感器受到物理损坏。 （2）传感器关键探测元件老化	
二通阀及执行机构	不能动作	阀体受异物干扰卡死	排除异物
		执行器控制电路板故障	更换执行器控制电路板
		执行器电动机的驱动电源故障	更换驱动电源
	阀体不能移动到位	阀体受异物干扰	排除异物
		行程反馈元件故障	更换反馈元件
		执行器控制电路板故障	更换执行器控制电路板

续上表

故障设备	故障现象	故障原因分析	故障检修
二通阀及执行机构	不能正确输出行程状态信号	行程反馈元件故障	更换反馈元件
		执行器控制电路板故障	更换执行器控制电路板
	执行器异常发热,有异响	阀体不能移动到位,导致动作异常	参考项目四任务五中有关二通阀阀体的拆装过程
		执行器控制电路板故障,导致动作异常	更换执行器控制电路板

【总结评价】

评价人:	小组名称:	工作流程 (30分)	团队协作 (20分)	执行情况 (50分)	总分 (100分)
自评					
互评					

日期:

任务六　BAS 与其他系统

BAS 根据外界条件、环境因素、负载变化情况自动监测、调节照明、通风、空调、电梯、给排水、门禁、能源管理等各种设施设备,使其始终运行于最佳状态,自动监测并处理如停电、火灾等意外事件,自动实现对各种能源的使用、调节与管理,从而保障运营环境既安全可靠,又节约能源。

一、BAS 与低压配电和照明

针对工作照明、事故照明和障碍灯等特殊照明,BAS 主要功能有监测照明设备的运行状态,控制各站台、站厅和楼梯等照明定时开关,控制事故应急照明等,具体包括如下:

(1)站内公共区域照明开启和关闭(数字量输出)。

(2)站内公共区域照明开关状态(数字量输入)。

(3)站内公共区域照明开启和关闭程式控制(模拟量输出)。

(4)办公室照明程式控制(模拟量输出)。

(5)站厅照明开启和关闭(数字量输出)。

(6)站厅照明开启和关闭程式控制(模拟量输出)。

(7)站厅照明开关状态(数字量输入)。

二、BAS 与通风空调系统

针对空调及冷热源、通风环境监测与控制等,BAS 主要功能有监测空调机组状态,测量空调机组运行参数,控制空调机组的最佳开/停时间和预定程序;监测新风机组状态,控制新风机组的最佳开/停时间和预定程序;监测和控制排风机组;控制能源系统工作的最佳状态等。

常见的设备控制点及监控参量包括如下:

(1)空调机组开关状态(数字量输入)。

(2)空调机组过载报警(数字量输入)。

(3)空调机组故障报警(数字量输入)。

(4)空调机组开启及停止(数字量输出)。

(5)空调机组手动/自动转换(数字量输入)。

(6)过滤网堵塞(数字量输入)。

(7)冷水阀控制(模拟量输出)。

(8)新风、回风调节控制(模拟量输出)。

(9)送、回风的温度、湿度(模拟量输入)。

(一)新风机组的控制和监视

每台空调机都可选择手动/自动控制,在自动控制模式下,BAS 将按时间表管理来操作空调机,执行相关的空调机程序和联锁。在手动状态下,BAS 功能失效,但监视功能仍然保留。新风机组监视的运行参数有送风及室外新风温、湿度,调节新风风阀,冷冻水阀的开度,风机启停,等等。

常见的设备控制及监控参考点包括如下:

(1)风机开关状态(数字量输入)。

(2)新风机过载报警(数字量输入)。

(3)新风机故障报警(数字量输入)。

(4)新风机开启及停止(数字量输出)。

(5)新风机手动/自动转换(数字量输入)。

(6)滤网堵塞(数字量输入)。

(7)冷水阀控制(模拟量输出)。

(8)新风、回风阀调节控制(模拟量输出)。

(9)新风温、湿度(模拟量输入)。

(10)新风、回风开关(数字量输出)。

（二）通风设备的控制和监视

每台风机都有选择开关来选择手动/自动控制定时时间表中每天开机/关机时间，BAS将存储每台风机的整个运行时间，这些数据将按需要在工作站给操作员显示。

常见的设备控制点及监控参量包括如下：

(1) 排烟机开关状态（数字量输入）。
(2) 排烟机故障报警（数字量输入）。
(3) 排烟机开启及停止（数字量输出）。
(4) 排烟机手动/自动转换（数字量输入）。
(5) 排风机开关状态（数字量输入）。
(6) 排风机故障报警（数字量输入）。
(7) 排风机开启及停止（数字量输出）。
(8) 排风机手动/自动转换（数字量输入）。
(9) 送风机开关状态（数字量输入）。
(10) 送风机故障报警（数字量输入）。
(11) 送风机开启及停止（数字量输出）。

三、BAS 与电梯

平时运行时对电梯运行状态进行监视，火灾事故时自动扶梯停止运行，直升梯运行至地面。

（一）直升梯监测和控制

常见的设备控制点及监控参量包括如下：

(1) 直升梯状态（数字量输入）。
(2) 直升梯停止运行（数字量输出）。
(3) 直升梯故障（数字量输入）。

（二）自动扶梯监测和控制

常见的设备控制点及监控参量包括如下：

(1) 自动扶梯状态（数字量输入）。
(2) 自动扶梯停止运行至地面（数字量输出）。
(3) 自动扶梯故障（数字量输入）。
(4) 自动检测、显示、打印各种机电设备的运行参数及其变化趋势或历史数据。
(5) 根据外界条件、环境因素、负载变化情况自动调节各种设备，实现对站内各种机电设备的统一集成管理、协调控制，使之始终处于最佳运行状态。

四、BAS 与给排水

针对给排水设备控制子系统，BAS 主要功能有监测给排水设备的状态，测量用水量及排水量；检测污物、污水池水位、水箱水位及异常警报；过滤公共饮水、控制杀菌设备、监测给水水质；控制给排水设备的启停；监测和控制卫生、污水处理设备运转及水质等。

整个供水系统由若干台水泵和各类水池、储水箱组成,每台水泵都可选择手动/自动控制。BAS将根据水位的高低来操作泵的启/停,将存储每台泵的整个运行时间,并且自动更换泵的运行,以确保每台水泵有较平均的运行时间。当水位超过设定的高、低水位位置时,BAS将给出报警信号。

整个排水系统由若干台排水泵和污水池组成,每台排水泵都可选择手动/自动控制。BAS将存储每台泵的整个运行时间并且自动更换泵的运行,以确保每台水泵有较平均的运行时间。

(一)水位信号监测

常见的设备控制点及监控参量包括如下:
(1)下水池水位信号(数字量输入)。
(2)上水池水位信号(数字量输入)。

(二)生活水泵监测和控制

常见的设备控制点及监控参量包括如下:
(1)生活水泵开关状态(数字量输入)。
(2)生活水泵故障报警(数字量输入)。
(3)生活水泵开启及停止(数字量输出)。
(4)生活水泵手动/自动转换(数字量输入)。

(三)污水泵监测和控制

常见的设备控制点及监控参量包括如下:
(1)污水泵状态(数字量输入)。
(2)污水泵报警(数字量输入)。
(3)污水泵开启和停止(数字量输入)。
(4)污水泵手动/自动转换(数字量输入)。
(5)污水泵水位监测(数字量报警输入)。

(四)集水泵监测和控制

常见的设备控制点及监控参量包括如下:
(1)集水泵状态(数字量输入)。
(2)集水泵报警(数字量输入)。
(3)集水泵开启和停止(数字量输入)。
(4)集水泵动/自动转换(数字量输入)。
(5)集水泵水位监测(数字量报警输入)。

五、BAS与冷水机组

冷冻机一般由数台构成,在一般情况下须预留一台机组用作后备,每个机组的开、关取决于定时时间表。热负载情况在冷冻机的供水端和回水端安装冷冻水旁通阀,用来控制空调机单元和风机盘管单元开始关闭时系统产生的压力。同时,它可用于在冷冻水供水端和回水端保持一定压力,使冷冻水流向空调机。

常见的设备控制点及监控参量包括如下：
(1)冷水机组开启与停止(数字量输出)。
(2)冷水机组故障报警(数字量输入)。
(3)冷水机组状态(数字量输入)。
(4)冷水机组手/自动转换(数字量输入)。
(5)冷冻水出水温度(模拟量输入)。
(6)冷冻水出水压力(模拟量输入)。
(7)冷冻水蝶阀开关(数字量输出)。
(8)冷却水蝶阀开关(数字量输出)。
(9)冷冻水总供水管温度(模拟量输入)。
(10)冷却水总供水管温度(模拟量输入)。
(11)冷冻水总供水管温度(模拟量输入)。
(12)冷冻水总供水管压力(模拟量输入)。
(13)冷冻水总回水管温度(模拟量输入)。
(14)冷冻水总回水管压力(模拟量输入)。
(15)冷却水总回水管温度(模拟量输入)。
(16)冷却水总回水管压力(模拟量输入)。
(17)冷冻水压差旁通调节阀控制(模拟量输出)。
(18)冷冻水压差旁通调节阀状态(数字量输入)。
(19)补水箱水位(数字量输入)。
(20)冷冻水泵水流开关指示(数字量输入)。
(21)冷冻水泵状态(数字量输入)。
(22)冷冻水泵故障(数字量输入)。
(23)冷冻水泵开启与停止(数字量输出)。
(24)冷冻水泵手动/自动转换(数字量输入)。
(25)冷冻水泵电流(模拟量)。
(26)冷却水泵水流开关指示(数字量输入)。
(27)冷却水泵状态(数字量输入)。
(28)冷却水泵故障(数字量输入)。
(29)冷却水泵开启与停止(数字量输出)。
(30)冷却水泵手动/自动转换(数字量输入)。
(31)冷却水泵电流(模拟量)。
(32)冷却塔状态(数字量输入)。
(33)冷却塔故障(数字量输入)。
(34)冷却塔开启与停止(数字量输出)。
(35)冷却塔手动/自动转换(数字量输入)。
(36)冷却塔冷却水蝶阀开关(数字量输出)。
(37)冷却塔冷却水蝶阀状态(数字量输入)。

六、BAS 与 FAS

(一) BAS 和 FAS 接口

在 IBP 内利用通信转换接口和位于车站控制室的车站 FAS 主机串口相连,用于接收经 FAS 确认的火灾报警信息。控制器对报警信息按照防火分区与模式的对应关系进行解析,产生火灾模式号,同时向 HMI 触发一条报警,模式号存放在 PLC 内存中的事件缓冲区内,接下来进行工况判断和冲突判断,如果和当前运行模式冲突,则模式号继续保存在事件队列中,不冲突则成为执行模式号,查表得出设备级指令,再根据各个设备所在位置形成基于各控制器的设备级命令,通过车站以太环网向相关控制器发送设备控制命令,由各控制器完成设备控制,从而完成火灾联动控制功能。

(二) 防灾联动控制

车站 BAS 须完成部分消防联动控制功能,即在车站发生火灾的情况下,须完成对车站防排烟系统的火灾模式控制功能。

FAS 火灾报警信息通过串口接入 BAS。BAS 根据火灾报警信息进行解析,得到发生火灾的具体位置,并且得出相应的火灾模式号。BAS 将解析的结果写入 ISCS 数据区,并以报警的形式在车站工程师站和 IBP 面进行显示,并根据模式号进行模式优先级和冲突判断,如果模式能够执行,则转变为具体设备控制指令,由车站主控 PLC 分解指令到相关 ECS 控制器中实现设备级的控制。

车站 BAS 可有效地应对和处理各种紧急情况,如车站火灾、隧道火灾、隧道阻塞、车站突发事件等特殊情况。在车站,BAS 具有和 FAS 的接口,可实时接收 FAS 发出的车站火灾信息。BAS 和 ISCS 有接口,可接收来自 OCC 的模式命令,同时通过车站 BAS 工程师站和 IBP 均可对车站 BAS 发出紧急模式指令。车站 BAS 当接收到上述任何一个信息时,能够在第一时间进入防灾模式,实时控制与调度防灾设备按既定方式运行。

课后互动

1. 简述 BAS 的主要功能。
2. 简述 BAS 的监控对象及内容。
3. 简述 BAS 的监控模式。
4. 简述 BAS 的硬件设备操作。
5. 简述 BAS 的监控软件操作。
6. 简述 BAS 的维护管理组织。
7. 简述 BAS 与其他专业的关系。

项目五　环控系统与城市轨道交通应急处理

学习目标

1. 了解城市轨道交通应急处理的流程和环控系统相关设备的工作过程；
2. 了解 FAS 与 BAS 的联动工作过程；
3. 掌握城市轨道交通火灾工况下的烟气控制方式；
4. 掌握城市轨道交通阻塞工况下的送/排风模式。

思维导图

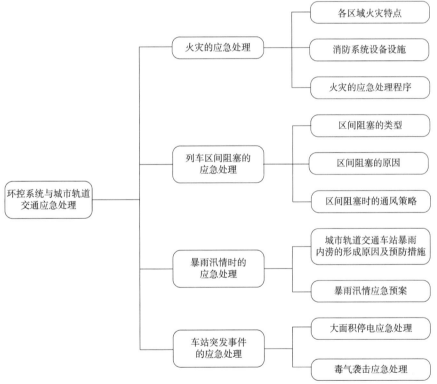

情境设置

地铁内人员密集、结构复杂，一旦发生突发事件势必会对正常运营甚至对乘客的生命安全造成影响。因此，李明知道自己应掌握地铁应急处理程序，熟悉环控系统在地铁火灾、区间阻塞、暴雨内涝、大面积停电、毒气事件等应急处理中的操作，以便快速、有效地处理各种突发事件。

任务一　火灾的应急处理

城市轨道交通人员密集，建筑结构复杂，环境相对封闭且通风效果差，加上钢筋混凝土结构对电磁波有一定的屏蔽作用，妨碍无线通信指挥。一旦发生火灾，扑救相当困难，极易造成重大的人员伤亡和财产损失。城市轨道交通火灾有可能发生在设备区、站厅、站台、隧道区间、列车等区域，不同地点的火灾事故特点、成因和后果不尽相同。

一、设备区

设备区火灾成因主要是由于操作人员误操作或电气设备的故障隐患等意外情况。设备区一般情况下仅允许运营管理人员进入，而运营管理人员均接受过上岗培训，对火灾的预防警惕性较高，一般不会出现人为纵火或携带危险品等情况。另外，设备区一般人流量有限，运营管理人员平时接受过消防救灾演习。因此，人员疏散一般不是难点，主要需要预防和避免的是电气设备短路或爆炸而引起次生事故。

二、车站公共区域

车站公共区域的火灾成因较为复杂。相对来说，电气设备故障隐患或人员误操作等意外情况引起火灾的概率较低，但乘客随身携带违禁危险品造成火灾的概率比较高。因此，需要重点关注疏散联动，预防和避免引起恐慌性踩踏。

公共区域人员众多且年龄结构、身体状况、火灾应急逃生素质大不相同。城市轨道交通车站的有机高分子装饰材料和乘客行李物品遇到火灾会产生有毒有害烟雾，人如果大量吸入，可能造成死亡。另外，由于烟雾粒子对光具有很强的吸收和散射作用，导致光强度明显减弱，加剧了乘客惶恐状态，致使乘客在惊慌的状态下很难在黑暗中逃生。因此，为避免城市轨道交通火灾引起较大恐慌，疏散时的送风排烟和应急照明格外重要。

三、区间隧道

区间隧道火灾成因主要是牵引供电设备故障或列车内乘客携带易燃易爆等危险违禁品。区间隧道起火点不易确定，可使用的灭火剂要比常规的楼宇建筑少，而且混凝土承重结构体遇火容易发生塌落，救援人员很难靠近起火部位，加之常规无线救援通信设备无法使用，这些不利因素均会导致扑救时间延长。

由于区间隧道逃生途径少，垂直高度大，逃生距离长，排烟条件差，照明昏暗，疏散条件最差，自救意识较差的乘客会盲目走动逃窜，手忙脚乱，因此极易发生踩踏等事故，造成二次伤亡。所以当列车未丧失动力时，应尽量行驶到下一车站以便于进行人员疏散。只有当列车完全失去动力时，才可在区间疏散。疏散时应进行隧道排烟风机的联动，控制正确的送排风方向，将接触网断电，打开隧道应急照明和区间联络通道门，全程由运营人员疏导。

四、城市轨道交通列车

列车火灾成因主要是乘客携带易燃易爆等危险违禁品。根据城市轨道交通火灾试验研究结果,当列车发生火灾时,允许乘客逃生的时间只有短短 6min 左右。列车上人员密集、通风差、疏散通道狭窄,车厢内的拉杆扶手、广告贴画等均为易燃材料,一旦着火就会迅速蔓延扩散。假如乘客的行李或衣服也被引燃,火势会瞬间扩大,此时逃生允许时间会更短。

五、消防系统设施设备

(一)消防标志

在火灾事故中,人们若在事故发生初期,就应按照消防标志找到消防设施,采取正确的疏散和灭火措施,就能避免大量人员伤亡。因此,消防标志不但是消防员处理火情的好帮手,也是人们在火灾危急关头的救命符。

1. 红色消防标志牌

红色的消防标志牌,用于说明各种消防设备、设施安装的位置,引导人们在发生火灾时采取合理正确的行动,如图 5-1 所示。

图 5-1 红色消防标志牌

2. 绿色发光疏散指示标志

绿色的发光疏散指示标志设置在疏散走道和主要疏散路线的地面或靠近地面的墙上,如图 5-2 所示。

图 5-2 绿色发光疏散指示标志

想一想

看消防标志图片并写出标志的含义。

（二）FAS

FAS 是城市轨道交通消防系统中重要组成部分。它能尽早地探测火灾并发出警报，提醒人们及时撤离，尽快采取灭火救援措施，并对各种灭火、防火设施进行联动控制。

FAS 由火灾触发器件、火灾报警控制装置、火灾警报装置以及火灾联动控制装置组成。在城市轨道交通建筑物和设施发生火灾后，由火灾触发器件感知，传送信息到控制装置，控制装置启动相关警铃、闪光灯等报警设备，同时启动防排烟及灭火系统等设备，并联动控制卷帘门、门禁、广播、闭路监控等其他专业系统设备，启动各种消防设备，组织人员疏散，控制火灾蔓延。

火灾触发器件包括自动和手动两种报警装置。其中，自动报警装置通常指火灾报警探测器，常用的探测器有烟雾探测器（图 5-3）、温感探测器（图 5-4）、火焰探测器等；手动报警装置主要是手动报警按钮，如果被监视现场发现火情，可以通过按下手动报警按钮快捷、准确地向火灾报警控制器通报火情。

图 5-3 烟雾探测器

图 5-4 温感探测器

想一想

城市轨道交通手动报警装置应如何使用？

火灾报警控制盘是 FAS 的心脏，是系统运行的指挥中心，担负着整个系统监视、报警、控制、显示、信息记录和档案存储等功能。当正常运行时，自动监视系统的运行状态和故障诊断报警；当发生火灾时，接受探测器、手动报警按钮的报警信号，并将其转换成声光报警信号，指示报警部位，记录报警信息，通过自动灭火控制装置启动自动灭火设备和消防联动控制设备。车站级 FAS 构成如图 5-5 所示。

（三）自动灭火系统

自动灭火系统由存储输送灭火介质的管网子系统和探测报警的控制子系统组成，平时由后者监视防护区的状态，并按预先设定的控制方式启动灭火装置，达到扑救防护区火灾的目的。

主变电站、变配电站、信号设备室及车站控制室等车站的设备用房中，由于仪器众多、设备复杂、相对封闭，该区域应以气体自动灭火系统为主。常用的灭火气体有卤代烃类气体、惰性气体、IG-541 气体。影响灭火效果的主要因素有以下两方面：一方面取决于防护区封闭情况，另一方面是灭火介质来源受限,无法持续灭火。气体灭火系统动作流程图如图 5-6 所示。

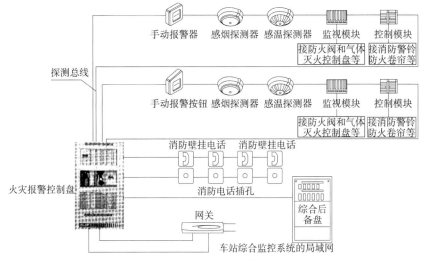

图 5-5 车站级 FAS 构成

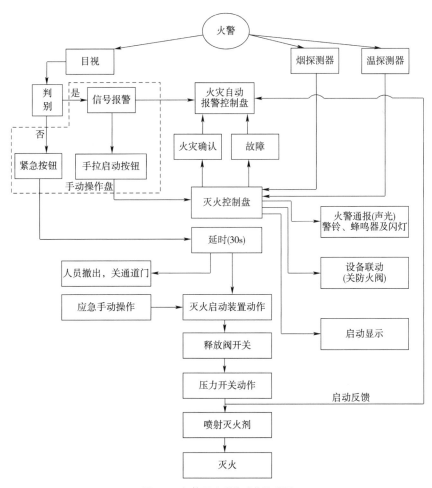

图 5-6 气体灭火系统动作流程图

1. 卤代烃类气体灭火系统

1) 卤代烃类气体灭火系统的原理

卤代烃类气体灭火剂是通过化学作用,抑制燃烧过程中的化学反应以达到灭火目的。常用的卤代烃类气体灭火剂有七氟丙烷和三氟甲烷两种,按贮存压力又分为 2.5MPa(低压)与 4.2MPa(高压)两类。

2) 卤代烃类气体灭火系统的特点

卤代烃类气体灭火系统的特点见表 5-1。

卤代烃类气体灭火系统的优缺点　　　　表 5-1

优　点	缺　点
(1) 适用范围广。适用于任何一种防护区类型,对中、小空间场所的保护具有技术和经济方面的优势。 (2) 灭火速度快、效率高,其单位体积防护区空间所用气量要远低于通过物理作用达到灭火目的的其他灭火剂。该类灭火系统储气量较少,单个气瓶占用的面积较少,是惰性气体类灭火系统的 1/2。 (3) 前期造价较低,在规模小、防护区集中的车站,在造价上有一定的优势,与惰性气体灭火系统比较,造价比约为 3∶4	(1) 在灭火过程中产生的热腐蚀产物(如 HF 气体等)容易对精密仪器造成损害,气体喷放后需要及时开启排风系统。 (2) 卤代烷灭火剂与哈龙气体都属于氟系列的灭火剂,在大气中存活时间长,同时温室效应值高,不利于环保。 (3) 灭火介质单价高,占初期投资比例高,维护充装费用要高于惰性气体灭火系统

2. 惰性气体类灭火系统

1) 惰性气体类灭火系统的原理

惰性气体类灭火系统主要靠物理作用将防护区内的氧气浓度降低至不支持燃烧的范围内,从而达到灭火的目的。目前最常见的惰性气体有氮气、IG541 混合气体和氩气三种。惰性气体灭火介质源自大气,属环保型灭火剂。

2) 惰性气体类灭火系统的特点

惰性气体类灭火系统的特点见表 5-2。

惰性气体类灭火系统的优缺点　　　　表 5-2

优　点	缺　点
(1) 纯天然的洁净气体灭火剂,不会对大气臭氧层产生任何破坏作用,是真正的绿色型环保型灭火剂。 (2) 在灭火过程中无任何分解物,平时以气态储存,喷放时不会形成浓雾而造成视野不清,使人员在火灾时能清楚地分辨逃生方向。 (3) 系统保护距离较长,一般在车站两端各设置一个气瓶室即可满足消防系统要求,建筑布置灵活,能充分体现组合分配式系统的优点。 (4) 维护充装费用要低于卤代烃类气体灭火系统	(1) 储存压力高达 15~20MPa,对各产品部件的承压标准、密封效果、输送管道的施工质量及维护管理的要求较高。 (2) 以窒息性的物理作用灭火,设计浓度高,气瓶数量多。 (3) 惰性气体单个气瓶室占用的面积相对卤代烷类气体灭火系统大,虽然总的气瓶室数量少,但是气瓶室占用的总面积与卤代烷灭火系统相差无几。 (4) 灭火时会产生较高正压,所以对防护区结构要求较高

知识拓展

列车防火挡烟帘系统

地铁列车一旦发生火灾，火焰蔓延非常迅速，如果不采取必要的防火隔离措施，人员疏散和逃生将非常困难，很容易造成群死群伤事件。为此，某消防研究所新开发出一种地铁列车专用的柔性防火挡烟帘（图5-7），由烟雾探测器、防火挡烟帘主体结构和控制系统组成。当发生火灾时，可自动或手动降下，将火灾和烟气控制在一定范围内，为人员疏散和逃生创造有利条件。点火实验表明，防火挡烟帘系统在30min的持续火灾情况下保持了完整性，火焰未从起火车厢蔓延至临近车厢，并且安装了防火挡烟帘系统的车厢内能见度较高，烟雾量很少。

资料来源：李利君，葛欣国，王新钢.城市轨道交通列车防火挡烟帘防火及挡烟性能研究[J].消防界，2018，4(12)：58-59.

图5-7 防火挡烟帘

（四）通风排烟系统

城市轨道交通通风排烟系统根据位置和特点不同，分为隧道通风排烟系统、车站公共区域通风空调系统和车站设备管理用房通风空调系统。

1. 隧道通风排烟系统

区间隧道通风排烟系统由隧道风机及其组合风阀、风道组成。车站两端各设置若干活塞风道和可正反向运行的隧道风机，风机互为备用且排风量需达到要求。通过机械通风风道上的各个组合风阀开闭与隧道风机启停的各种组合，实现正常、阻塞、火灾等工况的切换。

车站隧道通风排烟系统由车站轨道排风机及其组合风阀、风道、风管组成。车站隧道排风道作为总排风道，由站台下排风道及轨顶风道从车站中心往两端延伸至轨道排风室，最后通过专设的金属风管和轨道排风机排入车站两端。车站两端各设置若干车站轨道排风机，并联运行，互为备用。排风机至少能够在250℃的高温下持续运行1h，满足火灾工况的运行要求。

2. 车站公共区域通风空调系统

车站每端设置两台可逆转TVF轴流风机，兼作排烟风机，风量满足同时排除站厅和站台两个防烟分区的烟量。站台轨道上方排风管道、站厅层和站台层排风管兼作排烟管道，排烟风口沿车站纵向布置。站台各排烟管道上均设有可电控的防火阀，可根据不同的火灾部位，切换不同的管道排烟。当车站内发生火灾时，应立即转换车站公共区域通风空调系统进入火灾模式，保证站厅到站台的楼梯和扶梯口处具有不小于1.5m/s的向下气流。通常气流组织形式是采用两侧自上而下送风，送风管分设在沿车行方向站厅和站台上方两侧，中间上部设回/排风管，车站轨行区正上方设回/排风管道并均匀布置排风口。长度超过60m的地下通道和出入口通道应设机械排烟系统。

3. 车站设备管理用房通风空调系统

车站设备管理用房面积超过200m²房间应设机械排烟系统，最远点至车站公共区域超过20m内的走道也应设机械排烟系统,且走道内设置常闭排烟口;排烟风机单独设置,排烟管路与设备管理用房排风系统共用。

知识拓展

城市轨道交通轴流风机

城市轨道交通轴流风机一般用于城市轨道交通环控系统内的通风换气,有TVF、排热风机(UPE/OTE风机)、单向运转耐高温轴流风机、单向运转常温送/排风机和可逆转射流风机等多种类型。

可逆转式风机能通过改变电机旋向实现反向通风,反风量接近正风量的100%;而单向运转式风机是指只能单向通风的城市轨道交通轴流风机。城市轨道交通轴流风机与配套的消声器、风阀等附件构成城市轨道交通环控系统通风设备的主要组成设备,用于车站或区间隧道、车站大系统、车站小系统的送风、排风和排烟。

1. TVF风机

TVF风机是城市轨道交通环控通风系统的关键设备,一般布置在车站的两端,每端设置两台,分别对应上、下行线区间,如图5-8所示。通过组合风阀的开闭控制实现多台风机串、并联运行或互为备用,其安装图如图5-9所示。正常情况下,TVF风机用于早晚清洁通风,运作时间从城市轨道交通运营前0.5h开始至运营结束后0.5h。在列车火灾工况和阻碍工况时,区间两端车站TVF风机视情况并联或单机进行正转或反转运行,以达到向隧道送风或排风的目的。

图5-8 TVF风机结构图

1-机壳;2-叶轮;3-整流罩;4-防喘振装置;5-防潮加热器接线盒;6-加油嘴;7-铭牌;8-测振接线盒;9-测温接线盒;10-主接线盒;11-排油嘴

图5-9 TVF风机安装图

1-加油嘴;2-铭牌;3-接线盒;4-电机;5-叶轮轮毂;6-风机叶片;7-防护网

2. UPE/OTE风机

UPE/OTE风机一般设置在车站两端的排热风道内,每端设置一台,各自承担1/2车站的轨顶排风和站台下排风,以排除车站区间的余热,减少列车发热量对车站区间的影响。UPE/OTE风机兼具排烟功能,属于长期运行风机,从城市轨道交通运行开始至运营结束期间一直运行。在列车阻塞工况下,UPE/OTE风机仍然运作;在列车火灾工况下,视火灾位置UPE/OTE风机关停或运作。

3. 单向运转耐高温轴流风机

在列车正常工况时，单向运转耐高温轴流风机与空调箱联合运作，保证车站公共区域的温、湿度达到设计标准；在列车火灾工况时，根据车站火灾位置的不同进行排烟，形成乘客疏散的诱导风速，也用于设备管理用房火灾工况排烟。

4. 单向运转常温送/排风机

单向运转常温送/排风机向车站送入足量的新风，既保证车站乘客新风的供给和车站公共处空气质量，也用于设备管理用房通风空调系统。

5. 可逆转射流风机

可逆转射流风机是一种特殊的轴流风机，其结构如图 5-10 所示。它可设置在区间轨道的出入线、存车线、渡线和折返线，一般安装在区间侧面，如图 5-11 所示。在列车阻塞工况、火灾工况下，根据列车所在位置和火源位置，进行正转或逆转，配合 TVF 风机对区间通风进行气流组织。

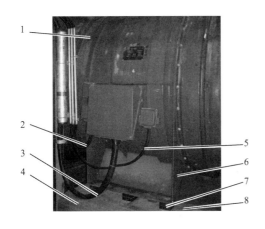

图 5-10　射流风机结构图

1-耐高温软节；2-控制电缆；3-动力电缆；4-混凝土基础；5-控制电缆；
6-风机底座；7-减震器；8-预埋钢板

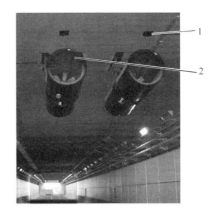

图 5-11　射流风机安装图

1-预埋钢板；2-风机吊架

资料来源：北京京港城市轨道交通有限公司培训资料。

（五）BAS 与 FAS 的联动工作过程

BAS 是对城市轨道交通建筑物内的通风空调系统、给排水系统、自动电/扶梯、低压配电等车站设备进行自动化监控及管理的自动化控制系统。FAS 与 BAS 的联动工作是城市轨道交通火灾应急的重要一环。为保证联动工作顺利，要对系统各部分进行调试，提前发现问题，保证设备性能满足系统正常运行的要求，从而提高城市轨道交通线路运行的稳定性和安全性。

1. FAS 的调试

1）火灾报警装置调试

（1）烟雾感应。将烟感安装在烟雾检测器的入口处并固定好，通过拉杆调节高度，使烟感能准确对准入口，然后点燃烟感内的线香，并开启烟雾检测器。如果烟雾检测器发出提示，则说明该烟雾检测器工作正常。

(2)温度感应。将升温装置与温度检测器连接,开启升温装置与温度检测器。如果温度上升到设定的标准值,温度检测器发出警报,则说明该温度检测器正常。

2)手动报警按钮调试

逐个开启手动报警按钮,如果对应的报警器发出报警信号,则说明手动报警按钮能够正常发挥作用。

3)防火卷帘的调试

将防火卷帘控制系统与烟雾感应、温度感应系统进行连接,对检测器进行升温、吹烟以模拟实际工况。当烟雾检测器或者温度检测器检测到危险源时,通过反馈控制系统使得防火卷帘自动落下,然后将防火卷帘落下的信息反馈给控制室。如果防火卷帘正确动作且有反馈信息,说明防火卷帘运行正常。

4)气体灭火系统的调试

气体灭火系统调试主要有电气控制与手动控制两种方式,首先手动开启气体释放器,气体经过系统延时以后被释放出来,气体输出管道中的压力检测器就会把气体释放的信息反馈给控制中心,让控制中心把该区域外的警报系统开启,禁止所有人员入内,直到火灾扑灭。

2. BAS 的调试

1)空调系统调试

通过调试,了解城市轨道交通车站空调系统的运行质量及能量消耗情况,然后对空调系统的冷水机组、风机盘管、送风机、回风机、管路设计等方面的合理性作出评价。由于城市轨道交通车站内部结构比较复杂,所以整个调试与评价的过程需要经过较长一段时间。

2)给排水系统的调试

调试前应认真审阅图纸,熟悉给排水系统和各类设备制造厂家的相关技术说明书,按系统图核对设备和管道连接的准确性和可靠性,对水泵、水箱等设备进行完整性检查,或加油,或清洗,确保设备能投入正常运行。对循环泵事先做好单机试车,做好系统循环清洗工作与管道系统水压试验、消毒试验、通水灌水试验。检测消防水泵电控柜的接触点,防止220V电源传入电控柜中,对电控柜造成损伤。

3)照明设备的调试

调节动力照明部分的接电感应电压,保证系统的稳定性。当出现紧急事故时,将照明供电集中在事故处理部分,其余部分暂时切断。

3. BAS 与 FAS 的联动控制

1)接收有效的报警信息

BAS 只响应 FAS 的模式控制命令,而 FAS 不能直接传递模式命令。因此,BAS 必须要对 FAS 的数据进行整理和过滤,分拣出代表模式命令的信息。FAS 输出的信息包括火警、手报、温感、矩阵、与组、故障、状态等事件,而 BAS 接收的只是有效的逻辑与组编号。

FAS 事先针对不同防火防烟分区的烟感或温感探头,设置不同的逻辑与组,当该组内相邻两个探头报警时,FAS 将输出该与组的编号,作为该防火防烟分区确认的火灾报警信息,与组编号代表特定防火防烟分区的模式命令。因此,BAS 将在 FAS 传递的众多信息中分拣与组编号信息,查表确定对应的防排烟模式命令编号。另外,BAS 通过 CBP 协议接收上层通信路径传递来的与组编号信息,这一层的数据过滤在运行于 BAS 监控工作站的接口驱动进程中实现。BAS 监控工作站利用 CIP 协议将该信息实时写入 PLC 的另一共享内存中,同样 PLC 将根据该信息查表产生对应的防排烟模式命令编号。

由于火灾事件是有先后顺序的,因此在接口数据处理任务中设计了一个长度 20 的数组文件作为事件队列,用于缓存防排烟模式号,为 BAS 后续处理做准备。此时事件队列程序模块将比较两条路径传递来的信息。如果数据相同,则视为同一火灾事件;如果数据不同,则作为两个不同的事件,这些事件以模式号的方式进入事件队列。至此,联动控制的第一个步骤完成,这一步是 BAS 实现联动控制的基础。

2)模式优先级及冲突判断

城市轨道交通工况一般有火灾工况、阻塞工况和正常工况等,对应的模式有防排烟模式、阻塞模式和正常模式等。其中,防排烟模式具备执行的最高优先级。另外,城市轨道交通一般设有隧道风系统、车站公共区域风系统(大系统)和设备用房及管理用房风系统(小系统)3 类风系统。当同一风系统对应的不同防火(防烟)分区同时出现火灾时,根据要求要启动不同的防排烟模式。如果不同的模式对同一设备的动作要求不一样的情况,这种情况定义为模式冲突,此时 BAS 在响应并执行第一个模式的时候就不能执行第二个模式,以上工作全部由 BAS 的 PLC 来进行判断和处理。当出现火灾工况时,BAS 首先根据事件队列里的模式号来判断工况,以决定能否优先执行该模式,接着进行模式冲突判断,看是否和当前同级别的模式冲突。以上判断的结果就意味着联动控制的第二步完成。

3)发布模式命令,实现火灾模式控制

经过以上两个步骤,事件队列里的某个模式经判断能够执行时,BAS 将根据该模式号查表,取出对应的设备命令分解传输到各个就地级控制器中,由就地级控制器实现对车站通风空调及相关防排烟设备的控制,转入灾害模式运行并反馈执行信息,至此完成联动控制。图 5-12 为 FAS 与 BAS 联动控制示意图。

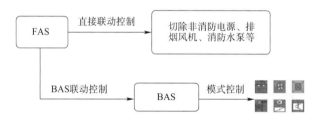

图 5-12 FAS 与 BAS 联动控制示意图

六、火灾的应急处理程序

研究表明,在城市轨道交通事故中,如果人们不能在 6min 内迅速、有效地逃生,就基本没有生还的可能性。所以,一旦城市轨道交通车站或列车发生火灾,需立即启动相应的应急处理程序。火灾模式的指令来源有 FAS 报警指令、IBP 按钮指令、车站综合监控工作站点操指令以及控制中心综合监控工作站点操指令。在最先发现火情的位置,由车站工作人员、列车司机、OCC 调度人员或乘客操作报警设备,经火灾工况预判,排除误报警后启动火灾模式,进而全面启动火灾应急处理程序。

（一）车站火灾的应急处理程序

火灾应急处理程序主要包括客运组织应急处理、设施设备响应和行车组织应急处理三部分。

1. 客运组织应急处理

在火灾发生的第一时间，OCC 指挥车站进行现场客运组织处理，启动车站火灾预案。值班站长具体负责现场指挥，适时调整人员岗位，保证应急处置效率。当事态严重时，分公司即刻形成现场抢险救援领导小组，下设行车客运指挥组、抢险救援组、救援疏导组、医疗救治后勤组和新闻信息组等 5 个工作组，负责后期应急抢险救援组织工作。

车站值班员负责与公安、消防及上级部门联系，并做好站内各岗位的信息传递、广播及实时监控工作；机动人员携带应急物品发放给各岗位人员，并根据值班站长指令进行应急处置；客服中心服务人员保管好票款，开启专用通道，引导人员疏散；站台站务人员做好站台监控和接发车工作，并做好乘客的引导工作；安检员停止安检，在出入口做好乘客的只出不进引导；保洁员在客流集中点协助工作人员做好乘客的引导工作。图 5-13 为火灾工况时客运组织信息传递流程。

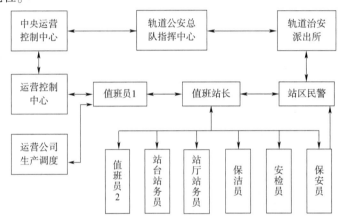

图 5-13　火灾工况时客运组织信息传递流程图

2. 设施设备响应

1）FAS 响应

报警并启动自动灭火系统进行灭火。

2）车站环控系统设施设备响应

停止车站冷水系统。通过消防联动柜手动或自动发出控制信号，开启或停止通风与排烟功能。停止通风机，关闭防火阀，通风系统停止使用。开启排烟阀，启动排烟机，排烟系统投入使用。防火阀关闭信号、排烟阀开启信号、通风机和排烟风机运行信号均反馈到消防中心。

若站台层发生火灾，则向站厅层送风，停止向站台层送风。站台层进入高速排烟状态，使站台层对站厅层形成负气压，阻止烟雾向站厅层蔓延，并形成楼梯（自动扶梯）通道的逃生气流通道，可参考二维码 1。

若站厅层发生火灾，则向站台层送风，停止向站厅层送风，站厅层进入排烟状态，使站厅层对地面及站台层形成负气压，阻止烟雾向站台层蔓延，并形成地面楼梯通道的逃生气流通道，可参考二维码 2。

排烟量应能确保楼扶梯开口处形成 1.5m/s 向下的自然补风，火灾时应

二维码 1

该确保烟气被控制在起火层内。通风排烟系统应该能提供至少 6min 的可用安全疏散时间。为了确保安全,排烟机一般不通过消防联动控制系统自动关闭,只设置手动关闭方式。

3)车站自动售检票系统(AFC)响应

进出站闸机常开,自动售票机停止售票。

二维码 2

4)车站客运服务设施响应

切断照明、广告照明、无障碍电梯等三类负荷电源。正常状态下,设施设备响应可以自动完成,若自动响应失灵,则由车站值班员人工调整相关设备状态。

3. 行车组织应急处理

车站及时将火灾工况的影响情况向线路控制中心汇报,行车值班员及时与行车调度员联系,由线路控制中心进行行车调整。当火势未影响到行车安全时,列车在车站办理通过作业,过站不停车,此时列车和车站做好广播解释工作。当火势影响到行车安全时,站台关闭,列车调整运行交路,退出本站运营,车站做好人员疏散及清场工作。

(二)列车火灾的应急处理程序(二维码3)

1. 客运组织应急处理

当列车发出火灾报警信息后,司机应立即通过视频监控系统实时画面进行观察,确认发生火灾后,立即向行车调度员报告。行车调度员与司机确定乘客疏散方向,下达疏散命令,组织相关车站工作人员赶赴现场。乘客疏散方向根据列车位置不同,有以下两种情况:

二维码 3

1)列车在车站发生火灾时

司机应阻止乘客进入火场,迅速开启所有车门,组织乘客撤离列车。具体的疏散程序基本与车站内火灾的安全疏散相同。

2)列车在隧道发生火灾时

司机要尽一切可能保持列车运行至前方车站,疏散乘客,且立即使用广播告知乘客不要操作车门紧急解锁手柄,否则列车会紧急制动,失去牵引力无法运行进站;通过广播安抚乘客不要跳车,列车即将到达前方车站,已采取措施尝试灭火等;到站后,司机立即确认车门、检查屏蔽门是否已全部打开,乘客疏散完毕后,立即降弓。

如果列车不能进入前站且被迫停止在隧道内,必须立即疏散乘客。司机要与行车调度员共同确认疏散方向,得到区间疏散命令后,立即断开高压及牵引、制动控制电源打开车门,保持列车应急照明,利用车载广播组织乘客疏散。

当列车头部着火时,乘客必须从车尾快速走到后站;当列车中部着火时,乘客必须分别从两端走到前站和后站;当列车的尾部着火时,乘客必须快速从列车头部司机室疏散门下车并快速撤离至前站。此时,隧道通风系统迅速启动排烟模式,为乘客提供必要的新鲜空气,形成一定的迎风风速,促使站内乘客安全疏散。

2. 设施设备响应

1)防排烟模式、照明响应

列车能维持进站时,到站打开车门、屏蔽门后,启动站台区间火灾排烟模式。环控调度员可远程确认排烟模式是否启动,如发现未启动或接到车站不能启动报告,环控调度员可再次尝试远程启动。如启动失败立即通知维修工程部生产调度,安排人员现场启动相关设备设施。

列车区间疏散时,司机打开所有车门,环控调度员根据着火部位、疏散方向,开启相应隧道排烟模式和隧道事故照明。

2)供电保障响应

列车区间疏散时,电力调度员尽可能维持事发区段接触网供电。列车到前方车站疏散时,立即通知供电、接触网专业人员赶往相应车站,做好该供电臂停电和挂接地线准备工作。列车到站疏散完毕,该供电臂所有列车出清后或消防人员要求,立即停止该供电臂供电。

3)设备设施岗位人员响应

着火列车到站后,驻站机电人员立即到车站控制室,确认排烟设备是否启动,如未启动,立即到现场启动。另外,确认是否需要切断设备电源,配合车站的疏散和灭火行动。

3.行车组织应急处理

行车调度员接到司机报告后,立即拨打110、120救援电话及报告市交通运输指挥中心,通知着火列车前方车站准备疏散,通知事发区间立即停运,组织其他列车小交路运行,禁止进入事发车站,已进入区间的列车安排退回,并组织该供电臂运行的列车到位清客后,出清该供电臂。

后续司机如果发现前方列车发生区间火灾,应立即停车,向行车调度员报告,按行车调度员指示行车。

实训5-1　区间隧道火灾通风排烟应急演练

班级:	学号:	姓名:	小组:
实训任务	区间隧道火灾通风排烟应急演练			

【实训目标】
1. 了解城市轨道交通区间隧道通风排烟系统的设备组成。
2. 掌握城市轨道交通区间隧道火灾时通风排烟设备功能及其操作方法。

【实训过程】
(1)进入城市轨道交通区间隧道,了解通风排烟系统组成。

隧道通风排烟系统由隧道风机(图5-14)、风道(图5-15)、组合风阀(图5-16)、防火阀(图5-17)、排烟风机控制箱组成(图5-18),由BAS控制(图5-19)。

(2)监控火灾发生后FAS与BAS的联动工作过程。

(3)模拟隧道区间火灾情况下,开启站厅送风,隧道及站台排烟模式的操作。

(4)监控送风和排烟风机的工作效果。

(5)模拟隧道区间乘客疏散过程。

图5-14　隧道风机

图5-15　风道

图5-16　组合风阀

  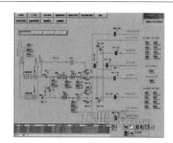

图 5-17　防火阀　　　　图 5-18　排烟风机控制箱　　　　图 5-19　BAS 控制界面

【总结评价】

评价人：	小组名称：	工作流程 （30 分）	团队协作 （20 分）	执行情况 （50 分）	总分 （100 分）
自评					
互评					

日期：

实训 5-2　车站火灾通风排烟应急演练

班级：	学号：	姓名：	小组：
实训任务	车站火灾通风排烟应急演练		

【实训目标】
1. 了解并学会操作城市轨道交通车站的消防设备设施。
2. 能够掌握城市轨道交通车站火灾时的应急处理程序。

【实训过程】
（1）操作车站 FAS 火警手动报警器，报告火警。
FAS 由火灾触发器件、火灾报警控制装置（图 5-20）以及火灾联动控制装置组成。火灾触发器件包括各种探测器和火警手动报警器（图 5-21）。
（2）开启自动灭火系统进行灭火（图 5-22）。
（3）模拟车站站厅层火灾情况下，开启站台排烟，站厅送风模式的操作。
（4）模拟车站乘客疏散过程。

图 5-20 火灾报警控制装置

图 5-21 火警手动报警器

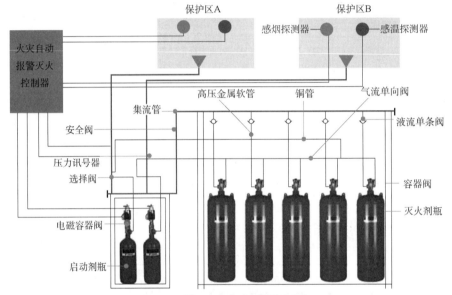
图 5-22 自动气体灭火系统

【总结评价】

评价人：	小组名称：	工作流程 （30 分）	团队协作 （20 分）	执行情况 （50 分）	总分 （100 分）
自评					
互评					
					日期：

任务二　列车区间阻塞的应急处理

城市轨道交通正常运营时,列车一般不会在区间隧道内停靠。一旦车辆或供电系统等发生故障,就会造成列车被迫停靠在区间内并超过一定时间,即"区间阻塞",其发生概率比火灾的发生概率要高得多。近年来,城市轨道交通列车行驶过程中停在区间的情况时有发生,停车时间从数秒钟至数十分钟不等,有的甚至超过1h,个别情况还会导致乘客不得不在区间内进行疏散。因此,做好区间阻塞的应急处理十分重要。

一、区间阻塞的类型

(一) 单点阻塞

只有一列列车迫停在区间,其前后紧邻区间、对侧及其紧邻区间都无列车占用。此时,其邻近车站可能会有车,也可能无车。该阻塞场景即单点阻塞,如图5-23所示。

图5-23　单点阻塞

(二) 连续阻塞

在同一个行车方向上,相邻的两个或两个以上连续区间都有列车迫停时,称为连续阻塞场景,如图5-24所示。

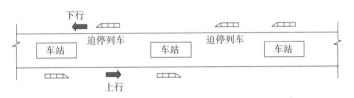

图5-24　连续阻塞

(三) 区域阻塞和多点阻塞

当两个行车方向上对应的上下行区间同时发生单点阻塞或连续阻塞时,称为区域阻塞如图5-25所示;当不连续的几个区间或区域发生阻塞时,称为多点阻塞。

图5-25　区域阻塞

二、区间阻塞的原因

(一)列车本体故障或乘客因素

由列车故障或乘客因素造成的短时间迫停,可能引起单点阻塞;若发生系统性故障,可能引起连续阻塞或区域阻塞,可参考二维码4。

二维码4

(二)轨行区异物侵限、接触网(轨)或列车局部故障等因素

当发生轨行区异物侵限、接触网(轨)或列车局部故障等单一故障时,一般会形成单点阻塞。如果紧急处理顺利,这种情况影响的范围不大。

(三)供电、车辆、信号等系统发生故障

该故障因素情况复杂,有时还伴随次生故障,往往使得受影响车次增多、处理时间延长,造成多点阻塞或区域阻塞,甚至波及整条运营线路或其他线路。

? 想一想

当发生区间阻塞时,BAS会有什么动作?

三、区间阻塞时的通风策略

城市轨道交通车辆一旦长时间滞留在隧道中,为保证列车中乘客的安全和健康,需要对发生阻塞的隧道进行通风,可参考二维码5。《地铁设计规范》(GB 50157—2013)中规定:"当列车阻塞在区间隧道时,应能对阻塞区间进行有效的通风。"同时,根据列车空调冷凝器的功能要求,"当列车车厢设置空调,车站设置屏蔽门时,隧道内的最高温度为40℃"。

二维码5

隧道通风方法可分为自然通风和机械通风。其中,自然通风是指隧道内的自然风及列车通过时所形成的活塞风。隧道自然通风只在一些特殊情况下才能实现,如行车速度快、隧道短等。当隧道自然通风不能满足要求时,需设置机械通风系统。根据机械风在隧道中的流动方向可将隧道机械通风方式划分为纵向式、横向式和半横向式三种类型。

当列车在隧道区间发生阻塞时,产生的主要热源包括空调冷凝器散热、电阻箱和轴瓦旁轴散热以及隧道照明散热等其他热源,可参考二维码6。如果通风不当,会使列车周围空气温度升高。当列车空调冷凝器进风温度高于46℃时,压缩机将部分卸载;当进风温度高于56℃时,压缩机停止转动。此时,如果遇到客流高峰期,车厢内的温、湿环境将迅速恶化,让乘客无法忍受。因此,阻塞工况通风设计的目标就是保证列车空调冷凝器附近温度低于46℃,列车空调器能正常工作。

二维码6

研究表明,当隧道断面平均风速低于4m/s时,车厢空调冷凝器无法正常工作;当隧道通风断面平均风速达到6m/s时,整列车车顶冷凝器处的最高温度为45.6℃,刚好满足在46℃以下,可以作为满足阻塞工况车厢空调正常运行隧道通风的临界风速。随着隧道通风断面平均风速继续增加,列车顶部温度逐渐下降,但下降幅度逐渐降低。当隧道通风断面平均风速高于8m/s时,车厢内温度浮动较大,使人体产生不舒适感。因此,当隧道通风风速为

6~8m/s时,既能够满足城市轨道交通列车空调冷凝器正常工作,又能够维持车厢内良好的热环境。

(一) 单点阻塞时的通风策略

单点阻塞是阻塞场景中最基本、最简单的阻塞场景。单点阻塞场景通风方案是当前我国城市轨道交通传统的阻塞通风方案。单点阻塞场景可能有三种工况:①阻塞区间邻接车站无列车停靠;②阻塞区间仅前方或后方车站有列车停靠;③前后阻塞区间邻接车站都有列车停靠。在上述三种单点阻塞场景中,工况①为最不利,其气流组织的难度最大。由于气流在阻塞区间受到的阻力较大,所以事故风机对阻塞区间的有效通风率较低。当其前方或后方车站有列车停靠时,由于气流在旁路受到的阻力加大,有利于气流流向阻塞区间。因此,当单点阻塞时,应按最不利工况(工况①)进行设计。站台屏蔽门系统的城市轨道交通通风方案通常需要事故区间两端车站的3~4台事故风机联合运行。典型的联合运行方式有以下两种。

方式一:事故区间两端车站的两座活塞风井内各运行一台事故风机,采用2送2排的串联通风方式,形成与行车方向相同的纵向风,如图5-26所示。

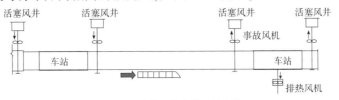

图5-26 单点阻塞串联通风方式

方式二:事故区间两端车站各一座活塞风井内两台事故风机并联运行也采用2送2排的并联通风方式,同样形成与行车方向相同的纵向风,如图5-27所示。

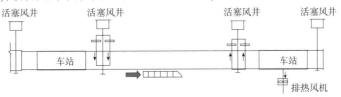

图5-27 单点阻塞并联通风方式

有些城市轨道交通公司在采用方式二时,同时开启运行车站另一座活塞风井内的两台事故风机,形成4送4排的并联形式。理论上,上述两种运行方式均能满足区间阻塞通风要求,但并联通风方式对两台事故风机位置的布置要求较高;并联通风方式中的风机位置相对区间风口和活塞井(单井时)必须对称,否则处于不利位置的风机可能会因其背压过大而启动不顺,同时还会造成并联风量下降,从而达不到风速要求。

此外,由于车站两端的事故风机分属两个降压变电所,故分属两端的事故风机可同时启动。而位于车站同一端的两台事故风机需错峰启动,以避免启动电流过大。单点阻塞时,采用单活塞风井的车站,由于活塞风井投入至阻塞区间的服务,会使对侧正常活塞通风受到一定影响,但不至于造成重大影响。

(二) 连续阻塞时的通风策略

事故风机采用隔站送排风的方式,是应对连续阻塞的有效策略,如图5-28所示。确定阻塞区段后,设置第1座车站的风机开启方向为排风(或送风),第2座车站的风机开启方向为送风(或排风),如此依次确认其他车站的风机启动方向,直至该区段的最后1座车站。

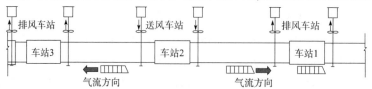

图 5-28　连续阻塞通风策略

当一侧区间连续阻塞时,如在常规区间,则开启一侧车站的两台事故风机即可满足区间的通风要求,无须再增大风机的开启规模。而当区间有渡线、联络线、出入线等配线时,则工况比较复杂,需根据具体情况增开风机数量、增大风机容量或采取其他辅助手段。

当城市轨道交通的一侧发生连续阻塞时,如城市轨道交通采用单活塞风井方案,则其对侧的连续几个区间都没有活塞井可以使用,会导致车站的排热风机不能发挥作用,通风环境无法持久,故区间对侧也无法长时间保持正常行车。而城市轨道交通采用双活塞风井时则情况相对好很多。当发生区间阻塞时,对风机开启时间要求不是特别高。当确认发生连续阻塞且短期内故障无法排除时,可由控制中心的环控调度员启动第1列列车前方车站的事故风机排风(或送风),后面邻接车站依次送风(或排风),直至阻塞区段最后1列列车后方车站的风机开启为止。

(三) 区域阻塞和多点阻塞的通风策略

当发生区域阻塞时,区域内上、下行区间同时有列车迫停,可采用的通风方案如图 5-29 所示。

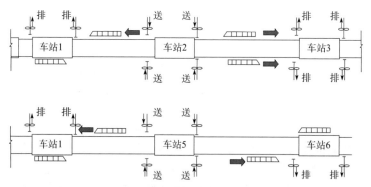

图 5-29　区域阻塞通风方案

当城市轨道交通采用双活塞风井串联通风方式时,如上、下行线同时发生阻塞,则上、下行线基本上可独立处理各自的阻塞情况(基本不相关),且同一车站可以上行事故风机送风、下行事故风机排风。当城市轨道交通采用单活塞风井串联通风方式时,其上、下行方向的通风方式是相互牵制的。如城市轨道交通采用单活塞风井并联方式,则无法应对上、下行线同时发生的区域阻塞。

当发生区域阻塞时,如确认无法在短期内排除故障,则可由环控调度员启动阻塞区域起点车站事故风机排风(或送风),后续车站隔站送风(或排风),直至该阻塞区域的最后 1 座车站为止。

如线路中多处发生单点阻塞,当阻塞点相距较远时,可各自采用单点阻塞通风模式;当阻塞点相距较近时,可采用区域阻塞通风模式处理。

实训 5-3　区间送/排风操作演练

班级:	学号:	姓名:	小组:
实训任务		区间送/排风操作演练	

【实训目标】
1. 了解城市轨道交通活塞通风和机械通风方式。
2. 能够根据区间阻塞类型开启相应事故风机,进行排风送风。
3. 了解阻塞工况下隧道区间通风风速要求,并监控送/排风系统工作情况。

【实训过程】
(1)调研城市轨道交通正常工况下活塞通风和机械通风情况。
①城市轨道交通正常工况下送/排风系统工作情况。
a. 自然通风:活塞风。
b. 机械通风:正常情况下,在每日城市轨道交通运营前 0.5h 和运营结束后 0.5h 运作 TVF 风机,进行早晚清洁通风,排除空气异味,改善空气质量。
②城市轨道交通阻塞工况下送/排风系统工作情况。
a. 自然通风:活塞风不能满足要求,主要依靠机械通风。
b. 机械通风:当列车被阻塞在区间隧道时,视情况开启 TVF 风机,一般为纵向的送排风系统,同时保证列车空调器能正常工作;当区间隧道较长时,一般在区间隧道中部设有中间风井协助送、排风。UPE/OTE 系统包括车站范围内、屏蔽门外站台下排热和车行道顶部排热系统,阻塞工况下开启 UPE/OTE 风机,协助排热。
(2)在单点阻塞工况下,分析情况并开启相应事故风机进行排风送风。
(3)在连续阻塞工况下,分析情况并开启相应事故风机进行排风送风。
(4)在区域阻塞工况下,分析情况并开启相应事故风机进行排风送风。

【总结评价】

评价人:	小组名称:	工作流程 (30分)	团队协作 (20分)	执行情况 (50分)	总分 (100分)
自评					
互评					

日期:

任务三　暴雨汛情时的应急处理

随着全球气候变暖,极端天气尤其是强降雨天气更是越来越频繁,城市轨道交通车站因恶劣降雨天气遭受积水进站的可能性越来越大。城市轨道交通车站积水倒灌可能会造成列车停运,乘客滞留,或者短时间内因倒灌造成城市轨道交通车站内人员恐慌,进而引发拥挤踩踏等事故。此外,如果站内积水不能及时排出,还会对站内各类电器设备产生影响,进而影响城市轨道交通的安全运行,对人们的生命财产安全构成极大威胁,可参考二维码7。

二维码7

研究表明,一旦洪水开始入侵地下空间,其被淹没面积会迅速扩大且水位也会快速爬升。在这种情况下,人们能够从地下空间安全逃生的临界水深为 0.3m,当水位上升至 0.5m 后,逃出地下空间的概率将极大降低。因此,虽然城市轨道交通站暴雨内涝事故发生的概率较低,但其后果比较严重,社会影响范围广且后效应大。为了提升城市重要基础设施防灾减灾能力,预防城市轨道交通暴雨内涝事故,应积极制订暴雨汛情时的应急预案,"以防为主,防排结合"是解决城市轨道交通暴雨内涝的主要途径。

一、城市轨道交通车站暴雨内涝的形成原因

(1)城市轨道交通周边配套市政设施与城市轨道交通建设不同步,既有市政管线无法满足城市地面不断硬化造成的雨水滞留,早期城市轨道交通规划设计与建设运营对于雨水内涝关注不足等方面的原因,使得遇大暴雨时,城市轨道交通站点或隧道洞口出现内涝现象。

(2)城市轨道交通车站周边市政管线数量多,路由复杂,管径大,压力高,管道接口差,再加之管道老化及产权单位多,管线调查资料不尽完善,城市基础建设也不完备,这是城市轨道交通被水淹的最大风险源。

(3)城市轨道交通工程主体处于地下,出入口、风道、风井、紧急疏散口、垂直电梯以及进入城市轨道交通的各种管线接口等都是外部水进入城市轨道交通的通道,可能进水的位置较多。

(4)城市轨道交通处于市政干线附近,同时还有部分城市轨道交通工程穿越河湖,发生意外时瞬间流量非常大。

(5)由于城市轨道交通出入口与既有过街通道等结合时双方的技术标准不匹配、双方归属不同管理部门问题,建成后发生水淹对网络化运营影响很大。

(6)城市轨道交通防洪抢险应急预案仍需根据近年来频发暴雨的情况,进一步完善机制。

(7)城市轨道交通车站内的排水措施及标准按照站内发生火灾工况时的排水能力设计,并不能完全满足大量的意外水量进入车站时的排水需求,因此城市轨道交通车站意外水淹应以"防堵"为根本原则。

二、城市轨道交通车站暴雨内涝的预防措施

(1)市政方面。改造落后的排水管道系统,提高市区的排水能力;疏通河道,提高市区内河调蓄能力。

(2)城市轨道交通出入口台阶高度要达到设计要求以降低地面雨水倒灌的危险性。台

阶越高,积水越不宜进入站厅。例如,2016 年 5 月 10 日早晨,广州降下大到暴雨,2h 雨量达 81.4mm,全城被淹。公交车内水流成河,倒灌进城市轨道交通站的雨水淌成瀑布,街道上水没过膝盖,多个区域交通受影响。城市轨道交通长㴦站 C 出口被雨水倒灌,长㴦站没有倒灌的 A 出口平台高约为 32cm,而 C 出口的平台则只有 26cm。

(3) 地下工程建设的一般防汛要求中规定正常工况下,城市轨道交通出入口台阶高度应高于周边 1km² 平均地坪的 0.45m 以上,同时要求设置防汛挡板,《地铁设计规范》(GB 50157—2013)中也要求地下车站出入口的地面高程一般应高出该处室外地面 300~450mm。当高度未满足当地防淹高度时,应加设防淹闸槽,槽高可根据当地最高积水水位设置。

(4) 增加城市轨道交通出入口外向马路倾斜的坡度。一定的坡度可以使城市轨道交通出入口附近的积水流到马路边缘的排水口,从而降低了地下车站受暴雨侵袭的可能性。

(5) 在容易出现倒灌的城市轨道交通出入口加装抽水设备,设置挡板、沙袋等防止倒灌。

知识拓展

不同类型城市轨道交通出入口应对暴雨内涝的能力分析

城市轨道交通出入口分为敞开式、封闭式和隐藏式三种类型,如图 5-30 所示。

(1) 敞开式出入口暴露空间最大,受暴雨的影响也最大,容易形成暴雨内涝。

(2) 封闭式出入口上方有遮雨棚,暴露空间要比敞开式出入口小得多,因此雨水不会直接落入出入口,减小了地下入口处的排水压力,而且出入口处大都设有 15~45cm 的台阶,路面积水很难进入地下站厅,所以封闭式出入口对于暴雨内涝来说较为安全。

(3) 隐藏式的出入口隐藏在通道尽头,出入口处设有台阶,而且通道的路面向马路倾斜,雨水进入地下站厅的可能性极小。因此,隐藏式的出入口对于暴雨内涝最为安全。

a) 敞开式

b) 封闭式

c) 隐藏式

图 5-30 不同类型的轨道交通出入口

资料来源:张丽佳.上海市地下轨道交通暴雨内涝脆弱性研究[D].上海:华东师范大学,2010:42-16.

三、暴雨汛情应急预案

城市轨道交通系统设置暴雨汛情应急预案应按照"安全第一、全体动员、全力抢险、减少损失"的方针,坚持"以人为本、预防为主、救人为先、专业处置"的原则,坚持团结协作,统一指挥,快速反应,严格处理,减少损失,可参考二维码8。

二维码8

(一)应急组织体系

城市轨道交通运营公司可根据汛期暴雨特点成立防汛应急领导小组,设置总指挥和副总指挥,下设技术支持组、现场抢险组、物资保障组、报警保护组和医疗救护组等应急工作小组。

1.总指挥

(1)批准启动应急预案,全面负责现场的指挥、协调及抢救工作。

(2)及时上报,确保事故信息及时、准确地传递现场信息。

(3)视汛情严重程度,要求报警保护组向相邻消防队、医院等机构请求求援。

(4)组织技术支持组视察现场,分析汛情,立即确定抢险方案。

(5)督促现场综合保护组做好汛情现场的警戒和保护,维持现场秩序。

(6)督促物资保障组按技术支持组要求迅速运送应急物资到汛情现场。

(7)指挥现场抢险组按照技术指导组确立的方案,迅速应急抢险。

(8)保障医疗救护组所需车辆、器具和救护资金。

(9)协助处理事故善后事宜,并配合事故调查。

(10)组织有关人员根据工程实际情况和演练所暴露出的预案缺陷,不断修订和完善应急救援预案。

2.副总指挥

(1)在总指挥领导下,协助总指挥开展各项工作。

(2)根据总指挥的安排,对防汛应急抢险工作进行具体落实和监督。

(3)当总指挥不在现场、无法联络或处于被困状态时,代行总指挥全部职责。

3.技术支持组

(1)根据事故现场情况及已编制的应急预案,及时制订出抢险救援方案。

(2)通知现场抢险组和物机保障组,组织人力、物力进行抢险,并派人在现场进行技术指导。

(3)参与编制、修订和完善应急预案。

4.现场抢险组

(1)负责对被困人员的抢救和疏散,确保人员安全,减少人员伤亡。

(2)负责对危险区域内化学品、电器设备的抢救转移,防止危害的蔓延。

(3)按照技术抢险方案组织抢险,防止危害扩大,最终消除不安全状态。

5.物资保障组

(1)组织安排电工保证事故现场的安全用电和应急照明。

(2)安排运输应急物资的车辆赶到事故现场,对缺少的物料立即联系进场。

(3)将应急物资及时运送到事故现场。

(4)定期检查应急的机电设备、物资储备情况,抓好机电设备维护、保养管理,保证应急设备、物资保持完好,对损坏和缺少的应急物资要及时补充。

6.报警保护组

(1)按总指挥的指示,负责内外联系,同时派人到附近路口给救援车辆引路。

(2)组织保安关闭工地大门,禁止闲杂人员进入,对已进闲杂人员进行劝导其离开。

(3)负责事故现场的警戒,划出警戒区域,严禁无关人员进入事故现场。

(4)对多事人员强行闯入后,要采取策略,委婉劝其离开,为防止其他人员向外发布不良信息,可请相关媒体通过正当渠道获取信息。

(5)保护好事故现场不被人为破坏。在移动伤者或物件前,做好标记和记号,并做好影像资料。

(6)当事故可能危及周边建筑物和附近道路行人的安全时,应及时通知相关人员,并组织工地附近人员有序撤离。

7.医疗救护组

医疗救护组负责对伤员进行现场急救,将伤员迅速、及时地运送到附近医院进行救治;安抚伤亡人员家属、亲朋,控制其情绪,防止出现过激行为。

(二)暴雨汛情响应分级

根据防汛突发事件可能造成的危害程度、波及范围、影响大小、人员及财产损失等情况,由低至高划分暴雨汛情可分为一般防汛突发事件(Ⅳ级蓝色)、较大防汛突发事件(Ⅲ级黄色)、重大防汛突发事件(Ⅱ级橙色)、特别重大防汛突发事件(Ⅰ级红色)四个级别。

1.蓝色预警

根据气象部门预报预警及监测信息,未来3h内将出现累计雨量大于30mm或小时雨量大于20mm以上的强降水,或者未来12h内降雨量将达50mm以上或已达50mm以上且降雨可能持续,城区主要道路和低洼地区开始积水,部分路段和低洼地区积水深度可能达20cm,部分立交桥下积水深度可能达30cm。

此时,防汛指挥部领导带班,人员到岗,24h值班,确保通信畅通,密切关注天气变化,加强天气会商和监测,城市轨道交通内信息播放系统及时发布汛情预警等信息,建议市民注意掌握汛情动态、交通状况;各相关部门要及时上报雨情、灾情及工作动态;重点防汛部位抢险人员提前到位,做好各项准备工作。

2.黄色预警

根据气象部门预报预警及监测信息,未来3h内将出现小时雨量大于30mm以上的强降水,或者未来6h内降雨量将达50mm以上或已达50mm以上且降雨可能持续。城区主要道路部分路段和低洼地区积水深度可能达20~30cm,部分立交桥下积水深度可能达30~50cm。此时,应及时调整城市轨道交通运营计划,必要时可延长运行时间,保障市民出行需要和出行安全。根据情况,组织巡查组对城市轨道交通周围重点防汛部位进行巡查,遇有险情及时主动抢险,城市轨道交通信息播放系统对汛情信息和工作动态进行实时播报。

3. 橙色预警

根据气象部门预报预警及监测信息,未来3h内将出现小时雨量大于40mm以上的强降水,或者未来3h内降雨量将达50mm以上或已达50mm以上且降雨可能持续。城区主要道路部分路段和低洼地区积水深度可能达30～50cm,部分立交桥下积水深度可能达50～100cm。此时,各级防汛指挥部门指挥人员和抢险人员应全部上岗到位,防汛专业抢险队伍全部在一线巡查,主动抢险救灾;城市轨道交通运营公司防汛应急指挥部与北京市应急指挥中心开通异地会商系统,各类有线、无线通信设备均处于开通状态,按照"统一指挥、分级负责"的原则,各部门分工协作,保障安全,城市轨道交通播报系统及时播报汛情最新信息和救灾抗灾动态。

4. 红色预警

根据气象部门预报预警及监测信息,未来3h内将出现小时雨量大于60mm以上的强降水,或者未来3h内降雨量将达100mm以上或已达100mm以上且降雨可能持续。城区主要道路部分路段和低洼地区积水深度可能达50cm以上,部分立交桥下积水深度可能达100cm以上。此时,应在橙色汛情预警响应的基础上,城市轨道交通各级防汛指挥部门、各抢险部门组织各方面力量投入防汛抗灾工作,确保重点防汛部位安全。

分析不同等级的暴雨汛情对城市轨道交通运营工作所造成的影响。

实训 5-4　暴雨天气给排水系统巡检

班级：	学号：	姓名：	小组：
实训任务	暴雨天气给排水系统巡检		

【实训目标】
1. 了解城市轨道交通给排水系统的组成和功能。
2. 了解城市轨道交通给排水系统的常见故障。
3. 根据日常巡检要求对给排水系统进行巡检并记录。

【实训过程】
(1)实地调研城市轨道交通给排水系统的设备组成,并了解给排水系统在正常工况下以及在暴雨汛期工况下的工作情况。

(2)熟悉正常工况下给排水系统巡检。

给水巡检应检查生产给水、生活给水和消防给水三大系统的水量、水质和水压是否满足要求,检查用水设备、引入管、水表、止回阀、电动蝶阀等设备工作状态是否正常。另外,各给水系统管材不同,生活给水主要采用复合塑料管,消防给水主要采用镀锌钢管及球墨铸铁管(图5-31),检查给水管材是否有老化破裂或锈蚀渗水的情况。

排水巡检应检查污水系统、废水系统和雨水系统的各个排水泵站(图5-32)的排水泵是否出现堵塞、是否有异物缠绕叶轮导致叶轮转速降低或卡死不转、排水管道和排水口(图5-33)是否堵塞。

(3)模拟进行暴雨工况下给排水系统的巡检,发现问题及时上报。

暴雨工况下重点巡检雨水系统排水设备工作情况,包括出入口、风道、风亭、风井、紧急疏散口、垂直电梯等进入城市轨道交通的各种管线接口处,排水泵是否工作正常,若排水量不能满足要求,及时加装抽水设备。在容易出现倒灌的城市轨道交通出入口加装挡板、沙袋等设施,防止雨水倒灌。

图 5-31　给水管道

图 5-32　排水泵站

图 5-33　雨水排水口

【总结评价】

评价人：	小组名称：	工作流程 （30分）	团队协作 （20分）	执行情况 （50分）	总分 （100分）
自评					
互评					

日期：

任务四　车站突发事件的应急处理

突发事件是指突然发生后造成或者可能造成严重社会危害，需要采取应急处置措施加以应对的自然灾害、事故灾难、公共卫生事件和社会安全事件。突发事件具有突发性、紧迫性、复杂性、社会性、不确定性及危害性等特点。随着突发事件的迅速发展、演变，所造成的损失可能会越来越大。因此，需要通过建立应急管理系统，加强应急管理体系建设，提高应急管理能力，以实现快速、合理、有效地应对突发事件的目的。

一、大面积停电应急处理

遇城市轨道交通大面积停电时，应以"安全第一"为前提，统一指挥、快速反应、各司其职、密切配合,尽快修复故障、恢复正常运营,减小事故影响范围。大面积停电突发事件应急措施应包括如下几个方面。

(一)情况汇报

大面积停电事故发生后,现场负责人要第一时间向控制中心报告,经电力调度员确认后,控制中心立即通知电力、通信、信号、机电等相关专业人员,并将停电信息向上级汇报。主管领导接报后,应立即成立应急指挥中心,并安排故障抢修组、行车指挥组、客运组织组、对外联络组、后勤保障组等分别开展工作。

(二)故障抢修

遵循"先通后复"的原则,先对故障点进行隔离,以保证正常设备的运行,必要时可以采取"单边供电""越区供电"等措施,使电力系统在最短时间内恢复到能够维持正常运营的状态。待当日运营结束之后,再对相关设备进行进一步检修、更换以及事故的分析和调查工作。

1. 成立抢修小组,赶赴事故现场

电力调度员根据监控系统报警情况或相关人员的报告,初步判断事故发生的地点和原因,并及时通知电力维修人员。电力维修人员在接到控制中心发出的抢修命令后,应立即集合所有人员组成抢修组,携带必要的抢修器具赶赴事故现场。如果影响范围较大,事故点不在一处位置的应分头行动。

2. 判断事故原因,制订抢修方案

抵达事故现场后,抢修人员应全面了解事故的影响范围以及设备的损坏情况,对事故发生的原因作出初步判断,并按照"先通后复"的原则制订抢修方案,向电力调度员报告。

3. 开展抢修工作,随时保持联系

在征得电力调度员同意后,立即开展抢修工作。在抢修过程中,要注意防护人身安全,做好安全防范措施,对抢修工作的进展情况及时向电力调度员报告。如果事故涉及范围较大,需要人力或设备、器具支援,要立即联系,紧急调配。

4. 排除电力故障,撤离事故现场

抢修工作结束后,观察设备运行状况,向电力调度员报告,注销作业手续,并试送电;应加强对设备的巡视,无人值守变电站必要时可增加值守人员。

(三)行车组织

在事故发生后,行车调度员应立即制订行车调度方案,并上报值班主任批准。行车指挥工作要遵循"安全、稳定"的工作原则,在不受大面积停电影响的区域要尽可能维持正常运营,保证列车服务。在大面积停电区域要和故障抢修、车站工作、电客车司机及其他岗位工作人员密切配合,保证对设备进行及时、顺利的抢修,使乘客得以安全疏散。

在制订行车调整方案时,要综合考虑停电范围、行车间隔、线路情况、车辆状况等不同因素,主要有以下几种措施可供选择:

(1)小交路运行。在不受大面积停电影响的区域,充分利用区间渡线安排列车折返,维持小交路运行。

(2)分段运行。如果大面积停电发生在线路中部区域,可在不受影响的线路两端各自维持小交路运行。

（3）单线双向运行。如果只有一条线路供电受影响，可安排另外一条线路进行单线双向运行。在这种情况下，如果单向线路距离过长，势必会影响列车运行效率。因此，可以分段分别进行单线双向行车，以提高行车效率。

（4）列车跳停。如果列车牵引供电未中断，而车站发生大面积停电，可在相应车站工作人员疏散完毕后进行闭站，通过车站的列车不再停车。

在行车调整过程中，行车调度员要将列车调整情况及时向车站通报，以便于车站妥善地安排好客运组织工作。

（四）客运组织

客运组织工作应与行车组织工作密切配合，把乘客的安全放在第一位，在安全得到保证的基础上，最大限度地提高服务质量水平。在事故发生后的第一时间内，车站值班人员和列车司机应利用广播向乘客发布相关信息。一方面要稳定乘客情绪，引导乘客配合城市轨道交通工作人员的指挥进行有序地疏散；另一方面要告知列车运行状况，必要时规劝乘客选择其他交通方式出行。在城市轨道交通发生大面积停电的情况下，车站客运组织工作分成以下几个方面进行。

1. 车站工作人员疏散

当车站动力供电中断影响到乘客的正常出行，或者列车牵引供电中断造成停站的列车无法继续运行时，需要进行车站工作人员疏散。

车站照明中断后，车站工作人员应安抚乘客情绪并寻求乘客配合，同时立即将存放在车站的大功率应急照明灯布置在车站关键位置，以利于乘客的有序疏散。在疏散过程中，要打开所有闸机通道和边门，关闭自动售票机，并及时播放应急广播进行引导。此外，还要在关键点位进行人员布控，包括闸机、楼梯（电扶梯）口和出入口等地点都是容易造成乘客拥堵的关键"节点"，需要重点加强引导和防范。对站台两端端头门也应进行控制，防止乘客误入区间。在此过程中，车站工作人员应联系驻站民警维持好疏散秩序，并重点做好对老、弱、病、残、幼等特殊乘客的照顾。在条件允许的情况下，尽可能做好对已购票乘客的票务处理工作，如现场退票或授权乘客可持票在限定期限内再次乘坐城市轨道交通。如果形势紧急，则应以疏散为主，待乘客全部疏散完毕后，对车站进行关闭，并在所有出入口发布闭站公告。

2. 区间人员疏散

当列车牵引供电中断造成列车在区间无法运行，并在短时间内无法恢复时，需要对列车上的乘客进行区间疏散，列车在区间疏散应得到行车调度员的许可。

列车在区间停车后，司机应第一时间与行车调度员联系，确认故障情况，听从行车调度员的指挥。在停车过程中，司机应保证列车通风系统正常运行，并通过列车广播对乘客进行引导，稳定乘客情绪。在疏散之前，行车调度员应通知车站派人进入区间作为向导，引导的车站工作人员在进入区间之前，应按规定穿着荧光背心，携带通信工具及应急照明设备。如果区间有岔线或是临时存车线，还应在这些点位安排人员进行防护，以防乘客进入，在站台端头也应安排人员进行接应。环控调度员负责开启区间照明，启动环控"列车阻塞"模式，对区间进行送风。

当车站接应人员到达故障车停留位置以后,行车调度员下达区间疏散的命令,司机打开距离车站较近一端的列车紧急疏散门进行疏散。当乘客由区间进入车站后,再按车站工作人员疏散程序将这部分乘客疏散出站。

3. 地面交通接驳

如果大面积停电发生在客流高峰时段,影响范围广且短时间内不易恢复时,为及时将城市轨道交通内乘客转移到目的地,减轻车站压力,应及时启动地面交通接驳方案,联系城市客运管理部门,安排公交车和出租车进行支援。

在与公交客管部门进行联系时,应当说明城市轨道交通车站出入口的位置、预计疏散的乘客人数,以及需要接驳的公交车或出租车数量。

(五)后勤保障

在故障处理或车站客运组织过程中,如果需要设备、器具以及人员支援,应进行紧急调配,以保证一线人员的需求。在这种情况下,后勤保障工作能否及时到位,将在很大程度上决定运营的恢复时间。

(六)信息发布

事故发生后的信息发布原则为"统一口径、及时沟通",确保城市轨道交通服务热线在第一时间内知晓事故的实情,以便能够正确解答乘客问询,处理乘客投诉。同时,相关部门也可与电视、广播媒体联系,通过电视台和交通广播电台等媒介平台,提示公众改乘其他交通工具,运营恢复后应立即公布运营恢复信息,减少社会不良影响。

(七)恢复运营

在设备故障修复后,抢修人员应短暂观察设备试运营状况。待确认满足安全运营的条件之后,经应急指挥中心批准,由控制中心向全线各单位发布恢复运营的命令。此时,所有受影响关闭的车站可重新开站运营;受停电影响暂停的列车重新投入运营,全线恢复正常的行车模式;停在区间的列车继续运行至前方车站后载客运行,停在车站的列车可直接载客运行。

在运营恢复之后,控制中心应对在线所有列车运行间隔进行人工调整,合理分配列车间隔,使所有列车在最短时间内按图行车。当全线车站全部正常开放,以及正线列车全部按列车运行图行车以后,城市轨道交通运营正式恢复正常。

请参考二维码9和二维码10后模拟进行城市轨道交通车站大面积停电区间乘客应急疏散。

二维码9

二、毒气袭击应急处理

城市轨道交通毒气袭击是某些不法分子以有毒有害化学品为袭击手段,威胁城市轨道交通公共安全,制造恐怖主义事件,威胁和胁迫政府以达到其政治、经济等目的的突发事件。毒气袭击具有群体性、隐匿性、快速性及高致命性等特点,某些化学毒剂易于伪装,检测困难。例如,东京城市轨道交通沙林毒气袭击所使用的沙林毒气,就是通过普通容器带入城市轨道交通,破坏容器后开展袭击活动的。

二维码10

(一)毒气袭击应急预防措施

1. 优化结构设计,增设救援通道

通过世界各国已发生的毒气袭击事件可知,疏散通道、救援通道、安全出口设计不合理和数量严重不足是影响救援成效的重要因素。因此,在城市轨道交通车站初期设计时,站台通向地面的安全通道和安全出口的数量、宽度,要以高峰客流计算。检票口宜使用门扉式,在遇到突发事件时可自动变为开启模式,此时自动扶梯也自动切换为疏散方向。另外,优化隧道管线布置,充分利用空间,沿隧道壁设置安全疏散通道,通往邻车站,增加逃生概率。同时,增设可直通地面的救援专用通道,当城市轨道交通发生恐怖袭击事件后,救援人员可通过救援专用通道快速进入现场,提高救援效率。

2. 加装防范设备

在重点部位安装人脸识别装置、入侵报警系统、放射物品探测系统、易燃易爆物和毒气探测系统等,加强防范能力。

3. 加强危害辨识能力

沙林毒气等神经性毒剂的毒性强、作用快,能通过皮肤、黏膜、胃肠道及肺等途径吸收,引起全身中毒,头痛、恶心是感染沙林毒气的主要症状,可造成人的中枢神经系统紊乱、呼吸停止,最终导致死亡;含氯有机气体对眼睛及上呼吸道有强烈的刺激作用,浓度高时可引起角膜混浊、呼吸道炎症甚至肺水肿,皮肤接触后可引起组织坏死;一氧化碳等窒息性气体的吸入会使人出现智力减退、定向力障碍等缺氧症状。

城市轨道交通站应配备毒气检测仪器,并配备有针对性的防护用品,对城市轨道交通工作人员进行日常培训,加强他们对毒物的辨识能力和自救能力。

4. 建立快速、有效的应急指挥体系

建立高效、科学的应急指挥体系是保证救援效能的关键,直接关系到救援战斗的成败和救援人员及乘客的人身安全。城市轨道交通一旦发生化学恐怖事件,应当由政府组织牵头,成立由公安、消防、交通、医疗、市政等多部门共同组成的救援队伍,明确指挥权限,统一指挥、协同配合,实现救援力量的合理调配。

(二)毒气袭击应急处理程序

1. 现场封锁与疏散

第一时间封锁现场,实施疏散,防止事件进一步蔓延;封闭受袭车站出入口,防止不知情的乘客进入车站,造成人员伤亡;封闭相邻车站,防止毒气随城市轨道交通移动到邻近车站,必要时城市轨道交通全面停运。

2. 关闭通风系统

为避免毒气向地面和邻近车站扩散,迅速关闭通风系统,待毒气全面洗消结束后方可重新开启。

3. 防护

警报响起后,应急指挥部马上安排防护器材投入使用,没有防护器材的人员使用简易防护措施,并尽可能远离危险区域。

4. 化学侦测

根据毒物性状,迅速实施有效的化学侦测,查明化学毒剂的种类、染毒区域范围和人员伤亡情况,依据侦测结果实时调整防护等级。

5. 医疗救助

实施医疗救助需把握"迅速、准确、正确"的原则,由专业毒伤救治专家实施救助,救护车和急救设备随时待命。

6. 洗消

洗消是应急处理中最重要的一环,对染毒区域实施快速、彻底的洗消可消除污染,去除有毒区域。对人员实施洗消,可消除人员衣服上的毒剂和身体上残留的毒剂,洗消后彻底进行化学侦测,确保不留死角。

7. 现场清理

确认全面洗消结束后清理现场,重新开启通风系统,恢复城市轨道交通正常运营秩序。

8. 新闻报道

为使公众了解袭击事件,事后进行详细、真实的新闻报道,消除社会恐慌情绪。

课后互动

1. 简述城市轨道交通火灾的特点及成因。
2. 简述城市轨道交通中有哪些消防设备设施。
3. 简述列车火灾的应急处理程序。
4. 简述车站火灾的应急处理程序。
5. 区别城市轨道交通列车区间阻塞的不同类型。
6. 区别城市轨道交通列车不同类型区间阻塞时的通风策略。
7. 简述遇暴雨天气时城市轨道交通的应急处理措施。
8. 简述毒气袭击时城市轨道交通的应急处理措施。

项目六　环控系统与城市轨道交通节能

 学习目标

1. 了解《中华人民共和国节约能源法》；
2. 理解环控系统能耗影响因素；
3. 掌握环控系统的节能策略。

 思维导图

 情境设置

李明在地铁公司工作一段时间后，已非常熟悉环控系统的运行管理情况。最近，李明发现环控系统耗电量大，且存在能源浪费的现象。李明计划和师傅一起对环控系统的能耗情况进行研究，学习环控系统能耗影响因素以及节能知识，并利用所学的环控系统节能策略指导实际工作，实现环控系统的节能控制。

任务一　环控系统能耗分析

城市轨道交通系统由车辆、轨道、供电、通信、信号、安全门、综合监控、自动扶梯、自动售检票、通风空调、动力照明及导向标识等系统构成。其主要能源消耗为电能。

一、城市轨道交通系统能耗

城市轨道交通变配电系统的用电关系及系统构成，主要用电设备可分为以下两类：
(1)车辆。其电耗设备包括牵引、制动、车载照明和车载空调等。
(2)车站设备。其电耗设备包括通风空调系统、自动电扶梯和车站照明设备等。
据统计，北京市城市轨道交通的牵引电耗占总能耗的53%左右，车站电耗占总能耗的42%左右。其中，列车辅助系统能耗(如通风空调、照明、控制系统等)占列车运行能耗的

30%~40%;车站通风空调系统、照明系统、自动扶梯等能耗占车站设备系统能耗的70%~80%。

通风空调系统作为城市轨道交通中的重要设备系统之一,是城市轨道交通系统运营的能耗大户,其用电量排在牵引供电之后,位居第二;在运营初期的特定条件下,其用电量甚至超过牵引供电,成为第一用电大户。因此,如何降低城市轨道交通通风空调系统运行能耗,是降低城市轨道交通系统运营能耗的重要内容。

二、环控系统能源浪费的问题

(一)通风空调系统能源浪费问题

1.通风空调大系统

目前,我国城市轨道交通通风空调大系统一般是在城市轨道交通运行前0.5h开启,对空气温度、湿度等进行调控,保证在城市轨道交通运行时乘客的舒适感。在气候温和的春秋两季,城市轨道交通车站内和外界的温度及湿度的差距不大,不需要通风空调大系统提前0.5h进行调节。因此,相比车辆能耗,季节对车站(特别是地下车站)的电耗量影响更大,极易造成能源浪费问题。例如,北京城市轨道交通5号线地下闭式屏蔽门系统车站,6—10月的车站月能耗值明显大于其他月份的车站月能耗值,而地上开式车站的月能耗随着季节变化也有一定的波动,但是波动范围不大。

大系统组合式空调机组、回排风机均可通过变频调节控制风量,从而控制空调系统负载随回风温度按需变化。尤其在通风季温度较低的模式下,在满足正压要求和相关风机电机频率的需求下,以站台的温度为目标来自动变化调节组合式空调和回排风机的运行频率,实现按需供给。冬季当二氧化碳的浓度或温度值低于环境需求设定值时,可自动关停相关设备。对于这一受客流影响较大的通风空调大系统可采用变频调节,其节能效果显著。

2.通风空调小系统

一般来说,在城市轨道交通值班室、通信室等需要人员值班的封闭空间,通风空调小系统在一天之内的能源消耗是恒定的,一般不需要进行调节。但由于现在城市轨道交通环控系统中通风空调大系统和小系统的连接不够紧密,当两个系统分开运行时,没有考虑通风空调大系统和小系统的相互作用性,在一定程度上阻碍了城市轨道交通内部的环境风量流通。

目前,城市轨道交通环控系统的通风空调小系统设计主要采用双风机系统,在一些特殊季节(如过渡季节)可以采取节能的措施,如利用室外的新风进行降温处理,以节省设备降温产生的能耗。但是在实际操作过程中,往往受到设备配置(如系统的层高因素、风管的布局因素、新风管径因素)等的制约,导致难以达到有效的节能预期;而风量匹配也是一个难题,传统设备主要采用相对封闭的模式,可能出现排放量不足的现象,冷却达不到预期的效果,这就造成了城市轨道交通环控系统的能源浪费。此外,在需要运行空调的夏季,为了给少部分设备提供降温服务,导致大量的系统能耗,极大地浪费了系统能源。

3.通风空调水系统

因为通风空调大系统在夜间停运,城市轨道交通环控系统的水系统在夜间仅为通风空调小系统工作,由于通风空调小系统的工作负荷较小,使得空调水系统长期处于低负荷运行的状态,消耗了大量能源。但是如果通风空调水系统停止运行,机械处于停运状态,产生的热量大幅度减小,在夜间城市轨道交通内低温环境下,容易产生大量的水汽,会对设备造成损伤,不利于设备的保存。

4. 隧道通风系统

隧道通风系统和通风空调大系统相似,在城市轨道交通运营和停运的前0.5h开始运作,一般隧道通风系统的风机会选择大功率的电机来进行工作,以保证隧道中空气的流通以及城市轨道交通内、外温度差的问题。在实际的运营中发现,城市轨道交通列车运行过程中的刹车摩擦轨道可能带来热量,但是因为城市轨道交通处于地下这个特殊的地理环境,隧道内部温度较低,内外温差跨度不大,这种情况下风机的大功率的工作就会造成资源的浪费。

(二)给排水系统能源浪费问题

作为轨道交通重要的配套系统之一,给排水系统的水资源和电能消耗是相当大的,尤其是随着轨道交通网络化建设及站点的不断增多,能耗的趋势将越来越严重。同时,轨道交通运营过程中给排水系统所产生的污废水、噪声等也将对周围环境产生影响。例如,轨道交通车站内作为人员积聚的公共场所,其环境卫生要求较高,传统的污水提升系统主要是在车站内采集潜水泵房的形式,泵房异味的扩散一直是一个难题。旧的卫生器具(特别是大便器)冲洗水箱耗水量大,其给水配件密封性和耐用性差,经常有"跑、冒、滴、漏"等现象,造成水资源的巨大浪费。

城市轨道交通系统在运行的过程中消耗的主要能源是什么?

三、环控系统节能分析

(一)环控系统节能影响因素

环控系统节能影响因素主要是由系统负荷形成的。简单地说,城市轨道交通环控系统负荷主要分为固定负荷和可变负荷两大类型。

1. 固定负荷

固定负荷是指环控系统产生的负荷值相对稳定,可视同为一个定值,这些负荷产生的能耗是不可避免的,具有不可变性。城市轨道交通固定负荷主要包括城市轨道交通环控照明、广告、导向牌和设备等。

2. 可变负荷

可变负荷是指环控系统中负荷值不断变化,可以实现人为的变控,如热量、新风、活塞风和渗透气流等。通过可变负荷分析,我们发现城市轨道交通环控系统的热量是随着客流量的变化而变化的;新风负荷变化是由系统换风造成的能源消耗;活塞风负荷主要根据设备的运行态势而异;渗透气流负荷,主要受出入口开闭频率的影响。

季节变化对可变负荷的影响有哪些?

(二)通风空调系统节能分析

通风空调系统在改善和提高城市轨道交通车站内部的环境质量的同时,也给城市轨道交通车站的运营带来了巨大的能源消耗,大大增加了城市轨道交通车站的运营成本。因此,城市轨道交通车站通风空调系统的节能也是环控系统节能策略考虑的重点。

车站通风空调系统中的冷水机组、冷冻泵、冷却泵、冷却塔、空调机组、送排风机等设备的总耗电量非常大,制冷季节时空调水系统和通风空调大系统的耗电量约占整个车站通风空调系统耗电量的60%~80%。车站通风空调系统的运行特点是一个具有时变性的动态系统,其运行工况受季节变化、天气变化、环境条件、客流量的增减等因素的综合影响,是逐时变化且始终处于波动之中的。在车站通风空调系统的设计中,冷水机组、冷却水泵、冷冻水泵、冷却塔风机、送排风机的容量是按照地下车站最大设计冷负荷选定的,且留有一定的余量。

在制冷季节中,通风空调系统长期在固定的最大水流量和最大风量下工作,由于季节、昼夜、客流量不同情况下负荷的不断变化,空调实际的冷负荷绝大多数时间内远比设计负荷低,即通风空调最大冷负荷的出现时间较短,绝大部分时间车站通风空调系统都是在部分负荷条件下运行。据有关资料统计,与最大设计负荷(负荷率为100%)相比,供冷期间内负荷率小于50%的运行小时数一般约占全部运行时间的40%以上。若车站空调的运行方式不能根据热负荷的变化而调节,始终在额定容量(满负荷状态)下运行,势必造成巨大的能源浪费,产成巨额电费支出,增加运营成本。同时,这也给国家能源供应造成极大的压力,加剧了能源供需的矛盾。因此,车站通风空调系统的节能非常重要。

通风空调系统的负荷属于哪种类型?

当前,城市轨道交通环控系统能耗监控主要基于局部实施监控,各个局部相对独立,彼此之间的关联性不强,这就导致系统能耗监控的低效。如果我们基于系统整体能耗监控的视角,将有助于大大提升系统能耗监控效应。这就需要我们借助信息技术优势,发挥计算机网络控制技术优势,积极推动基于信息技术的智能化监控,从系统整体大局着手,优化系统,实现智能化动态监控,以采取有效的、具有针对性的节能策略,提升城市轨道交通环控节能效应。

任务二 环控系统节能策略

环控系统作为城市轨道交通系统中的一个重要系统,因其设备装机容量大而产生大量设备投资和运行能耗费用。尤其是设备运行能耗,已经严重影响到城市轨道交通运营的经济性。优化城市轨道交通环控系统,对其设备进行节能控制,不仅能够节约能源消耗,还将大大降低城市轨道交通的运营成本。

一、环控系统节能技术

(一)通风空调节能技术规范

根据《轨道交通节能技术规范》(DB11/T 1486—2017)中规定,通风空调节能的一般规定:通风空调应按照预测的远期客流量和最大通过能力考虑;设备宜按照近期和远期配置,并分期实施,设备应具备调节能力;通风空调的设置和设备配置宜利用自然冷、热源。

1. 通风节能

(1) 区域隧道正常通风应采用活塞通风。

(2) 区间隧道内空气夏季的最高设计温度应符合以下规定：

①列车车厢设置空调，车站不设置全封闭站台门时，不应高于35℃。

②列车车厢设置空调，车站设置全封闭站台门时，不应高于40℃。

(3) 地上车站的公共区域宜采用自然通风。

(4) 高架和地面区间应采用自然通风。

(5) 通风机应满足不同风量条件下变频运行的要求。

2. 空调节能

(1) 夏季站厅公共区域的空气计算温度应低于空调室外空气干球温度$2 \sim 3$℃，且不应超过30℃。站台公共区域的空气计算温度应低于站厅的空气计算温度$1 \sim 2$℃，相对湿度均应在$40\% \sim 70\%$。

(2) 每个乘客每小时供应的新鲜空气量最少于12.6m^3，且系统新风量不应少于总送风量的10%。设备与管理用房内每个工作人员每小时供应的新鲜空气量最少为30m^3，且系统新风量不应少于总送风量的10%。

(3) 车站设备用房与管理用房夏季空调设计温度和过渡季换气次数等参数应按照《地铁设计规范》(GB 50157—2013)执行。

(4) 水冷、风冷式冷水机组的选型，应选用制冷性能系数高的产品且制冷性能系数不应低于国家和北京市节能设计标准的规定。

(5) 经技术经济综合比较认为合理的前提下，可采用冷媒直接膨胀制冷系统或蒸发冷却制冷系统。

(6) 电动压缩式制冷机组的总装机容量应按照计算的空调冷负荷值直接选定。

(7) 车站公共区域和设备用房与管理用房区空调系统冷源宜分开设置。

(二) 给水与排水节能技术规范

根据《轨道交通节能技术规范》(DB11/T 1486—2017)中规定，给水与排水节能的一般规定：给水系统的设备、管材及管道接口，应满足密封性良好、耐腐蚀的要求，以提高供水的安全可靠性，降低能耗和管网漏损率；车站管线布置应充分考虑管道保温要求，优化系统方案，减少使用电保温。

给排水节能主要包括：

(1) 车站战采取给水水压控制措施，保证各用水点处供水压力不大于0.2MPa。清水泵的能效等级应满足《清水离心泵能效限定值及节能评价值》(GB 19762—2007)中节能评价值的要求，潜水泵的能效等级应满足《小型潜水电泵能效限定值及能效等级》(GB 32029—2015)中节能评价值要求。

(2) 车站卫生洁具应采用国家推荐的节水型卫生器具，禁止使用国家明令淘汰的耗水量高的设备、产品以及不符合本市节水标准的用水器具。

(3) 当车站具备城市再生水接驳条件时，宜优先采用城市再生水作为绿化用水、路面地面冲洗用水、冲厕用水等非与人身接触的生活用水。车站冷却水系统补水不应采用再生水，冷却水排水宜采取回收利用措施，避免直接排放。

(4)具备雨水或再生水市政接驳条件的车辆基地,其单位内部的景观环境用水应使用雨水或者再生水,不应使用自来水。

(5)车站及车辆基地的绿地、树木、花卉应当采用喷灌、微灌、滴灌等节水灌溉方式,提高绿化用水效率。

二、环控系统节能方案

(一)大系统节能优化

对于大系统的启动采取弹性制度。春、秋季节,通过对隧道内的温度及湿度对比,在内外温差变化不大的情况下,延迟大系统的开启,不必要在列车运行前 0.5h 开启。同时,根据相应的客流高峰对大系统的功率进行相应的调整。在客流量较大的高峰期间,大系统按平时的功率进行工作,保证旅客乘坐城市轨道交通的舒适感,但是在客流量较小的时间段,将大系统的功率降低,以此来节约能源。

(二)小系统节能优化

对于小系统单独运行的模式进行改进,可以与大系统进行相应的连接,在值班室等处所,可以参与到大系统对环境的调节中,同时加强车站内部的空气流通,在大系统停止运行的夜间,将小系统进行单独运行。此外,对于没有人员值班或不太重要的空间(如环控机房),改进过去 24h 供电的做法,采取间断供电,以保证空间的基本环境要求。

(三)水系统节能优化

水系统在大系统停运后,仅对小系统服务时,将处于一种低负荷的工作状态,浪费资源;关闭水系统又会造成环境湿度过大,对设备造成损伤。因此,可以将车站内的温、湿度作为开启或是关闭水系统的信号指示。在车站内设置相应的温、湿度测定器,设置温、湿度的预设值,通过智能的控制技术,在温度或湿度超过所设定的预设值时,水系统将被开启。同时,可以将水系统的开关分为单独的系统,这样可以使系统间相互耦合,便于快速调节车站的温湿度。

(四)隧道通风系统节能优化

隧道通风系统在靠近地下水或是比较寒冷干燥的地方时,隧道内部的温度一般较低,此时隧道通风系统的大功率电机运作十分浪费资源。因此,对于隧道通风系统可以根据时间、地点、季节的不同来进行相应的调整。通过设置二通阀的方式来控制隧道通风系统的开关,自动获取车站内的温度高低,针对不同的温度变化,对风机的功率进行动态的调控,代替过去定频的传统做法,这样既能保证在车站内部列车的运行,也能节约更多的资源。

(五)轨道排风机节能优化

城市轨道交通工程建设中进行通风空调系统的设计,需要根据远期最不利工况进行计算和设计,在没有达到最不利工况的条件下,轨道排风机能够实现最优的节能效果。轨道排风机的节能要点在于变频运行时间和运行频率的调节,其调节的基本依据包括以下几点:

(1)根据城市轨道交通列车不同的运行工况进行调节,如初、近、远期三种工况。

(2)以列车的具体位置为依据,对隧道排风机的运转速度进行调节,列车进站时提高转速,列车出站时降低转速。

(3)要确保隧道内部温度符合城市轨道交通运行要求,根据温度对排风机的运行时间进行调整,减少排风机运行负荷,实现节能效果。

(六)变频调速控制节能技术

变频调速技术是一种节能控制技术,在自动化控制领域应用较多,比较适用于负荷变化较快的情况。由于城市轨道交通通风空调系统较为复杂,电机频繁启动情况明显,不仅会对电机本身形成伤害,还会导致能量消耗。在城市轨道交通通风空调系统中,变频调速技术主要是根据空气质量确定风机开启数量,在满足城市轨道交通内部环境控制要求的前提下,尽量减少风机开启台数,从而实现良好的节能效果。在通风空调系统中应用变频调速技术,能够有效地改善负荷不确定以及运行工况不确定情况下的控制工作,能够对回风机、排风机、组合式空调机组等设计进行灵活地控制。

(七)给排水系统节能优化

最大限度地利用市政自来水供水压力,采用生产、生活用水由市政自来水直接供水,消防给水系统平常运行时市政自来水尽可能稳压。选用行之有效的新技术、新工艺、新材料和新设备,以提高供水的安全可靠性,降低能耗和水损。

车辆段应最大限度地利用市政自来水供水压力,给水加压采用变频供水设备或无负压供水设备,职工浴室热源可采用太阳能热水器;车辆冲洗和检修废水经处理、消毒后再用于洗车或冲洗零部件,既节约用水,又保护环境,完全符合国家节能环保政策;建立中水处理和回用系统,并考虑雨水利用,以利于最大限度地节约水资源,进而减少环境污染。在有条件收集、处理和利用雨水时,应尽量利用雨水。

(八)集中制冷的完善措施

大部分城市轨道交通制冷设备并不是集中式设置而是分站设置,提高了优化的成本运营能源损耗,集中式设置制冷设备具备占地面积小、能源损耗小及使用周期长等优点,实现了节能的功用。特别是受客观环境的制约,部分车站是职能设备无法设置集中式,这就更需要推广集中制冷运行模式。集中制冷有两种方案可行:一种是横向方案,即多个分站的制冷设备合建,通过管道将冷水送往各个分站;另一种是纵向方案,即乘换站新旧制冷站的合建。集中合建,明显降低制冷的耗能量,节约其机房面积和其建设的成本,减少运营管理人员,从而实现节能的目标和降低城市轨道交通的运营费用。

(九)城市轨道交通车站 BAS 的节能控制策略

城市轨道交通是通过 BAS 对城市轨道交通站内的环境控制设备进行全面监控管理的。传统的 BAS 能实现车站设备的集中监视和分散控制,具有良好的可靠性和开放性,但在节能方面存在一定的不足。首先,BAS 的控制功能较为简单,不适合通过复杂的运算推理和数据处理来实现空调机组等设备的控制;其次,车站环境是个具有多控制变量的非线性时变系统,较为复杂,不仅其隧道通风系统和冷水系统的控制变量间存在一定的耦合关系和滞后性,而且城市轨道交通的运行工况受季节和气候变化、环境温度及客流量等因素影响,采用静态参数的调节方式难以达到最佳控制效果。

在城市轨道交通的规划、设计、建设和运营环节中,应当从源头引入环保理念和节能要求,将节能贯彻到城市轨道交通的全生命周期中。深度集成方案适用于新建线路。深度集成方案将节能控制系统作为功能模块集成到BAS,深度集成方案可在不影响BAS功能的前提下实现节能降耗。BAS采集到的环境参数、监控设备的状态等信息,与节能相关的设备控制及模式选择等下发信息均通过节能控制系统处理,系统诊断、网络通信等BAS原有功能仍独立运行。

相比原BAS粗放式的设备管理,深度集成了节能控制系统的BAS能为车站提供量身定制的节能策略,实现冷水系统、隧道通风系统、通风空调大系统和通风空调小系统中的相关设备统筹兼顾,综合考量车站当前的环境参数,给出最适合的运行模式,并且实现更加精细智能的设备控制。

车站很多单机设备的设计容量偏大,大马拉小车的现象严重,正常运行负荷远大于实际工作负荷,而采用变频控制能大幅度降低此类不必要的能耗。节能控制系统模块能采集相应传感器数据,经过内部算法处理,输出变频设备的运行频率。其中,大系统空调根据大系统回风温度控制,小系统风机根据各个设备用房温度控制,冷冻泵则由供回水温差确定运行频率。节能控制系统还设有保护机制:当站内空气二氧化碳的浓度过高时自动提高风机运行频率,以保证为乘客提供安全舒适的乘车环境。传统的隧道系统多采用时间表控制,与环境条件不匹配,持续开启轨排风机。当地下隧道环境温度较低时,传统的隧道通风系统还会将外界大量的热量抽进隧道,将隧道和车站的冷量带走,导致隧道温度更高。深度集成了节能控制系统的BAS,能将隧道温度及当前线路行车对数等参数传递给节能控制系统模块,由节能控制系统模块综合考虑相关因素,控制轨排风机实行高低档定频运行,从而实现隧道系统的节能控制。

在不降低现有城市轨道交通环控系统服务水平的前提下,节能控制系统模块还能优化城市轨道交通环控系统设备方案,优化设备运行次数和时间表,降低设备损耗,从而提升设备效率,达到变相节能的目的。例如,在冷水系统中,节能控制系统模块可根据能效和设备性能提供设备运行最优组合,优化每台冷水机负荷分配,从而实现各台冷水机组及水泵的运行时间均衡。

(十)地下车站轨行区排热风机运行策略

目前国内城市轨道交通车站轨行区排热风机运行策略单一而缺乏科学性,部分城市的城市轨道交通排热风机常年处于关闭状态,而部分城市全年运营时间段均开启。根据有关研究测试,在满足设计要求的前提下,为使车站环控系统、列车空调系统、隧道通风系统相互配合达到耗能最少能效最高,建议轨道排热风机的运行根据隧道及室外温度来进行控制,在室外温度高于隧道温度时,不建议开启轨行区排热风机。

(十一)采用屏蔽门系统

从实际运行情况表明,列车的活塞运动使冷负荷变大,造成了车站负荷的不稳定和温度波动,空调运行质量不高。列车进站带进了室外的活塞风,离站带走了车站的冷气,随着列车密度增加,空调负荷区间实际包含了隧道等整个地下空间。此外,一个值得关注的现象是,活塞风造成站内外正压的不断变化与不平衡,造成在站厅出入口室外空气的涌入和室内空气的涌出,有的城市轨道交通出入口风速可达 $8\sim10m/s$。一方面,出入口风速变化造成出入口及附近空间温度偏离设计值,空调运行质量不高;另一方面,特别是空调季节既浪费了冷源,又增大了电耗。出入口加装常规空气风幕机,也无法减轻此现象。

屏蔽门系统是在车站的站台与行车隧道间安装屏蔽门,将隧道与车站分隔开,只需为车站内负荷安装空调系统,隧道区间及列车利用活塞通风或机械通风。

近年来,屏蔽门系统在国内很多城市轨道交通新线建设或旧线改造中广泛使用,其优点体现在以下几方面:

(1)减少了空调设备的装机容量,极大地降低了投资、运行及管理费用。

(2)节省了环控机房面积(如广州城市轨道交通一号线约为2050m^2,二号线约为1000m^2),从而缩短了车站总长度,极大地减少了土建投资。

(3)减少了轨道列车进出站时活塞风对车站的影响,便于室内正压控制,提高了空调运行质量,同时减少了出入口进出的额外负荷。

(4)防止列车进站刹车产生的粉尘及未经过滤的活塞风进入车站,提高了车站的空气洁净度。

(十二)合理控制站内温度、湿度标准

夏季空调环境温度较低,系统设备能耗也就越高,从重庆、上海、广州等地区的实践证明,夏季室内温度低1℃或冬季高1℃,除暖通空调工程的投资增加6%、能耗增加8%外,加大室内外温差也不符合卫生学要求,为了节约能耗,空调场所温度、湿度基数在满足生产、生活要求的前提下,夏季空调环境的温度应尽可能地提高。

实训6-1 调研城市轨道交通通风空调系统能耗情况

班级:	学号:	姓名:	小组:
实训任务	调研城市轨道交通通风空调能耗情况			

【实训目标】
1. 了解城市轨道交通通风空调系统能耗。
2. 学会分析城市轨道交通通风空调的节能策略。

【实训过程】
(1)根据所学城市轨道交通通风空调系统运行模式,深入某城市轨道交通车站,表6-1中统计了不同运行模式下能耗情况。

能耗情况统计列表   表6-1

模式类型	运行工况	能耗情况统计
正常运行模式	夏季空调小新风工况	
	夏季空调全新风工况	
	过渡季通风工况	
	冬季小新风工况	
	冬季间歇工况	
火灾运行模式	站厅公共区域火灾	
	站台公共区域火灾	
	设备管理用房火灾	
阻塞运行模式	列车区间隧道阻塞	

(2)总结记录并分析所调研车站通风空调系统的节能策略。

【总结评价】

评价人:	小组名称:	工作流程 (30分)	团队协作 (20分)	执行情况 (50分)	总分 (100分)
自评					
互评					

日期:

 课后互动

1. 简述《中华人民共和国节约能源法》中节能技术进步情况。
2. 简述城市轨道交通系统能耗。
3. 简述城市轨道交通环控系统能耗影响因素。
4. 举例说明城市轨道交通环控系统节能策略。

参 考 文 献

[1] 朱济龙.城市轨道交通车站机电设备[M].北京:机械工业出版社,2012.
[2] 赵丽,周佩秋.城市轨道交通环境控制系统运行与维护[M].北京:北京理工大学出版社,2017.
[3] 上海申通地铁集团有限公司轨道交通培训中心.北京:城市轨道交通车站机电设备[M].中国铁道出版社,2013.
[4] 曲秋蒔,许波.城市轨道交通车站设备[M].北京:人民交通出版社股份有限公司,2016.
[5] 孟祥虎,孙巧玲.城市轨道交通应急处理[M].北京:人民交通出版社股份有限公司,2015.
[6] 人力资源和社会保障部教材办公室.机电设备检修工环控系统检修[M].北京:中国劳动社会保障出版社,2011.
[7] 颜月霞.城市轨道交通综合监控系统[M].北京:人民交通出版社股份有限公司,2015.
[8] 宁波市轨道交通集团有限公司运营分公司.环控维修员[M].成都:西南交通大学出版社,2017.
[9] 徐新玉.城市轨道交通运营管理规章[M].北京:人民交通出版社,2013.
[10] 李桃,李鹏,徐胜南.地铁通风空调系统运行与维护管理方法研究[J].环境技术,2019,37(5):134-138.
[11] 张浩.地铁车站通风空调大系统节能控制的设计与实践[D].北京:华北电力大学,2015.
[12] 曾逸婷,赵蕾.地铁车站环境热舒适与通风空调系统节能策略研究进展[J].铁道标准设计,2019,63(3):182-187.
[13] 韩云.地铁风亭和风井形式对隧道通风效果影响的研究[D].西安:西安建筑科技大学,2009.
[14] 高煌.基于集成管理思想的城市轨道交通通风空调系统研究[D].长沙:中南大学,2013.
[15] 荣剑文.冷机群控系统设计[D].上海:上海交通大学,2008.
[16] 翁雪飞.冷水机组群控系统在北京城市轨道交通的应用[J].都市快轨交通,2012,25(5):118-121.
[17] 蔡镇兵,廖云丹,樊成亮,等.中央空调系统制冷机组群控研究综述[J].建筑热能通风空调,2018,37(9):43-47.
[18] 易杰,张银婷.中央空调系统维护及保养探究[J].中国战略新兴产业,2018,168(36):207.
[19] 刘培基.地铁中央空调系统运行管理与维护[J].广东建材,2010,26(3):143-145.
[20] 王菁.地铁环境与设备监控系统的设计与实现[D].北京:北京交通大学,2011.

[21] 丰术.综合监控系统设计中的关键问题[D].北京:北京交通大学,2013.

[22] 吴振华.地铁 BAS 节能控制方案优化与实践[D].南昌:华东交通大学,2018.

[23] 龚伟.轨道交通车站环控系统控制技术应用研究[D].上海:上海交通大学,2010.

[24] 马文昭.轨道交通环境与设备监控系统设计[D].淮南:安徽理工大学,2013.

[25] 韩旭良.地铁 BAS 在环控中的应用[J].电子技术与软件工程,2014(2):105.

[26] 苏菊芹.地铁车站给排水设计中的几个细节问题[J].隧道建设,2008,28(1):43-45.

[27] 李亮.关于地铁车站环控系统运行维护中的几个问题浅析[J].河南科技,2014(4):85.

[28] 刘春辉.地铁给排水系统电气设备的维护与管理[J].设备管理与维修,2016(1):9-10.

[29] 梁玥.地铁给排水系统简析及常见故障改进[J].南方农机,2018(5):189-190.

[30] 刘红.城市轨道交通环控节能策略研究[J].科技创新导报,2017(9):171.

[31] 闫雅斌.城市轨道交通运营节能策略浅析[J].机电信息,2018,(24):139-140.

[32] 李俊.地铁车站公共区通风空调系统节能控制策略探讨[J].机电工程技术,2018,47(8):44-46.

[33] 张章,刘佳.地铁车站环境与设备监控系统的节能优化方案[J].城市轨道交通研究,2018,21(S2):25-26,33.

[34] 侯尧.地铁环境与设备监控系统的设计与应用[J].电子技术与软件工程,2019(7):125.

[35] 李利君,葛欣国,王新钢.地铁列车防火挡烟帘防火及挡烟性能研究[J].消防界,2018,4(12):58-59.

[36] 张丽佳.上海市地下轨道交通暴雨内涝脆弱性研究[D].上海:华东师范大学,2010.

[37] 史聪灵,钟茂华,涂旭炜,等.深埋岛式地铁车站站台火灾时烟气蔓延数值分析[J].中国安全科学学报,2006,16(3):17.

[38] 李昇阳.关于某地铁站火灾模拟及人员疏散研究[D].淮南:安徽理工大学,2018.

[39] 何飞军.地铁站台排烟联动系统设计与试验研究[D].杭州:浙江大学,2018.

[40] 张一博.地铁运营应急管理与对策研究[D].沈阳:沈阳建筑大学,2013.

[41] 李盎.纵向通风模式下隧道内列车中部火灾人员疏散研究[D].成都:西南交通大学,2018.

[42] 雒智铭.大型地铁车站火灾烟气流动规律与安全疏散研究[D].北京:首都经济贸易大学,2018.

[43] 戚文竟.地铁火灾烟气流动特性及人员疏散研究[D].马鞍山:安徽工业大学,2017.

[44] 朱常琳,孟双双,张荣国.阻塞比对地铁区间隧道火灾半横向排烟方式排烟效果的影响研究[J].工程建设与设计,2018(5):71-73.

[45] 郭月容,郑茂辉.地铁隧道毒气事故的防治与应急处置探讨[J].灾害学,2010,25(S1):63-66.

[46] 晋志富.地铁车站环控系统运营节能措施探讨[J].技术与市场,2017,24(4):246-247.

[47] 李韬.地铁环控系统的控制策略研究[D].天津:天津工业大学,2018.

[48] 陆健东.地铁通风空调系统节能的实现研究与思考[J].科技创新与应用,2017(18):155-156.

[49] 徐文兵.地铁通风空调系统节能的新进展分析[J].金属材料与冶金工程,2015,43(3):57-58.

[50] 朱艳艳,代运天,吴根平.郑州地铁某标准站通风空调系统节能策略研究[J].制冷与空调,2017,31(4):371-373,378.